전성희 편 유민영 감수

차범석 전집
10

무용극/창극/뮤지컬 외

태학사

차범석 전집 10 – 무용극 / 창극 / 오페라 / 뮤지컬

초판 1쇄 발행 2019년 11월 11일
엮은이 전성희
감　수 유민영
펴낸이 지현구
펴낸곳 태학사
등록 제406-2006-00008호
주소 경기도 파주시 광인사길 223
전화 마케팅부 (031) 955-7580~2 편집부 (031) 955-7584~90
전송 (031) 955-0910
홈페이지 www.thaehaksa.com　**전자우편** thaehaksa@naver.com

ISBN　979-11-6395-079-0 04680
ISBN　978-89-5966-991-2 (세트)

〈파도〉(1995년) 포스터

〈그 하늘 그 북소리〉(1990년) 포스터

〈저 달이 지기 전에〉(2002년) 포스터

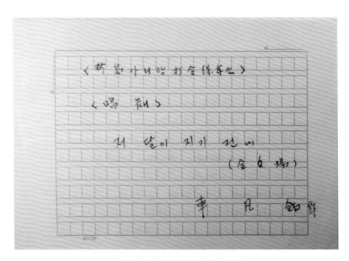

〈저 달이 지기 전에〉 대본

〈사라 공주〉(1978년) 포스터

〈사라 공주〉 대본

〈견우와 직녀〉(1958년) 대본

〈연오랑 세오녀〉(2005년) 포스터

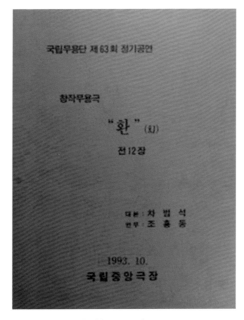

〈환〉(1993년) 대본

〈도미부인〉(1984년) 포스터

〈고려애가〉(1991년) 포스터

뮤지컬 〈처용〉(2002년) 포스터

뮤지컬 〈처용〉

창작오페라 〈백록담〉(2002년) 포스터

창작오페라 〈백록담〉

발간사

유민영

차범석 선생은 생전에 감투 쓰는 것에 그렇게 연연하지는 않았지만 그의 비중에 걸맞게 문화예술계 인사들이 오르기 어려운 큰 자리를 모두 거쳤다. 가령 한국문예진흥원장과 대한민국예술원 회장, 그리고 예술대학장 등이 바로 그런 자리였는데, 그 외에도 각종 잘디잔 감투를 누구보다도 많이 썼었다. 그러나 그가 어디에 글을 쓸 때, 붙이는 호칭에는 언제나 극작가라고 적었다. 이처럼 그는 여러 가지 감투는 잠시 지나가는 자리고 자신은 어디까지나 극작가로서 자부하고 있었지 않나 싶다.

그럴 수밖에 없는 것이 그의 평생을 놓고 볼 때 교사, 방송국 PD, 교수, 그리고 문예진흥원장 등 고정월급으로 생활한 기간보다는 극작가로서 원고료를 받고 산 기간이 더 길 것이기 때문이다. 그만큼 그는 자신이 일생을 보내면서 역사 속에 남길 유산은 어떤 자리가 아니라 문화예술계에 던져놓는 방대한 작품이라고 확신했던 것으로 보인다.

따라서 그가 생전에 가장 갈망했던 것은 전집출판이었고, 사후에는 자신의 이름을 딴 희곡상 제정이었다. 그래서 그는 만년에 12권짜리 전집을 발간하려고 목차까지 다 짜놓고 출판사와 접촉하다가 출판사정이 여의치 않아 무산됨으로써 생전의 꿈을 이루지 못하고 소천했지만 사후의 꿈인 희곡상 제정만은 유족과 조선일보사의 협조로 잘 되어 유망한 후진을 계속 양성하고 있다.

저간의 사정을 가장 잘 아는 이는 유족이지만 필자 역시 선생과 가까이 지내면서 그에 관한 이야기를 많이 했던 터라서 항상 숙제를 안고 있었다. 그러다가 이번에 유족 측의 용단과 태학사의 호의로 그의 꿈인 12권짜리 전집을 발간케 되어 숙제를 푼 것 같아 기쁘다. 그런데 이번에 전집을 준비하면서 선생을 잘 안다고 생각했던 필자마저 놀랄 정도로 그가 방대한 작품을 남겼음을 발견케 되었다. 희곡사적으로는 유치진에 이어 소위 리얼리즘극을 심화 정착시킨 작가지만 그의 창작범위는 상상을 초월한다. 즉 희곡을 필두로 하여 무용극본, 오페라극본, 시나리오, 악극대본, 그리고 방송드라마 등에 걸쳐 편수를 헤아리기 어려울 정도로 엄청난 작품을 남긴 것이다. 그가 작품만 쓴 것도 아니고, 자전을 비롯하여 수많은 연극평론과 에세이도 남겼다.

그런데 더욱 놀라운 것은 그 많은 글을 그가 순전히 수작업 手作業으로 해냈다는 사실이다. 선비적인 기질 때문인지 그는 일평생 컴퓨터, 운전, 휴대폰, 카드까지 거부하고 만년필과 볼펜으로 수십만 장의 원고지를 메꾼 셈이다. 문제는 작품이 너무 넘쳐서 12권 속에 모두 주어 담을 수가 없다는데 있었다. 그래서 할 수없이 나머지 작품들은 다음 기회에 별도로 내기로 하였다.

이 전집이 순탄하게 나올 수 있도록 도와준 차범석재단 차혜영 이사장 및 유족, 작품을 열심히 찾아내고 교정까지 보아준 전성희, 이은경 교수, 지방에서 멀리 올라와서까지 도와준 김삼일 석좌교수와 홍미희 목포문학관 학예사, 그리고 박명성 대표 등에 감사하고 태학사 지현구 사장 및 직원들에게도 고마움을 표한다.

2

아버지의 전집 발간에 부쳐

차혜영

사랑하는 아버지!

아버지 가신지 12년이 지났습니다.

세월이 흘러도 아버지는 생전의 그 모습 그대로 카랑카랑한 목소리는 제 가슴에 남아 아버지의 못 다 이룬 이야기들을 들려주시는 듯, 문득 문득 부족한 제 자신에 죄송한 마음이 들곤 합니다.

쓰고 싶은 일 하고 싶은 일이 너무 많아 83년의 시간이 너무나도 부족하셨나요? 바람처럼 살다보니 시간조차 쫓아오지 못해서 늙지도 않는다는 아버지의 욕심이 사단이었나 싶습니다.

아버지 가신 뒤 우리는 그저 무력하게 아무것도 할 수 없었습니다. 그때 저희를 일깨워 준 '신시뮤지컬 컴퍼니'의 박명성 대표의 은혜는 영원히 잊지 못합니다.

머뭇거리지 말고 하루 빨리 '차범석 재단'을 만들어 다음 해 부터라도 아버지를 기리는 일을 해야 한다고 우리를 설득했지요.

참 복도 많으신 우리 아버지! 아버지의 양아들 박 대표는 우리가 해야 할 일이 무엇인지 아버지의 뜻을 알고 있었답니다. 거기에 평생 아버지의 행동대장이시던 어머니는 사시던 집을 팔아 부족하지만 결코 부끄럽지 않은 재단이 탄생되었습니다. 10여 년 재단을 운영하며 아버지께서 가장 안타까워하시던 『차범석 전집』을 숙제처럼 가슴에 지니고 있었습니다. 그러던 지난 2016년 6월 6일 아버지의 10주기 날 저녁 유민영 교수님께서 전화를 주셨습니다.

『차범석 전집』을 내야지? 오늘 문득 그 생각이 나서 말이야. 더 늦으면 나도 힘들어" 교수님은 그 날이 아버지 기일인지 모르셨다며 놀라셨습니다. 저는 순간 아버지께서 교수님의 생각을 빌어 말씀해 주시는 것 같은 착각에 가슴이 떨렸습니다.

그때부터 유민영 교수님의 기획 하에 전성희 교수님의 집요한 열정은 폭풍처럼 아버지의 여든 세 해의 시간을 무섭게 파고 드셨습니다. 가끔 저는 교수님의 일 하시는 모습에서 아버지의 깐깐한 모습을 보는 듯 깜짝 놀라기도 했습니다.

세월이 지나도 변함없는 의리와 애정으로 저희를 지지 해주시는 포항의 김삼일 교수님, 아버지의 발자취가 모조리 남아있는 목포 문학관의 홍미희 학예사님의 아낌없는 성원, 또한 첫 작업부터 완성까지 무조건으로 힘든 일 함께 해 주신 이은경 교수님, 그리고 저희의 풍족치 못한 재정에 항상 고민 하시면서도 출판을 맡아 주신 태학사 지현구 대표님이 계셔서 꿈같은 『차범석 전집』이 세상에 빛을 보게 되었습니다.

사랑하는 아버지!

『차범석 전집』의 책 커버는 아버지께서 어머니께 선물하신 저고리를 모티브로 어머니의 영정사진에서 전성희 교수님의 기발한 아이디어로 진행되었지만 이 모든 것에서 또 하나의 기적을 보는 듯 합니다. 아버지께서는 저 세상에 계시면서 우리를 총지휘 하시는 것 같은 착각 말입니다. 저희는 아버지라면 어떠셨을까를 항상 염두에 두고 하나하나 조심스럽게 만들어 나갔습니다.

아버지의 흡족해하시는 모습을 훗날 만날 수 있기를 기대합니다.

아버지의 영전에 아버지 여든 세 해의 소중한 작품을 바칩니다.

차범석의 생애와 예술

전성희

차범석은 한국연극사에서 최고의 사실주의 희곡작가이며 64편의 희곡을 발표한 다작의 작가다. 한국에서 사실주의 연극의 시작은 유치진에 의해서였지만 찬란하게 꽃을 피운 것은 차범석이다. 그러나 무용, 뮤지컬, 오페라, 국극, 악극에 이르기까지 다양한 예술 분야뿐만 아니라 방송대본에 이르기까지 전방위적인 활동을 펼쳤던 차범석을 연극계의 인물로만 한정할 수는 없다. 그가 가장 애착을 가졌던 분야는 연극이었지만 그의 뛰어난 극작술과 다양한 예술에 대한 이해는 여러 장르의 대본을 창작할 수 있는 바탕이 되었고 그 결과 연극 이외의 분야에도 많은 작품들을 남길 수 있었다.

차범석은 1924년 11월 15일(음력 10월 19일) 전라남도 목포시 북교동 184번지에서 아버지 차남진(車南鎭) 어머니 김남오(金南午) 사이에서 3남 3녀 중 차남으로 태어났다.

일본 유학생 출신의 아버지는 중농 규모의 할아버지 유산을 잘 관리했을 뿐만 아니라 간척사업에 착수, 농토를 늘려 천석지기 지주가 되었는데 이는 아버지가 진취적이면서도 이재와 치산에 밝았기 때문일 것이다. 그 덕에 차범석은 유복한 가정에서 성장할 수 있었고 이러한 안정적인 가정환경은 차범석이 식민지의 궁핍한 상황에서도 교육과 일정부분 제도적 보살핌을 받을 수 있었다.

차범석은 외향적이며 저돌적인 형이나 소유욕이 강하고 고집스러운 아우의 성정과는 달리 말수도 적었고 자기주장을 하기 보다는 조용히 책을 읽거나 어머니의 곁을 지켰다. 보통학교 4학년 때 교지「목포학보」에 〈만추〉라는 글을 실어 '예사롭지 않은 문재'가 엿보인다는 말을 듣고 소설가를 꿈꾸기도 했다.

이 무렵부터 차범석은 목포극장과 평화관을 드나들며 영화 관람에 빠졌고 1930년대 전후의 영화를 두루 섭렵, 극예술에 대한 이해를 넓힐 수 있었다. 6학년이 되던 해 그는 최승희의 무용 발표회를 보고 큰 충격과 감동을 받았다. 최승희는 차범석에게 '무대라는 세계, 막이 객석과 무대를 갈라놓은 공간, 보여주는 자와 봐주는 자 사이의 공존의 의미를 깨우쳐 준 첫 번째 예술가였다.

어릴 적 차범석의 이름은 평균(平均)이었는데 중학교 입시를 앞두고 범석(凡錫)으로 개명, 이후 줄곧 범석이라는 이름으로 활동했다. 광주고등보통학교(後에 광주서중으로 개칭) 진학을 위해 목포를 떠나 광주로 갔지만 소극적인 성격은 변함이 없었다. 호기심이 많았던 그는 책방을 드나들며 하이네나 바이런의 시집, 일본 소설들을 읽고 장차 문학가가 되어야겠다는 꿈을 키웠다. 그러면서도 차범석은 어린 시절 목포에서 그랬던 것처럼 광주에서 보낸 5년 동안 약 4, 50편의 영화를 관람하고 영화 잡지까지 사서 보는 등 적극적으로 영화의 세계에 빠져 들었다. 후에 연극으로 진로를 변경하기는 했지만 극의 세계라는 같은 뿌리의 영화에 마력을 느꼈다. 방학이 되면 목포 본가에 내려가서 골방에 있었던 세계문학 등을 독파했다.

아버지는 차범석이 의사가 되기를 원했지만 그는 의사보다는 문학과 예술에 뜻을 두고 있었다. 아버지와의 불화는 권위적인 아버지가 어린 시절부터 형과 차별 대우를 했던 것에서 비롯, 그를 내성적이고 비사교적인 반면 '회의적이고 반항적이면서 한편으로는 미지의 세계에 대한 도전성과 공격성'을 갖고 있는 사람으로 성장하게 했다.

학교를 졸업하고 진학을 위해 도쿄로 건너가 2년 동안 입시 준비를 하면서도 극장에를 드나들었다. 이 극장은 '예술적인 호기심에다 불붙인 하나의 매체이자 기폭제'였으며 차범석에게 '직접적으로 드라마가 무엇인가를 암시하고 시사하고 터득해 준 교실'이었다. 이 무렵 차범석은 영화뿐만 아니라 일본 연극에도 관심이 생겨 자주 관람했다.

연이어 입시에 실패한 차범석은 재수 준비를 하고 있었는데 전쟁으로 위험하니 귀국하라는 아버지의 명령으로 급히 돌아왔다. 차범석은 귀국하자마자 군대를 가야하는 징집의 위기를 맞았지만 병역면제의 혜택을 받기 위해 1년 과정의 관립광주사범학교 강습과에 입학을 했다. 교육에 뜻이 있었던 것이 아니었기 때문에 현실도피 생활에서 오는 자포자기의 심정과 허무는 그를 술로 이끌었고 이후 차범석의 건강과 삶에 큰 영향을 미쳤다. 교사 발령 4개월 만에 징집, 4개월간의 군대생활 중 해방이 되고 다시 모교에 복직하게 되었다.

그는 1946년 문학공부를 위해 연희전문학교 전문부 문과에 입학, 뒤늦게 사회적 정치적으로 개안을 하게 되었다. 친일세력에 대한 과거청산이 역사적 필연성에 있다는 것과 동학혁명정신이 광주학생독립운동이나 3.1운동 정신과도 맥을 같이 한다는 것이다. 이러한 역사의식의 재확인은 자아각성으로 연결되고 그 결과 문학이나 연극에 대한 인식과 태도도 달라질 수밖에 없었다. 그래서 차범석은 일제 말기에 폐간되었던 문학잡지 「문장」의 전 질을 구해 읽으며 다시 문학공부를 하는 등 문학의 참다운 뿌리를 찾기 위해 노력했다. 자신이 가야할 길이 문학과 연극에 있다는 신념으로 문학서클 '새마을회'에서도 활동하고 '연희극예술연구회'를 조직하기도 했다.

대학 시절 "우리가 처해있는 현실을 그대로 거울 속에 비춰보고 싶다"는 그에게 유치진의 강의는 사실주의에 대한 확신을 갖게 해주었고 이후 자신의 연극관으로 삼게 되었다. 그러면서 차범석은 직업극단의 공연과

연습장까지 찾아다니는 등 점차 연극 세계에 깊이 빠져들어 갔다.

1949년 유치진이 만든 제1회 전국남녀대학 연극경연대회에 '연희극예술연구회'가 차범석 역/연출의 〈오이디프스 왕〉으로 참가, 우수상을 수상했다. 차범석은 연극경연대회에 함께 참가했던 각 대학의 연극인들을 모아 '대학극회'를 조직하는데 앞장섰다. 그리고 1950년 초 국립극장이 설치되자 당시 유치진 극장장의 배려로 전속단원이 되어 현장에서 활동할 기회를 가질 수 있었다. 그러나 그것도 잠시 한국전쟁이 발발하자 고향으로 피난을 갔던 차범석은 목포중학에서 교편을 잡았다. 교직생활 중에도 습작을 게을리 하지 않으면서도 '목중예술제'를 만들었다. 목중예술제에서 1951년 처녀작 〈별은 밤마다〉를 무대에 올리고 주연까지 맡았다. 이 시기에 〈닭〉, 〈제4의 벽〉, 〈전야〉, 〈풍랑〉 등의 습작품을 정훈잡지에 발표했다.

대학 다닐 때 방학이면 고향에 내려와 목포청년들과 주변의 섬들을 여행하며 얻었던 소재를 바탕으로 〈밀주〉를 창작, 1955년 조선일보 신춘문예에 가작으로 입선하였다. 가작 입상에 만족을 못한 차범석은 이듬해 조선일보 신춘문예에 재도전, 〈귀향〉이 당선되었다. 〈밀주〉는 흑산도, 〈귀향〉은 해남을 무대로 그가 나고 유년시절을 보낸 바닷가 마을이 배경이다. 차범석은 〈밀주〉에서 가난한 어민들의 찌든 삶을 그렸지만 〈귀향〉에서는 가난한 농민을 묘사하면서 그 이유가 사회의 부조리와 모순 때문이라는 것을 지적했다. 이 지점에서 그의 희곡의 특성, 즉 로컬리즘을 바탕으로 한 사실주의 출발을 확인할 수 있다.

신춘문예 당선을 계기로 서울로 이주, 덕성여고에서 교편을 잡고 중앙무대를 향한 열정을 불태우며 창작에 몰두했다. 그러면서도 대학극회에서 같이 활동했던 김경옥, 최창봉, 조동화, 박현숙, 노희엽, 이두현 등과 '제작극회'를 결성, 한국연극에 새로운 바람을 일으켰다. 이 시기에 차범석은 활발하게 희곡을 창작, 문예지에 〈불모지〉, 〈4등차〉, 〈계산기〉, 〈상주〉, 〈분수〉, 〈나는 살아야 한다〉 등을 발표했다. 앞서 발표했던 로컬리즘을 바탕으로 한 사실주의극과는 다르게 고향을 벗어나 전쟁으로 좌절한 사람들을 사실적으로 묘사했다. 특히 〈껍질이 째지는 아픔 없이는〉은 4·19 1주년 기념공연으로 제작되었는데 혼탁한 정치 상황에서 드러난 신, 구세대 간의 갈등을 형상화한 것으로 차범석의 정치, 사회의 비판적 인식을 확인해 볼 수 있는 작품이다.

이러한 창작 경향은 이후에 〈산불〉(1961년)로 절정을 이루었다. 차범석의 대표작이며 '한국 사실주의 희곡의 최고봉'이라고 일컬어지는 〈산불〉은 6·25전쟁을 겪은 작가가 전쟁을 객관화시키는 사유의 시간을 통해 이데올로기가 인간을 어떻게 파괴하는지를 리얼하게 보여주었다. 그러한 점에서 〈산불〉은 한국 사실주의 연극의 수준을 한 단계 끌어올렸다고 할 수 있다. 차범석은 당시의 연극들이 '답답한 소극장 응접실 무대' 위주였던 데에서 벗어나 대숲이 있는 마을을 무대로 "이념의 대립과 갈등이 동족 전쟁을 야기하고 궁극적으로 인간 그 자체를 파괴해 간다는 강렬한 메시지"를 전달, 차범석 전후의 대표작이 되었다.

〈산불〉은 국립극장 초연 당시 큰 인기를 얻었고 이후 영화로, 방송 드라마로, 오페라로, 뮤지컬로 다양한 매체의 전환을 통해 관객과 만날 수 있었다. 원 소스 멀티 유즈라는 측면에서 보면 〈산불〉은 원천컨텐츠로서의 가치가 충분한 작품이다.

차범석은 〈산불〉의 성공 이후 신협 재기를 위한 이해랑의 요청으로 〈갈매기떼〉를 집필, 국립극장 무대에 올려 〈산불〉 못지않은 인기를 끌었다. 목포 부둣가에 있는 영흥관이라는 식당을 둘러싸고 벌어지는 정치권력과 조직폭력배간의 갈등, 그리고 그로 인해 무구하게 희생당하는 서민들을 그려냈다.

〈산불〉과 〈갈매기떼〉의 성공으로 고무된 차범석은 전문적인 극단을 창단하기로 마음을 먹었다. 당시 연극계가 동인제 극단시대로 진입하기 시작했고 드라마센터의 개관이라는 연극상황의 변화가 일어나고 있었기 때문에 이전의 아마추어적인 '제작극회'로는 변화에 대처할 수 없을 것이라는 판단에서였다. '제작극회' 다른 멤버들의 반대를 무릅쓰고 1963년 연극의 대중화와 전문화를 지향하는 극단 '산하(山河)'를 창단했다. 현실과 동떨어진 번역극 대신 창작극을 주로 공연했고, 극단 창단 당시 의도했던 대로 지방공연도 가지면서 왕성하게 활동을 이어갔다.

이 무렵 차범석은 MBC로 직장을 옮겨 바쁜 와중에도 극단 '산하'의 일뿐만 아니라 창작에도 매진, 〈청기와집〉, 당시 유명 배우 강효실을 위해 집필, '산하'에 상업적 성공을 안겨준 〈열대어〉, 〈풍운아 나운규〉, 동성애 문제를 다룬 〈장미의 성〉, 〈대리인〉, 정치와 정치인을 풍자한 〈왕교수의 직업〉 등의 희곡 외에도 '산하'의 공연을 위해 여러 편의 각색 작업과 연출로도 참여하였다.

1969년 사단법인 한국연극협회 제7대 이사장으로 선출되면서 협회 일에 열심을 냈고 원래 하고 있었던 방송국 일과 작품 집필, 극단 운영 등으로 건강에 이상이 생겼다. 1970년 봄 간염으로 병원에 입원, 방송국까지 그만 두었지만 발병 전에 국립극장에서 차기공연작으로 위촉한 장막극 〈환상여행〉을 집필했다. 그는 책임감 때문에 와병 중에도 약속을 지키기 위해 무리를 하면서도 완성을 했다.

차범석이 병원에서 퇴원 후 1년간의 요양생활을 하는 동안 같이 활동했던 사람들이 이런저런 이유로 그의 곁을 떠났다. 그는 인생이 철저하게 외로운 것이며 이 길은 자신이 원해서 가는 것이니 누구도 원망하지 않겠다는 결단을 내렸다.

1972년 차범석은 MBC-TV 요청으로 일일연속극 〈물레방아〉를 집필했다. 〈물레방아〉는 당시로서는 드물게 5개월 동안 방영, 100회를 넘겼으며 이러한 롱런은 MBC-TV 사상 최초였다. 이전에 라디오 드라마와 TBC(동양방송) 단막극, 〈태양의 연인들〉과 같은 특집극을 쓰기도 했지만 TV

일일연속극은 그로서도 처음이었지만 성공적이었다. 드라마의 성공은 차범석에게 경제적 안정을 가져다주었고 그래서 차범석은 연극 현장으로 돌아올 수 있었다.

1974년 6년 동안 맡았던 한국연극협회 이사장직을 이진순에게 내주고 그 해 봄 극단 산하의 사무실도 마련하고 연극현장의 기록이 소실되는 것이 안타까워 〈극단 산하 십년사〉를 펴내는 등 다각적인 연극활동을 펼쳤다. 그런데 1975년 동양극장과 '산하' 간의 전속 계약을 체결, 계약금과 중도금을 지불하고 의욕적으로 공연을 준비하던 차에 동양극장의 매각 사실을 알게 되었다. 속수무책 사기를 당한 차범석은 잔금은 안 털렸으니 다행이라고 스스로를 위로했다. 이러한 차범석의 긍정적 태도는 이후 창작태도에도 영향을 미쳤다.

유신의 시대를 거치면서 유신을 지지하기보다는 오히려 부정적인 시선을 견지하고 있었던 그였지만 〈약산의 진달래〉, 〈활화산〉 같은 새마을 극본을 쓰기도 했다. 그렇지만 새마을운동의 찬양이 아니라 "나와 함께 살아가는 이 시대의 이야기"로 가난과 싸우는 농촌여성의 "삶을 리얼하게 묘사함으로써 우리가 안고 있는 퇴영적이면서도 부정적인 행태를 드러내"려 했다. 이 시기에 그의 역사인식은 자연스럽게 개화기를 향했다. 〈새야새야 파랑새야〉에서는 동학도와 같은 민중의 저항을, 〈손탁호텔〉에서는 외세의 압력에도 불구하고 꿋꿋이 자존을 지키기 위해 투쟁하는 서재필과 같은 진보적 청년들의 연대를 그리면서 창작의 지평을 넓혀갔다.

1970년대 중반에 들어서면서 연극계는 상업주의가 팽배하고 있었는데 이것은 '산하'가 지향하는 연극 대중화와는 달랐다. 차범석은 연극에 있어 앙상블을 중요하게 생각했기 때문에 한두 명의 스타에 의존, 웃음을 파는 연극을 극도로 경계했다. 그런데 상업주의가 판치던 당시의 연극현실은 동인제 시스템을 고수했던 차범석에게는 절망적이었다. 그런 상황에서도 문학성과 연극성을 지닌 레퍼토리라면 승산이 있을 것이라고 판단,

차범석의 생애와 예술

1979년 〈제인 에어〉를 무대에 올렸다. 그러나 관객들의 외면으로 흥행에 실패하고 말았다. 일련의 일들로 차범석은 '산하'가 추구하는 대중성에 대한 회의가 일어나고 '산하'의 해산문제까지 생각하기도 했다. 그렇지만 차범석은 유신정권의 횡포와 비민주적 정권욕으로 급격하게 경색되어가는 시대에 연극을 통해서 이야기를 해야겠다는 결심을 했다. 연극대본의 사전심사제로 창작극의 공연이 어렵게 되자 숀 오케이시의 〈쥬노와 공작〉연습에 들어갔다. 1980년 5월 공연을 보름 앞두고 광주민주화항쟁이 일어나자 차범석은 공연중지를 선언했다. 그 이유는 사람들이 총칼에 쓰러지고 있는데 연극을 하고 있을 수 없다는 것이었다.

실의에 빠진 차범석에게 MBC-TV에서 농촌드라마 의뢰가 들어왔다. 옴니버스 형식의 농촌드라마 〈전원일기〉를 1년 동안 총 48회 집필했다. 1980년 10월 22일 '박수칠 때 떠나라'를 시작으로 1981년 10월 20일 '시인의 눈물'까지 꼭 1년을 썼는데 어수선한 시국에 농촌에 대한 향수를 자극해 최고의 드라마로 자리를 잡았고 이후 20년 동안 방송되면서 최장수 드라마로 남았다. 그런데 차범석은 연극을 하기 위해 방송국의 간청에도 불구하고 〈전원일기〉 집필을 포기했다.

'산하'에 돌아와 1980년에 준비하다 중단했던 〈쥬노와 공작〉을 무대에 올려 보았지만 흥행에 참패하고 말았다. 그리고 '산하'의 재기를 위해 옛 멤버들을 규합해 보려했지만 이마저도 여의치 않았다. 결국 〈산불〉공연마저 실패하고 1983년 '산하'를 해단하는 어려운 결정을 내렸다.

그를 무대로 이끌었던 유년시절의 최승희 공연의 영향과 대학시절 춤을 배우러 다녔던 경험 때문이었는지 1982년 조영숙무용단의 〈강〉을 시작으로 최청자무용단의 〈갈증〉 등 무용극으로 창작의 장르를 확대해 나갔다. 이후에 무용극 〈도미부인〉(1984년 국립무용단, LA 올림픽참가공연), 〈십장생도〉(1988년 홍정희발레단), 〈저 하늘 저 북소리〉(1990년 국립무용단), 〈고려애가〉(1991년 국립발레단), 〈꿈의 춘향〉(1992년 서울시

립무용단), 〈파도〉(1995년 국립국악원 무용단), 〈오데로〉(1996년, 국립무용단) 등 여러 편의 무용극 대본을 창작했다.

1983년 차범석은 청주대학교의 요청에 의해 연극영화과 교수로 부임했다. 조용한 곳에서 창작의 기회를 가질 수 있다는 점이 그에게 매력적으로 다가왔고 학생들과의 생활이 연극판에서 지친 그에게 활력을 주었다. 그러나 그가 예술대학장직을 맡으면서 휴식은 끝나고 말았다. 당시는 학원민주화 운동이 번지고 있었을 때였다. 누구보다도 민주화를 열망해왔던 그였지만 과격해진 학생들의 기물파괴 등의 파괴적인 행동은 받아들일 수 없었다. 목포 북교초등학교, 덕성여고에서 교사로 재직하고 있을 때 불의를 보면 참지 못하고 투쟁을 했던 그로서도 학생들의 그런 행동은 받아들일 수 없었고 결국 보직에서 물러났다.

그 때 '서울88예술단'이 조직되면서 차범석에게 단장을 맡아달라는 제의가 들어왔다. 단장직을 수락했지만 총체가무극이라는 것이 그가 생각했던 연극의 방향과 맞지 않았을 뿐만 아니라 관의 간섭이 싫었던 그는 창립공연으로 〈새불〉을 올리고 다시 대학으로 복귀했다. 생래적으로 구속을 싫어하고 자유를 추구했던 그로서는 이러한 상황이 견디기 어려웠을 것이다. 오죽했으면 목포북교 초등학교 시절 자신이 담당했던 학급의 급훈이 자유였을까.

대학으로 돌아간 그는 특정사회단체의 요청이기는 하지만 신채호를 다룬 〈식민지의 아침〉, 김대건 신부의 일대기를 그린 〈사막의 이슬〉 등 활발하게 창작활동을 이어갔다. 1989년 학교 측에서 총장으로 추대하려는 움직임이 보이자 교수직을 사퇴하고 이후 서울예술대학의 교수로 자리를 옮겨 창작에 몰두했다. 이 시기에 차범석은 창작방식에 있어 변화가 일어나 이전의 창작방식에서 벗어나 형식과 주제가 다양한 작품을 발표했다.

1992년 징용 노무자의 딸 야마네 마사코의 자전적 수기를 바탕으로 쓴 〈안네 프랑크의 장미〉는 '일본제국주의의 만행을 용서와 화해의 차원에서 접근' 하였으며, 〈통곡의 땅〉은 백범 김구의 삶을 작품화하면서 한국현대사에서 이념문제를, 〈나는 불섬으로 간다〉에서는 소작쟁의와 그로 인해 생긴 연좌제 문제를 제기하기도 했다. 작가적 연륜이 깊어가면서도 차범석의 의식은 언제나 날카롭게 깨어 있어 부당하거나 문제가 있는 것에 대해서는 비판적 태도를 취하는 스탠스만큼은 변함이 없었다. 이색적으로 〈바람 분다, 문 열어라〉에서는 여성들의 변화를, 〈그 여자의 작은 행복론〉에서는 어머니와 아들 간의 근친상간적 욕망을 그려내는 등 소재의 영역도 넓혀갔다.

차범석은 본래 대중예술과 고급예술을 경계 짓는 것에 대해 우려를 해왔다. 어떤 작가보다 사회의식이 있는 작품을 쓰면서도 대중성 또한 중요하게 생각했다. 노년의 차범석은 그 경계를 허물고 〈가거라 38선〉 같은 악극의 대본을 쓰거나 의뢰를 받은 것이긴 하지만 뮤지컬 〈처용〉, 오페라 〈백록담〉, 〈연오랑 세오녀〉의 대본 등을 썼다. 그러면서도 〈옥단어!〉(2003년)와 같은 작품에서는 깊은 사유의 절정을 보여주었다. 이 작품은 '단순한 연극이 아닌 우리의 현대사와 그 아픔을 되돌아보자는 데에 그 의미를' 두고 있다. 차범석은 〈옥단어!〉에서 자신이 '평생 동안 삶의 방식으로 지켜온 자유정신을 투영'시켰으며 떠돌이 옥단이를 통해 인생의 허망함을 보여주면서 한국적 사실주의의 진전을 이루어 냈다는 평가를 받았다.

2006년 세상을 떠날 때까지 차범석은 다양한 장르를 경계 없이 넘나들며 많은 작품들을 발표했던 현역 작가였으며 연극인이었다. 자리에 욕심을 낸 적이 없었던 차범석이지만 한국연극협회 이사장, 한국문예진흥원장, 대한민국예술원회장 등을 지내 예술인으로서 영광도 누렸다.

차범석 전집 10

■

차례

발간사 유민영 001
아버지의 전집 발간에 부쳐 차혜영 003
차범석의 생애와 예술 전성희 005

무용극 갈증 017
도미부인 021
아으, 다롱디리 031
고려애가 055
창극 저 달이 지기 전에 069
여성국극 사라공주 099
견우와 직녀 177
창작 오페라 백록담 250
뮤지컬 처용 301
연오랑 세오녀 366

일러두기

* 명백한 오자, 탈자 외에는 가능한 원본을 그대로 수록했음을 밝힌다.

* 신문기사·작품 〈 〉, 책제목「 」로 표기했다.

* 잘 사용하지 않아 의미가 명확하지 않은 단어는 각주를 붙여서 설명했다.

갈증

〈갈증(Thirst)〉은 극작가 차범석 대본, 김소희 창, 김덕수 사물놀이가 음악을 맡은 작품으로 삶의 목마름을 무용으로 작품화하였는데, 이 작품에서는 미국 현대무용에 비해 폭은 좁으나, 깊은 맛이 있는 유럽 현대무용 기법 위에 우리의 소리인 창과 국악의 리듬을 가미한 독특한 무대였다는 평가와 함께 무용계의 큰 반향을 일으키기도 했다.

1. **갈증 – 새벽 바닷가**
   바닷가에 사는 사람들은 유난히도
   목마른가 보다. 물을 앞에 두고도
   물이 귀하다. 그래서 동이 트기 시작하면
   그들은 물을 구하러 나선다.
   출렁대는 바다 앞에서 물을 기다리는 군상.
   그것은 바로 이 시대를 살아가는 사람들의 삶에 대한 목마름이다.

2. **기도하는 마음**
   내일이면 남정네들은 모두 바다로
   나간단다. 만선의 벅찬 꿈도 거기 있겠고
   바다에 던질 도전도 거기 있을 게다.
   그래서 바닷가 사람들의 기도는 엄숙하기
   보다는 광란을 택한다.

취해서 노래하고 쓰러지다 보면 이미 북두칠성은
기울어 있고 모두가 지쳐버린 그 적막이 비로소
기도하는 마음으로 변해간다.

3. **바다**

남정네들은 모두 바다로 나간다.
성난 파도를 의식하고 광풍을 잉태하고
평화롭기보다는 거센 삶을 만끽하려는
사나운 남정네의 맥박은 죽음에 대한
위험도 아랑곳하지 않는다.

4. **죽음**

어둠일세. 어둠일세.
두견새도 울다 지친
칠흑같은 어둠일세.
전후 좌우 돌아봐도
하늘같은 땅이요
땅같은 하늘이라
바다 밑이 이러할까
땅속이 이러할까.

황천길이 멀다는 말
가신 님이사 뉘 알거나.
어쩌다 살아남은
실올 같은 내가 알지.
먼 길을 탓할 것인가.

함께 못가 원통하제
태어남도 인연이요
만나는 것도 인연이라
하루아침 찬 이슬인가
소리도 없이 간단 말인가.

이승과 저승길을
오도가도 못하게
이토록 갈라놓은
그 심사를 알겠네.

북두칠성 머리에 이고
지성드려 비는 밤엔
구름 타고 내려와서
별빛 따라 꽂아두고
비바람 천둥 소리에도
꺼지지 말라고 남겼겄제.
가신 님 보고 싶으면
눈이나 감고 자란 말인가
두견새 피 마르는 소리
혼자 들으며 자란 말인가.

5. **다시 아침이 오다**
간밤의 광풍과 돌풍도
칠흑같은 어둠에 묻고
밤이 새면 다시 아침이 온다.

밝은 태양을 기다리며
새벽을 기다리듯
생에 대한 갈증을 느낀다.
그렇게 기다리며 살아가는
화석이 바로
너와 나의 만남이다.

〈무용극〉

도미부인(전 2막 7장)

음악

제1막   1:20

제1장 마을 어귀

　　　　동리 사람들, 사당패의 등장과 춤   5:30

　　　　아낙네들의 춤   1:55

　　　　도미, 도미부인, 왕 -삼각관계-   1:30

　　　　전체군무   2:30

　　　　왕의 분노   1:20

　　　　도미와 부인의 사랑의 춤   3:10

제2장 궁중

　　　　학, 연화대무, 처용무(원본, 음악 사용)   4:50

　　　　왕과 사당패   3:00

제3장 도미의 집

　　　　도미부인과 사당녀   2:15

　　　　(기원하는 가사 도미내용으로 바꿔 불러)

　　　　왕의 방문과 도미부인 -왕의 구애-   2:40

　　　　왕과 사당녀(도미부인 대역)의 사랑의 춤   2:50

　　　　왕의 분노   2:30

제4장 궁중

　　　　왕과 왕비

　　　　망나니의 춤   3:00

　　　　도미의 실명

　　　　쫓겨남

제2막

제5장   어느 강가 나루터

　　　　버려진 도미 -회상의 춤-　　　　　　6:25

　　　　사당패 군중들　　　　　　　　　　 1:30

　　　　도미부인 등장 -도미를 그리워하는-　 1:10

제6장   마을 어귀

　　　　도미, 도미부인의 극적인 상봉의 춤　 3:30

　　　　도미의 죽음

제7장   천도

　　　　고푸리　　　　　　　　　　　　　　5:50

　　　　천도　　　　　　　　　　　　　　　4:50

　　　　천상의 춤　　　　　　　　　　　　 2:20

　　　　대단원의 막　　　　　　　　　　　 0:20

등장인물

도미

도미부인

사당녀 A, B

왕

왕비

시종 A, B

왕무당 A, B

사당패 10명

무당 A팀 16명

무당B팀 16명

학 1명

연꽃 12명

처용무 5명

망나니 2명

마을 아낙네 32명

길잡이 2명

제1막

제1장

무대

마을 어귀

막이 열리면 상수에 정자나무가 그늘지어 무대를 덮고 있고 그 밑에는 단출한 정자가 서 있다.

그 앞에는 마을 사람들이 옹기종기 모여 판을 이루듯 무언가 기다리고 움직이고 있다.

이윽고 쇄납*소리가 진동하여 들리며 풍물소리에 무대가 술렁인다.

상수에서 나와 군중 사이를 뚫고 등장하는 사당패들.

사당패기를 선두로 영기를 들었다. 그 뒤에는 풍물잡이들이고 또 뒤에는 잔재주꾼이며 잡색들이 쭉 늘어져 들어온다.

(잡색 탈 쓴 이에는 양반탈 5명 그리고 한량 춤에 나오는 영감, 할미, 색시탈, 또한 탈춤 한거리를 벌일 수 있는 패가 있어도 좋다)

사당패는 들어와 마당을 한 바퀴 돈 뒤 자리를 잡고 놀이를 시작한다.

(이 사당패 속에 주인공인 도미는 꽹과리 치고 그 부인은 소고를 들었다)

꼭두가 도미이고 그 부인은 춤꾼인 셈이다.

(춤 1) 군상들의 춤(전체가 어울려지는 춤)

(춤 2) 사당패의 북춤(남도 들노래에 나오는 유형의 춤)

(춤 3) 잡색들의 춤

---

* 태평소.

(춤 4) 도미의 춤

(춤 5) 개인놀이(두드리기 등) 무등춤

(춤 6) 도미부인의 소고춤 (농악에서 풍류굿거리로 자지러지게 춘다)

이때, 왕이 사냥길에서 시종들을 데리고 지나다가 문득 도미부인의 춤을 보고 멈춰 넋을 잃고 보고 있다. 도미부인은 여러 사람과 대무해 준다.

(춤 7) 왕의 허튼 춤. 왕과 도미부인의 어울리지 않는 춤. 다른 사당패가 왕을 춤으로 놀려댄다. (모든 사람이 폭소를 자아내어 웃는다)

웃으면서 막춤이 유발되는 정경이 벌어진다.

왕은 화가 난 기분으로 한쪽에 물러 있고 점점 고조되어가는 놀이판. 이때 아낙들의 깨끼춤 형태가 바람직하다.

(춤 8) 군무

깨끼춤을 추며 자연스럽게 회무로 변하는 군무. 어깨를 맞대고 돌며 돌며 유희한다. 어느 틈엔가 왕과 도미의 아내가 마주잡고 돌다가 왕은 자기도 모르는 사이에 도미부인의 허리를 덥석 껴안는다. 음악, 순간 정지된다.

냉소하는 동리 사람들. 도미와 그 아내를 뚫어지듯 보고 있는 왕. 무언가 결심을 한 듯 거칠게 퇴장한다. 도미, 도미부인, 사당패들 근심에 싸인다. 누군가가 가락을 낸다. 무대는 다시 활기차고 신명으로 뒤덮인다. 서민들의 신명들이 생명력이 넘친다.

제2장

무대

궁중

궁중의 영화로움과 권위를 상징하는 춤이 펼쳐진다. 왕은 몹시 분노하고 있고, 왕비와 대신들 눈치만 살핀다.

(연꽃의 정과 학춤이 어우러지면 바람직하다)

(학 연화대무 합설 참조)

왕은 한창 진행 중이던 궁중 연회를 물리고 임장에서의 사당패를 불러들인다.

사당패를 불러들인다.

사당패들 등장을 물끄러미 보며 누군가를 찾는다. 그러나 왕이 찾고 있는 도미의 아내는 보이질 않는다. (사당패들의 연희)

왕 격노하여 사당패들을 옥에 가두라고 명한다.

모종의 음모와 계략을 생각하며 허공을 쏘아보는 왕. 시종 몇을 데리고 어딘가를 향해 걸음을 재촉한다.

제3장

무대

도미의 집

도미부인 불길한 예감 속에서 초조하게 남편을 기다리는 독무가 펼쳐진다.

(남편 도미와의 사랑, 불안이 테마)

그를 위로하는 사당녀들의 춤. 이때 왕이 시종들을 거느리고 들이닥친다.

왕이 도미부인에게 사랑의 춤을 출 것을 강요한다. 거부하는 도미부인의 춤이 엇갈린다. 거역하면 남편을 죽이겠다는 시종들의 위협에 놀란 도미부인은 승낙을 하며 사당녀와 함께 퇴장. 아첨하는 시종들의 우스개 몸짓. (다른 사당녀들과 어울린다)

왕은 흐뭇한 심정으로 시종들을 물린다. 속옷(잠옷) 차림으로 단장하고 나타나는 도미부인. 왕은 만족한 듯 그녀와 사랑의 대무를 한다.

충동적인 춤사위로 엮어진 두 사람의 춤.

왕이 도미부인을 끌어안는 순간, 대노하는 왕, 상대가 도미부인이 아니라 사당녀임을 왕이 알아차린 것이다. 왕, 격노한다. 시종을 불러 사당녀를 처치하게 하고 도미부인을 찾으라 명한다. 분해서 치를 떠는 왕. 격노하여 퇴장한다. 그 뒤를 이어 쫓아나와 절망적인 심정을 춤으로 표현하는 도미부인.

제4장

무대

궁중

노기가 등등한 왕, 옥에 갇혀 있는 사당녀들을 끌어내어 엄벌하라 명한다. 만류하는 왕비. 끌려나온 도미 일행은 공포에 질려 있고 도미는 자기들의 사랑을 이어지게 해달라고 호소하는 춤을 춘다.

왕(분노의 춤), 왕비(진정의 춤), 도미(용서를 비는) 3인의 혼합무가 각자의 심정 입장을 강하게 표출한다.

이윽고 시종들 큰칼을 들고 쌍림무를 추기 시작하자 모든 사태를 직감하고 절망적으로 앞에 나서는 도미 그에게 칼질을 한다. 도미의 눈에서 핏줄기가 솟는다. 경악하는 사당패들. 울부짖는 도미. 왕은 도미를 내어버리라 명한다. 암울한 음악이 분위기를 더한다.

제2막

제5장

무대

어느 강가 나루터

장님이 된 도미의 병약해진 거동, 복색은 걸인 행색이다.

고통과 절망감에 휩싸인 모습으로 등장한다. 나무 밑에 쓰러진다. 옛날을 회상한다. 사당패놀이 가락이 은은히 들려온다. 그 가락 속으로 빠져 들어간다. 도미 꽹과리를 잡고 환상 속으로 빠져 들어 춤을 추기 시작한다(사랑의 춤). 도미부인의 환상이 나타난다. 도미부인의 춤(죄책감, 후회, 비탄). 실신 상태에 빠져든 도미를 동네 사람이 들어와 구해준다. 세월이 지나가는 무대 분위기.

제6장

무대

마을 어귀

무대 밝아지며 동리 사람들의 축제가 벌어지고 있다.

이 무용극의 첫 장면과 비슷한 분위기다. 도미부인, 사당패를 이끌고 등장한다. 지난날의 춤과 음악이 되풀이되지만 그것은 애수와 한이 깃들어 있다.

도미가 환청을 들은 듯 등장한다. 사당패 가락에 맞추어 춤을 춘다.

극적인 상봉을 하는 도미와 그 부인. 그리고 사당패들. 감동적인 둘의 춤이 펼쳐진다. (옛날의 사랑의 춤 음악이 더욱 고조되고 강조되어 펼쳐

진다)

절정에 달한 춤 속에서 도미 불현듯 탈진하여 숨을 거둔다.

무덤 속처럼 처절한 분위기의 음악, 통곡, 오열하는 소리(창도 좋다).

도미를 바라보던 부인은 도미의 시신을 부여잡고 오열한다. 만가와도 같은 음악이 한동안 흐른다.

제7장

무대

천도

고푸리춤(맺힌 원을 푸는 의식으로 이 극에서는 도미와 그 아내의 원을 푸는 의미로 추어진다).

하수에서 한 손에 큰칼로 길을 가르며 등장, 길을 닦고 그 뒤 천을 든 무당이 따르며 영혼의 길을 만든다.

우리나라 고유의 의식에서 죽음은 또 다시 태어난다는 의미와 극락세계에 들어가 행복하게 살게 해달라는 기원의 의미가 있다.

무대 전체가 솜꽃이 피어나듯 청결하다. 무당들의 등장으로 영혼의 길이 만들어진다. 그 영혼의 길 한쪽에 도미 등장, 다른 쪽에서 도미부인이 등장하여 마치 천상에서 만나기라도 하듯 상봉한다.

영혼의 만남 그것은 영원한 삶이 되는 것을 표징한다.

축원이 깃든 음률을 타고 둘은 영원한 사랑을 다짐한다. 신비로운 군무의 힘을 빌려 둘은 승천한다.

막 내린다.

(60분 내외)

아으, 다롱디리(전 11장)

작의

이 작품은 고려가사에 전해지고 있는 우리 가사문학으로서 대표적인 〈정읍사(井邑詞)〉를 소재로 한 한국무용극이다.

달하 노피곰 도다샤
어긔야 머리곰 비취오시라
어긔야 어강됴리
아으 다롱디리
져재 녀러신고요
어긔야 즌데를 드더욜셰라
어긔야 어강됴리

어느이다 노코시라
어긔야 내 가논되 졈그를셰라
어긔야 어강됴리
아으 다롱디리

이 가사에서 엿볼 수 있는 바와 같이 멀리 남편을 객지로 내보낸 아내가 달 밝은 밤 남편을 기다리는 애절함을 노래한 이 〈정읍사〉는 그 서정성이나 인간성의 발로로 보아 비단 백제시대의 여인상만이 가지는 기상이라기보다는 한국의 여인상을 대변하는 가사문학의 주옥편이라 해도 과언은 아니다.

나는 이 〈정읍사〉에 담겨진 시정신(詩精神)을 통하여 한국여인이 지닌 아름다움과 강인함, 그 인내심과 희생정신, 그리고 나아가서 포용과 진취적 기상까지도 포괄적으로 춤으로써 표현하기 위하여 이 작품을 쓰기로 하였다. 지금까지 대체적으로 무용극 속에 그려진 한국여인상이란 한(恨)의 화신이자 피해 입는 가련성만을 강조했던 타성에서 벗어나 보다 강인하고 진취적인 면을 강조하고 싶다는 데도 그 의의를 찾을 수가 있을 것이다. 그리고 '86 아시안 게임을 계기로 외국인 관객과의 만남도 고려하지 않을 수 없으니만큼 가장 한국적이며 순수한 한국 춤의 아름다움을 재발견하기 위하여 서민생활과 밀착된 춤이기를 바라는 마음도 절실하다 하겠다.

주제

백제여인의 외형적인 아름다움이나 퇴영적인 한(恨)의 세계에서 벗어
나 삶과 사랑을 위하여 끈질기게 자신을 지켜나가는 한 여인의 인생행로
를 통하여 한이나 저주나 증오는 일시적으로 우리의 감정의 발산은 될지
라도 궁극적으로는 사랑 앞에서는 무너져 내릴 수밖에 없다는 데 주제를
설정한다.

　　　　　　　　　　　　　　　아으, 다롱디리

- 등장인물

  순녀(順女) 아내 (25세)

  그녀 남편   보부상 (30세)

  어머니 (50세)

  딸 (6세)

  일엽(一葉)   기녀 (25세)

  막동(莫同)   남편의 친구 (30세)

  기타 무당

  스님

  사당패들

  마을 사람들

  신라 군사들

- 때와 곳

  백제가 신라와 당나라의 침공을 받던 전후의 남해안 어느 마을

줄거리

순녀는 착하고 아름다운 그러나 가난한 아낙이다. 그녀는 밭을 갈고 베를 짜는 일로 남편과 시어머니와 딸을 위하여 헌신적으로 살아간다. 순녀의 아름다운 용모 못지않게 그녀의 베 짜는 솜씨 또한 일품이다. 그래서 가을, 겨울 기나긴 밤을 베틀 앞에서 지낸다. 그렇게 해서 짜낸 베를 남편은 등에 걸고 행상을 나간다. 한 번 나가면 강줄기를 따라 멀리 섬진강, 영산강 일대를 돌아야 하고 그래서 순녀는 남편을 기다리며 살아온 지가 십 년이 족히 넘는다. 평범한 아낙의 평범한 행복이 무엇인가를 순녀는 그 기다림 속에서 삭혔고 또 익혀왔다.

오늘도 남편을 위시하여 몇몇 남정네들은 등짐을 지고 행상길을 떠나는 날이다. 아낙들은 신당 앞에 모여 남편들이 하루라도 빨리 물건을 다 팔아 많은 이득을 얻어 돌아오기를 축원한다.

무당이 앞장서서 굿판이 벌어진다.

순녀 역시 남편과의 이별 아닌 이별에서 눈물을 깨물고 오히려 미소와 격려와 그리고 무사히 귀향할 그날의 꿈에 부풀어 있다.

남편이 떠나가면 순녀에게는 다시 그 칙칙한 삶의 시달림이 기다리게 된다. 시어머니와 딸을 남편 대신 부양해야 하기 때문이다. 달이라도 밝은 날이면 남편을 그리다 못해 그 고독과 허전한 눈물도 많이 흘렸다. 그런데 한 마을에 사는 막동은 그러한 순녀를 오래전부터 못 잊어 한다. 막동은 남편의 어릴 적부터 친구였건만 친구의 아내인 순녀를 기회 있을 때마다 접근해 온다. 그것은 사악한 색정이 아닌 어쩌면 처절할 만큼 강한 연모였다. 순녀는 남편보다 모든 환경이 좋은 막동을 부러워할 때도 있었다. 그러나 그것은 넘어다볼 수도 없고, 봐서도 안 되는 엄청난 수렁임을 알고 있기에 순녀는 스스로 매질하듯 살아간다.

달 밝은 밤이다. 모든 남정네는 돌아와서 잔치가 벌어진다. 그러나 순녀의 남편은 돌아오지 않는다. 풍문에는 죽었을 거라고 하고 다른 여

35   아으. 다롱디리

자를 만나 도망쳤을 거라고도 한다. 순녀는 절망과 좌절, 그리고 배신과 증오에서 발광 직전까지 다다른다. 그때 막동이는 자기가 모든 것을 책임지겠다고 자청한다. 그것이 무엇을 뜻하는지 모를 바는 아니다. 그러나 순녀는 허물어질 것만 같은 마음을 졸라매며 남편을 찾아 나선다.

남편은 일엽(一葉)이라는 기녀에게 혹하여 날마다 술과 놀이패들 틈에서 젊음을 보낸다. 그러나 수중에 돈이 떨어지자 일엽은 가차 없이 남편을 버리게 된다. 순녀는 그러한 남편을 너그럽게 받아주면서 새로운 삶을 위해 살아간다. 베틀 소리가 달빛 속에서 맑게 퍼져나간다.

제1장

달이 밝다. 초가지붕이 옹기종기 모여 있다. 그 가운데 순녀의 집이 있다. 순녀가 마루에서 베틀을 놓고 베를 짜고 있다. 찰칵 쿵, 찰칵 탕쿵 …… 이집 저집에서 들려오는 베틀 소리가 흥겹다. 순녀는 저절로 어깨춤이 난다. 이윽고 순녀는 다 짠 베를 걷어내어 편다. 오랜 시간을 두고 쏟은 정성과 노력이 베에 스며들었음을 감개무량하게 어루만진다. 대견하다.

방에서 어머니가 나온다. 순녀가 자랑스럽게 다 짠 베를 어머니에게 내보인다. 어머니 역시 며느리의 노고가 대견스럽기도 하고 고맙기도 하다.

시어머니와 며느리가 하얀 베를 마주잡고 즐거움을 나눈다. 그것은 바로 그들의 생명이기도 하고 살아가는 보람이기도 하다.

순녀가 방에서 지금까지 짠 많은 베필을 안고 나온다. 이것을 남편이 장에 가서 팔아 오면 그것이 곧 자기네들의 삶의 근원임을 자랑하기도 한다.

어머니가 뜰로 내려선다. 이웃집을 찾아다니며 어서 나오라고 한다. (5분)

아낙네들 6, 7명이 손에 손에 하얀 베필을 들고 나온다. 순녀도 그속에 낀다. 그리하여 한바탕 자축과 위로의 뜻이 담긴 춤판을 벌인다. 누가 보다 곱게 베를 짰는가를 견주어보기도 하고 누가 보다 길게 짰는가도 비교한다. 그것은 오직 노동에서 얻은 삶의 기쁨이요 보람이자 여인들의 행복의 춤이기도 하다. (5분)

아으, 다롱디리

제2장

마을 당산나무 아래 한낮. 간단한 제단이 차려져 있다. 마을 사람들이 모여 있다.

제단 앞에서는 무당이 축원을 드리고 있다. 오늘은 동리 남정네들이 베필을 등에 지고 멀리 행상을 나가는 날이다. 아낙들은 아낙들대로 남편들이 하루속히 돌아오기를 빌고, 남편들은 그들대로 하루속히 물건이 잘 팔리게 해달라고 경건하게 빈다. 그것은 오직 삶을 영위하는 사람들의 소박한 기도이다.

한바탕 굿판을 벌이고 난 무당이 무릎을 꿇고 있는 남정네들에게 다가와서 이제는 떠나가도 된다고 일러준다. (5분)

아낙들이 미리 준비해둔 봇짐을 들고 나와 각각 자기 남편 등에 짐을 지워준다. 순녀도 남편에게 짐을 지워준다. 여섯 쌍의 부부가 사랑과 믿음을 약속이라도 하듯, 다시 만날 날을 기약이라도 하듯 정답게 춤을 춘다. 그것은 슬픔이나 아쉬움이라기보다 보다 밝은 미래를 위한 약속이다. 가난하지만 소망을 잃지 않고 살아가려는 서민의 의지가 역력하다. 이윽고 한 쌍씩 차례로 떠나가자 무대에는 순녀와 남편만이 남는다. (3분)

두 사람은 새삼 허전함을 느낀다. 그것은 일시적인 이별이긴 하나 사랑하는 사람에게 있어서는 견딜 수 없는 아픔이다. 지금까지 웃음으로 춤을 추고 흥겨움으로 서로를 달래던 두 사람에게 쓰라린 이별의 아픔이 엄습해 온다. 언제까지 이렇게밖에 살 수 없는 것인가. 언제까지 이렇게 떠돌면서 살아가야만 하는가. 차라리 굶는 한이 있을지라도 한집에서 식구끼리 오순도순 살아갈 수는 없는 것일까. 한 번 길을 떠나면 두 달도 되고, 석 달도 걸리는 그 외롭고 허전한 세월을 또 견디어야 한단 말인가. 순녀 부부는 새삼 자신의 삶이 측은해지자 헤어지기 싫어한다. 차라리 굶는 한이 있더라도 함께 있기가 소원이다. (3분)

이때 어머니가 어린 손녀딸을 데리고 나온다. 순녀 부부는 눈물을 감추고 어머니와 딸에게 미소 지어 보인다. 어머니는 어머니대로, 딸은 딸대로 행상에서 돌아왔을 때의 그 푸짐한 선물과 수입에 더 기대가 크며 가슴이 부풀어 오른다. 남편은 늙으신 어머니와 어린 딸 앞에서만은 슬픈 얼굴을 보일 수가 없는 것이다. 네 식구가 살아가기 위해서는 용기가 필요하다. 눈물을 삼켜야 한다. 순녀 역시 남편이 무사히 돌아오는 그날까지는 결코 울지 않을 것이다. 이제는 떠나는 사람도 보내는 사람도 희망과 기쁨을 나눌 시간이지 울고 있을 때가 아니라고 다짐하면서 밝게 웃으며 춤을 춘다. (3분)

남편이 떠나가자 어머니와 딸도 그 뒤를 따라 나간다.

순녀는 나무그늘에서 발돋움하며 멀어지는 남편의 뒷그림자를 바라보고만 있다. 지금까지 억제했던 감정이 봇물 터지듯 솟구친다. 아… 또 기다려야 하나. 언제까지 또 혼자서 살아야 하나? 천지간에 짝 없는 사람만큼 혹독한 형벌이 어디 또 있단 말인가? 자기책망과 좌절에 순녀는 미칠 것만 같다. 순녀는 그 비탄에 지쳐 쓰러지고 만다. 지금은 새도 아니 울고 바람도 아니 부는 시공(時空)이 사라진 그런 순간인 것이다. (3분)

이때 나무 뒤에서 총각이 나타난다. 그는 아까부터 순녀의 거동을 지켜보고 있었다. 총각은 설레는 마음을 억누를 수 없어 망설인다. 그의 눈에는 순녀에 대한 연민과 동정과 그리고 사랑이 뒤범벅이 되어 있는 빛이 역력하다.

이윽고 총각이 순녀 곁으로 다가가 넋을 잃고 쓰러져 있는 순녀를 조

아으, 다롱디리

심스럽게 안아 일으킨다. 총각은 자신의 따사로운 체온으로 순녀의 굳어버린 몸을 녹이기라도 하려는 듯 애무한다.

순녀가 의식을 되찾는다. 그녀는 처음에는 총각을 남편으로 착각한다. 그러나 다음 순간 남편이 아님을 확인하자 수치심과 가책감이 몸 둘 바를 몰라 피한다. 그러나 총각은 막무가내이며 자신이 지금까지 연모해 왔던 바를 고백한다. 순녀는 다시 한 번 놀라 피한다. 총각이 애절하게 사랑을 고백하나 순녀는 의연하게 뿌리치며 퇴장한다. 총각은 실의에 찬 시선으로 그녀가 사라진 곳을 막연히 바라보고만 있다. (4분)

제3장

제1장과 같은 순녀의 집. 눈이 소리없이 내리는 새벽녘이다. 천지가 하얗다.

무대 한 귀퉁이에 있는 장독대에도 눈이 쌓이고 있다.

순녀가 소복을 하고 정화수를 양손으로 받쳐들고 장독대로 간다.

하얗게 쌓인 눈 위에 순녀의 발자욱이 새겨진다. 하나… 둘… 셋… 넷…

순녀는 장독 위에 쌓인 눈을 두 손으로 쓸어내고 그 자리에다 정화수 그릇을 조용히 내려놓는다. 그러고는 정성을 다하여 치성을 드리는 모습이 마냥 성스럽게만 보인다.

이때 무대 한쪽에 남편의 환상이 나타난다. 지친 모습이다. 그러나 아내와 가정을 못 잊어 하는 밝은 표정이다. 등에 지고 있던 봇짐을 어루만진다. 하루속히 물건이 팔리고 다시 고향으로 돌아갈 날을 애타게 갈구한다.

남편의 환상이 사라지자 순녀는 잠시나마 꿈속에서 본 남편을 그리워한다. (3분)

제4장

어느 장터 황혼녘이다. 오고 가는 사람들의 표정은 마냥 밝고 생기에 가득 차 있다. 손님을 끄는 장사치도 물건을 사는 길손도 모두가 삶의 어둠보다는 살아갈 수밖에 없는 인간의 기정사실에 긍정적으로 수긍하는 표정들이어서 즐거운 분위기다. (3분)

이때 멀리서 풍물소리가 들려온다. 누군가가 사당패가 온다고 알리자 모두들 그쪽으로 시선이 쏠린다.

사당패가 등장한다. 저마다 북을 둘러메고 있다. 남성적이며 약동적인 북춤이 마냥 흥겹기만 하다. 에워싸고 있던 손님들이 박장대소하며 엽전을 던져준다.

이때 군중 가운데서 한 사내가 뛰어나와 한 사당패의 북을 빼앗듯이 나꾸어 채더니 춤을 추기 시작한다. 순녀의 남편이다. 처음에는 모두들 어리둥절해하다가 함께 춤을 춘다. 아까부터 남편의 북 솜씨가 예사 솜씨가 아님을 감탄하던 주모 일엽이가 약속이나 한 듯이 한데 어우러져 춤판을 벌인다. 노는 사람도 보는 사람도 혼연일치가 되어 언제까지나 춤판을 이어간다. 그것은 바로 모두가 하나가 되고 모든 사람의 감정을 사로잡는 그런 도취감(陶醉感)이기도 한 신바람이다. (8분)

어두웠던 무대가 다시 밝아진다. 아침이다. 장터의 어느 목롯집 술청이다. 쓰러져 자고 있던 남편이 잠과 취기에서 깨어난다. 간밤의 꿈같은 시간은 간 곳이 없고 거기에는 다시 가난과 적막만이 깔린 텅 빈 장터이다.

남편이 봇짐을 지려는데 주모 일엽이가 나온다. 요염하고 육감적인 여자다. 일엽은 일방적으로 남편에게 교태를 부리며 유혹을 한다. 남편은 그녀를 피한다. 그러나 일엽은 봇짐을 빼앗으며 적극적으로 유혹을

　　　　　　　　　　　　아으, 다롱디리

한다. 장사를 다니는 고생보다 이곳에서 장사를 하며 돈을 벌자는 것이다. 남편의 북 솜씨와 자신의 춤 솜씨만 있으면 손님을 끌 수 있을 것이라는 꼬임이다.

일엽이 장고를 꺼내 와 남편에게 주면서 장단을 치란다. 처음에는 망설이더니 남편이 장고를 걸머지고는 장단을 치자 일엽이가 춤을 추기 시작한다. 그것은 여성이 남성을 매혹시킬 수 있는 최상의 무기이자 매력이다. 남편도 어느덧 일엽의 춤과 교태에 넋을 잃더니 둘이서 춤에 빠져 들어간다. (4분)

제5장

제2장과 같음. 황혼녘이다.

오늘은 마을에 경사가 났다. 행상을 나갔던 남정네가 돌아온다는 전갈이 왔기 때문이다. 마을 아낙네들은 저마다 돌아올 남편을 그리고 가족들은 그들대로 희망에 차 있으니 축제 분위기는 자연스럽게 고조되어 간다.

무당은 제단에서 부정한 것이 들어오지 못하도록 축원을 올리고 가족들은 가장이 돌아오기를 갈망한다.

이윽고 행상 나갔던 남정네들이 들어선다. 떠날 때 지니고 갔던 베필 대신 저마다 선물 보따리를 지고 있다. 상봉의 기쁨과 안도감에 취하여 한판의 춤이 벌어진다. 그러나 순녀는 불안하고 외롭다. 남편의 모습이 안 보이기 때문이다. 순녀는 함께 떠났던 남정네들에게 차례로 소식을 묻는다. 그러나 누구 한 사람 시원한 대답을 해주지 않고 사라진다. 맨 나중에 남은 남정네는 아마도 다시는 돌아오지 않을 테니 기다릴 필요가 없을 거라면서 총총히 사라진다. 즐겁고 열띤 춤판은 금세 차갑게 식어 버린다. (4분)

무대는 썰물의 바다처럼 허전하기만 하다. 순녀는 그래도 무슨 기쁜 기별이 있으리라고 스스로 마음을 달래지만 마음은 자꾸만 허물어진다. 어디 가서, 누구에게 어떻게 매달릴 것인가 망설여진다. 순녀의 초조와 불안은 절정에 달한다. 그녀는 무당에게 찾아가 점괘를 청한다. 무당은 아마 필시 객사했을 것이라고 냉담하게 대꾸하고는 가버린다.

순녀는 비로소 슬픔과 좌절 속에 쓰러진다.

그러나 총각이 나타나서 부축을 하며 앞으로 자기를 의지하면서 살아가자고 호소한다. 그것은 결코 일시적인 사연이 아닌 진실의 사랑임을 고백한다. 그러나 순녀는 그를 뿌리치고 뛰어나간다. 실의에 빠진 총각이 땅을 치며 통곡한다. (3분)

제6장

제1장과 같음. 순녀의 집.

달도 없는 캄캄한 밤이다.

순녀가 베틀 앞에 앉아서 베를 짜고 있다. 그러나 그 모습은 수척하여 병색이요 옷차림도 흐트러졌다. 따라서 그녀에게서 전에는 볼 수 있었던 생동감은 찾을 길이 없다.

시름을 쫓기 위하여 순녀가 자리에서 일어난다. 가슴에 맺힌 한을 달래기라도 하듯 마루 구석에 있던 명주필목을 풀어 쥐고서 살풀이를 추기 시작한다. 그것은 돌아오지 않은 남편을 위함이다. 그것은 기도이자 생명의 분출이다. 죽음을 걸고서라도 남편이 돌아오기만을 기다리는 집념과 열망의 춤이다. 그러나 그녀는 끓어오르는 오열을 감추지 못한다. 순녀는 춤을 추다가 문득 동작을 멈추고 허공을 바라본다. 기다림에 대한 회의와 좌절이다. 배반감과 분노가 치솟는다. 지금까지 뭣 때문에 일방적으로 기다리며 베만 짜야 했는가. 그렇게밖에 살 수 없는가. 무당

아으, 다롱디리

의 말대로 그는 영영 안 돌아올지도 모른다는 생각이 든다.

순녀는 문득 베틀 쪽을 본다. 짜고 있는 베가 걸려 있다. 그녀는 벽에 걸려 있는 낫을 뽑아 든다. 그러고는 베틀 쪽으로 뛰어가서 베틀에 걸려 있는 베를 갈기갈기 찢는다. 흡사 자신의 아픈 가슴을 찢기라도 하듯. (6분)

제7장

제2장과 같음. 불안과 공포에 떨고 있는 마을 부녀자들이 안절부절못하고 있다. 이 마을에 공포가 엄습해 온 것이다. 신라와 당의 군사가 쳐들어와서 남정네를 깡그리 끌고 간다는 것이다. 백제는 망하고 산천은 그 말굽 아래 짓밟힌 끝에 남정네들은 모조리 징발되어 가는 것이다.

이윽고 무대 좌편에서 신라 군사들에게 끌리어 나오는 마을 남정네들, 그들을 앞뒤에서 감시하고 매질하는 신라의 군사들.

공포에 떨고 있던 부녀자들이 자기 남편을 찾기 위하여 몰려든다. 짓밟히는 자와 승리한 자의 모습이 역력히 대조적이다. 끌려가는 자와 남는 자의 피맺힌 모습이다.

이윽고 군사들이 양쪽을 갈라놓는다. 그 누구도 그들 앞에서는 항거할 수가 없다. 저만치 순녀가 나타난다. 다음 순간 남정네들 가운데 총각이 섞이어 있음을 본다. 두 사람은 약속이나 한 듯 동시에 달려온다. 다음 순간 순녀가 이성을 찾는다. 내 남편이 아닌 것이다. 설령 자기를 아끼고 사랑해준 남자일지라도 그는 외간남자가 아닌가. 얼싸안고 울고 싶지만 그럴 수가 없다. 뺨과 뺨을 맞대고 위로하고 싶지만 그럴 수가 없다.

총각이 하소연을 한다. 자기는 무슨 일이 있어도 살아서 돌아오겠단다. 그래서 못 이룬 사랑을 기어코 이룩하겠단다. 그러니 그때까지 꼭 기다려달라는 것이다. 순녀는 대답 대신 눈을 감는다. 그리고 입술을 지그시 깨문다. 할 말은 태산 같지만 그것을 내뱉을 수 없는 자기의 안타까움을 오직 침묵으로 나타낼 뿐이다. 지아비가 아닌 외간남자이기에 사랑을 갚을 수도 돌려줄 수도 없는 자기 자신이 원망스러운 것이다.

군사가 총각을 재촉한다. 마을 남정네들이 떠나가자 부녀자들은 울면서 뒤따라간다. 총각이 군사에게 강제로 끌려가면서 순녀의 입에서 떨어질 말 한마디를 목마르게 기다리고 외친다. 그러나 순녀는 돌아선 채 말이 없다. 언제까지나 그렇게 혼자서 돌처럼 서 있을 수밖에 없는 것일까.

순녀가 꿈에서 깨어난 듯 돌아본다. 아무도 없다. 모두가 떠나가고 아무도 없다. 누군가가 자기 옆에 있어야 한다고 몸부림친다. 그러나 이제는 아무도 없다. 순녀는 처절한 외로움을 미칠 듯이 외쳐본다. "여보! 어디 계세요! 여보!" (6분)

제8장

장터, 술청에서 일엽이가 손님 품에 안기어 노닥거리고 있다. 일엽이 몸차림은 전보다 더 화려하고 고혹적이다. 손님이 일엽의 몸을 더듬으려 하자 그녀는 날렵하게 피한다. 손님이 그녀를 쫓는다. 그렇게 희희낙락하는 품이 마치 신혼부부 같다.

남편이 술상을 들고 부엌 쪽에서 나온다. 전날에 비하여 수척해지고 초라해 보인다.

손님이 술상을 내려놓는 남편에게 북춤을 추자고 한다. 남편이 못 들은 척한다. 일엽이도 가세해서 손님을 즐겁게 해드려야 한다고 채근한다.

남편은 망설인다. 손님을 즐겁게 해주는 것은 술 파는 사람의 의무란다. 남편은 일엽이가 더 미워진다. 그러나 손님 앞에서는 어쩔 수가 없다.

남편이 북을 들고 나와서 신명나게 친다.

　　　　　　　　　　　　　아으, 다롱디리

일엽이가 일어나 함께 춤판을 벌인다. 그러나 남편의 마음과 일엽의 마음은 상반된 것이다. 남편은 자신의 한을 북으로 달래려고 하고 일엽은 그 춤으로 해서 손님을 끌려고 한다.

두 사람의 각기 다른 심정에서 일어나는 춤을 멋모르고 좋아하는 손님의 모습은 오히려 회화적이다.

춤이 한창 익어가는 순간, 남편은 들었던 북을 내던지고 땅바닥에 엎드려 통곡을 한다.

일엽도 놀라고 손님도 넋을 잃는다. 그러나 남편의 회한의 눈물은 그칠 사이가 없다.

일엽이 손님에 대한 죄책감에 못 이겨 그를 데리고 방 안으로 들어간다.

남편이 서서히 몸을 일으킨다.

무대 우편에 순녀의 환상이 나타난다.

정화수를 떠놓고 남편 돌아오기를 기다리는 모습이다. 그것은 슬픔이나 괴로움을 이겨낸 보다 초연하고 태연한 의지에 찬 모습이다.

남편이 서서히 일어나 환상 속의 순녀에게로 다가간다.

순녀가 남편을 돌아본다. 너무나 놀라워서 그만 정화수가 담긴 그릇을 깨뜨리고 만다.

순녀와 남편은 상봉의 기쁨과 감격에 취하여 춤에 몰입한다.

다음 순간, 순녀의 표정이 굳어진다. 지금까지 자기를 고생시킨 남편이 세상 야속하고 미워지는 것이다. 갑작스레 싸늘하게 식어버리는 아내의 태도에 남편은 할 말이 없다. 오직 용서를 바랄 뿐이다. 무슨 짓으로도 보상을 할 수 없는 자신의 죄과를 용서하라고 간청을 한다. 그러나 순녀의 굳은 표정은 좀처럼 풀리지 않는다. 남편이 더 절실하게 매달린다.

그러나 순녀는 남편을 뿌리치고 달아나버린다. 남편이 미칠 듯이 절규하다가 땅에 쓰러진다.

조명이 바뀐다. 그것은 환상이었다. 그러나 남편에게 있어서는 그것이 현실이라는 생각이 짙다. 물질과 색정에 눈이 어두웠던 자신의 생활이 후회스럽고 저주스럽다.

이때 순녀가 나타난다. 장옷으로 얼굴을 가리어서 쉽게 알아볼 수가 없다. 그녀의 얼굴은 전보다 더 초췌해졌고 나이도 들어 보인다.

순녀가 남편에게 다가와서 길을 묻는다. 다음 순간 남편임을 확인한다. 새삼 놀라움과 감격에서 두 사람은 몸 둘 바를 모른다. 이제는 서로의 변모한 얼굴에서 젊은 날을 찾을 수도 없다. 그러나 엄연한 지아비요 지어미가 아니겠는가.

순녀가 함께 고향으로 가자고 타이른다. 그러나 남편은 망설인다.

순녀는 과거지사는 물을 필요가 없단다. 옛집에는 어머니와 딸이 기다리고 있단다. 가난은 얼마든지 이겨낼 수가 있으니 염려 말고 고향으로 가자고 한다. 그러나 남편은 생각이 다르다. 돈을 벌기 위하여 집을 나온 처지가 아니겠는가. 가족을 잘살게 하기 위해서 행상을 나왔던 자신이 아니었던가.

그런데 지금 이 꼴로는 돌아갈 수가 없는 노릇이다. 늙으신 어머니나 어린 자식을 대할 낯이 없는 것이다. 남편은 다시 한 번 새로 태어나겠다고 한다. 이제 다시 새사람이 되어 돈을 벌어서 돌아갈 테니 그때까지 기다려달라는 것이다.

순녀는 가슴이 아프다. 남편의 심정은 백번 옳지만 앞으로 어떻게 또 기다리는가 말이다. 지금까지 기다리며 살아나온 그 세월도 지겨운데 어떻게 또 기다리는가. 아니 얼마를 기다려야 하며 기다리는 보람은 정말 있는 것인가!

순녀는 새삼 슬픔을 맛본다. 허무를 느낀다. 그렇지만 남편의 다시 고쳐먹은 결심을 허물어버릴 수는 없다.

순녀는 남편에게 다시 만날 날을 기약하며 돌아선다. (8분)

제9장

어느 산사(山寺). 사월 초파일이다.

대웅전 앞, 석탑을 중심으로 선남선녀들이 탑돌이를 하고 있다.

그 가운데 순녀의 모습도 보인다.

낭랑하면서도 엄숙한 독경소리와 목탁소리가 산사에 가득 찬다.

탑돌이가 끝나면서 스님들에 의한 바라춤이 연회된다. 그 주변에서 선남선녀들이 경건한 마음으로 지켜본다.

바라춤이 끝나자 모두들 다른 곳으로 옮겨간다. 무대에는 순녀만이 남는다.

그녀도 나이가 들었다.

순녀는 푸른 하늘을 받치듯 솟아 있는 석탑을 우러러보면서 자신의 운명을 그곳에서 읽어내기라도 하려는 듯 을씨년스럽게 생각한다.

한 스님이 다가온다. 순녀가 스님에게 자신의 기구한 삶을 호소하며 세속적인 번뇌를 잊고 싶다고 호소한다. 그것은 어쩌면 죽음을 각오한 결심 같기도 하다. 그녀는 스님 앞에 쓰러져 호소한다.

스님은 순녀에게 죽음이 곧 인생의 끝이 아님을 가르쳐준다. 인간은 살아 있는 동안만이 아니라 내세가 있다는 것도 잊어서는 안 되며, 그 내세를 맞기 위해서는 현세를 이겨나가야 한다고 가르쳐준다. 이승에서의 괴로움은 곧 저승에서는 편안함이 된다는 것이다.

인자하고도 사려 깊은 스님의 가르침에 순녀는 어떤 깨달음과 삶의 의욕을 느끼는 것 같다.

순녀는 일어나서 스님에게 자기의 결의를 표시한다. 어떤 고난이 와도 살겠으며 돌아오지 않은 남편을 죽을 때까지 기다리겠노라는 의지의 표시일 게다. 스님의 얼굴에도 무한한 자비와 감동이 흐른다. (7분)

제10장

제1장과 같은 달밤이다.

순녀가 마루에서 베를 짜고 있다. 머리가 세었고 옷차림이 허름한 것은 단순한 세월의 흐름만도 아니다.

그러나 지난날의 흥겨운 어깨춤으로 베를 짜는 동작과는 달리 지금은 거의 표정도 감정도 없는 무표정한 동작으로 기계적인 동작의 반복이다. 계절이 바뀌고 나이를 먹었고 그래서 삶의 아픔을 이겨나가게 마련인 한 여인의 평범한 변모가 있을 뿐이다.

다음 순간, "찰칵" 하고 실이 끊긴다.

순녀가 길게 숨을 몰아쉰다.

그러고는 육체적 피로를 풀기라도 하려는 듯 뜰로 내려선다.

달이 밝다. 눈이 시리도록 밝다. 남편 생각이 난다. 그러나 이미 눈물은 말랐다. 다만 그리움은 변함이 없다.

순녀는 장독대 위에다 그 옛날처럼 정화수를 떠놓고 합장을 한다. 그러고는 물그릇 속에 비친 달과 하늘에 떠 있는 달이 무엇이 다른가를 되새겨본다.

그것은 곧 실상(實像)과 허상(虛像)이다. 형태는 같을지 몰라도 근본은 다르다. 순녀는 다시 합장을 하며 남편의 무사함을 축원한다.

이때 무대 한쪽에 한 노인이 등장한다. 노인이라기보다는 병든 걸인이다. 순녀의 남편이지만 그 변해버린 모습은 아무리 봐도 알아낼 길이 없다.

순녀가 인기척에 놀라 돌아본다.

남편이 얼굴을 돌린다.

순녀가 이상스런 예감에 다가간다.

남편이 저만치 몸을 피한다. 순녀가 집요하게 접근한다. 드디어 남편

49   아으, 다롱디리

임을 알아낸다. 순녀와 남편은 거의 반사적으로, 그리고 동시에 상대편을 얼싸안고 뒹군다.

둘이 하나가 되고 하나가 다시 으스러져라고 몸부림친다.

님은 돌아왔다. 나이 들고 병들었지만 역시 지아비가 아닌가?

님은 기다려주고 있었다. 이마에 주름은 늘었어도 역시 지어미가 분명하지 않은가?

두 사람은 회생의 기쁨이라도 맛보듯 덩실덩실 춤을 춘다. (5분)

이때 어머니가 방에서 나온다. 그토록 목마르게 기다린 아들이었건만 반가운 생각보다 미운 생각이 더 깊다. 어머니 앞에 용서를 비는 아들. 나이 먹은 아들에게 어머니는 냉혹하게 대한다. 지금까지 가족을 고생시킨 그 보상이 무엇인가. 돈을 벌어오겠다던 그 맹세는 어디 갔는가. 그것이 제대로 안 되었다면 집을 나가란다.

순녀가 사이에 끼어서 대신 용서를 빈다. 남편은 한마디 말을 못 하고 돌처럼 굳어 있다.

어머니는 화가 머리끝까지 치솟았다. 네가 나가지 않으면 자기가 대신 집을 나가겠단다.

시어머니와 남편 사이에서 순녀는 괴롭기만 하다. 그렇다고, 어느 편에 설 수도 없다.

어머니가 다시는 보고 싶지 않다면서 방으로 들어가버린다.

이윽고 남편이 비틀거리며 나간다.

어머니 말씀대로 가장으로서의 책임을 다하기 전에는 돌아오지 않겠단다.

순녀가 울부짖으면서 매달린다. 이상 더 기다리면서 살 수는 없단다. 이상 더 떨어져 살 수는 없단다. 이제는 굶어도 함께 굶는 수밖에 없으니 제발 집에 있으라고 애원한다.

그러나 남편은 어머니의 말씀대로 돈을 벌어가지고 오겠단다. 돈을 벌기 전에는 돌아오지 않겠다면서 나간다. 그러한 남편의 뒷모습을 망연하게 바라보고만 있는 순녀의 눈에는 이미 눈물도 말라버렸다.

남편은 저만치 가다가 돌아보며 꼭 돌아올 테니 기다리란다. 그는 미소를 지으면서 사라져간다. (3분)

제11장

전막과 같음. 달이 밝다.

순녀가 베틀 앞에 앉아서 베를 짜고 있다.

덜커덕 쿵, 덜커덕 쿵…

베틀 소리는 예나 지금이나 다를 바가 없다. 순녀의 머리는 더 세어서 은빛이 돈다. 그러나 그녀의 표정에는 슬픔이니 그리움이니 하는 감상적인 분위기는 보이지 않는다.

몇십 년을 두고 그렇게 베를 짜왔고, 그 소리를 들어왔듯이 오늘도 순녀는 이 땅 위 어딘가에서 돈을 벌기 위하여 고생하고 있을 남편을 기다린다.

순녀는 문득 달을 쳐다본다. 천만년을 두고 변치 않는 달빛이다. 세상이 요동을 쳐도 변함없는 그 차가운 빛에서 순녀는 자기 자신이 살아나온 뜻을 아는지 모르는지… 순녀는 그 달빛 아래서 언제까지나 남편을 기다리겠다고 한다. 그리고 어딘가에 있을 남편도 저 달빛을 바라보며 고향을 생각하고 처자를 생각하리라 믿으면서…

〈막〉

아으, 다롱디리

* 연출상에 있어서의 몇 가지 유의할 점

1. 음악

주제가는 〈정읍사〉 가사를 작곡하되 그것은 진양조의 유연한 가락을 바탕으로 삼을 것. 가사는 여창(女唱)으로 하되 적절하게 효과와 반주음악으로 쓰면 좋겠다.

장터에서의 북춤은 진도 북춤을 기본으로 하되 경우에 따라서는 사물놀이를 병용해도 무방하겠다. 특히 당산제를 지내거나 보부상이 돌아오는 장면에서는 그것이 요구된다.

그리고 베 짜는 효과음은 단순한 소리가 아닌 악기에 의한 묘사음이었으면 더욱 좋겠다.

2. 의상

의상은 구태여 백제시대라는 시대배경을 고집할 필요는 없을 것이다.

한국의 의상이 지니고 있는 그 선의 묘미를 바탕으로 하여 창작되었으면 좋겠다.

그것은 어디까지나 춤을 추는 사람이 편해야 하고 선의 유동성이 잘 나타나야 하기 때문이다.

그리고 군중의 의상은 가능한 한 흰색을 주조(主調)로 하고 인물의 연령이나 직업에 따라서 다소의 변화와 배색은 무방할 것이다. 그러나 원색은 피하고 중간색을 택해야 옳을 것이다. 그것은 백제라는 시대상도 그러했거니와 그 기상(氣像)이 그다지 진취적이거나 호전적(好戰的)이 아니었다는 점과 기다림이 지니고 있는 심리적인 바탕이란 결코 화려할 수가 없기 때문이다.

그리고 주인공인 순녀(順女)의 의상은 그 나이의 변화에 따라 색조도 변화가 있어야 한다. 다만 앞서 말했듯이 원색은 피해야 함은 물론이다.

3. 장치

장치는 고정시키거나 사실적인 것을 피해야 한다.

다만, 제1장에 설정한 순녀의 집은 어느 정도의 건축적인 상식을 바탕으로 하되 가능한 한 그 집 자체를 슬라이딩시킬 수 있도록 사전에 준비를 하여 무대 전환이 신속하게 이루어져야 한다.

그 밖의 마을, 장터, 당산나무 등은 천장에서 떨어뜨리도록 기동성 있게 준비되어야 한다.

환상 장면과 눈 내리는 장면은 조명으로 처리하되 무대의 일부분의 범위 안에서 이루어지도록 한다.

4. 조명

이 무용에서 조명은 매우 중요한 구실을 하게 된다.

특히, 시간의 변화나 계절의 변화는 물론이거니와 현실과 환상의 구별이 분명해야 한다.

다만 의상의 경우와 마찬가지로 원색의 젤라틴 필터는 되도록 피하고 무대 전체가 밝고도 생동감이 나도록 유의해야 한다. 장과 장(場)의 전환 장면에서는 조명이 흘러내리는 물줄기처럼 유연하게 변화를 가져오도록 하고 결코 공백이 있어서는 아니 된다.

암전(暗轉)일지라도 음악이 흘러야 하기 때문에 그것은 휴식이나 정지(停止)가 아니다. 그렇게 하기 위해서는 의상, 분장도 적절하고도 기동성 있는 사전 준비가 아울러 이루어져야 할 것이다.

아으, 다롱디리

이상은 이 무용극을 무대 형상화하는 데 있어서 최소한의 요구이자 기본이 되는 요건이니만큼 유의해주기 바란다.

<무용극>

고려애가(전 3막 5장)

제1막

제1장

무대

주위가 숲과 산으로 에워싸인 산마을이다. 첩첩으로 겹친 산봉우리들이 아련히 등성이를 보이는 무대 안 저쪽으로 간신히 하늘이 보인다. 무대 중앙에 해묵은 팽나무가 서 있고 우편에 초가집이 있다. 달이 짙어져 나즈막이 내려앉은 지붕은 비바람에 삭았고 방문과 부엌으로 통하는 컴컴한 출입구가 간신히 사람 사는 집이라는 인상을 줄 뿐이다.

해가 서산 위에 걸려 있어 아직도 밝음이 땅 위에 남아 있기는 하나 산 그림자가 드리워진 이 공간은 벌써 어둠을 느끼게 한다.
다만 방문 앞 도랑에 쭈그리고 앉은 어머니의 머리 위에 석양이 마지막 빛을 던지고 있다. 노파는 조는 듯 깨 있는 듯 거의 움직임이 없다. 그러나 널따란 마당에서는 아이들이 빙 돌려 술래잡기 놀이를 하고 있다. 한 아이가 수건으로 눈을 가리고 허우적거리며 손뼉치는 소리를 찾아 나선다. 이리 피하고 저리 돌리면서 노는 아이들의 모습은 자못 흥겹고 밝고 천진난만하다. 어디선가 산새도 울고, 잡목밭을 불어가는 바람 소리도 그 흥겨운 분위기를 더해주는 듯하다.

어디서 누가 부는지 풀피리 소리도 합세하여 더욱더 목가적이고 평화스럽기만 하다. 그러나 노파는 여전히 물속 깊이 가라앉은 물체처럼 미동도 안 하고 있다.

술래에게 붙잡힌 아이가 새 술래가 되고 다시 전과 같은 동작이 반복된다. 그러나 전보다 열기가 더해가고 흥이 고조되어간다. 손뼉치는 소리도 더 빠르고 높아간다.

그 순간 졸고 있던 어머니가 악몽에서 깨어난 듯 고개를 바로 세우고 눈을 부릅뜬다. 그리고 아이들에게 조용히 하라고 꾸짖는다. 그러한 노파의 행위는 심각하고 절실하다기보다는 어딘지 고약하면서 을씨년스럽게 느껴진다. 그것은 다소 망령기가 있기 때문이다. 그래서 아이들은 그 노파에게서 외경심보다는 어떤 장난스러운 분위기를 느낀다. 노파와 아이들 사이에 쫓고 쫓기고 놀리고 하는 유머러스한 광경이 벌어진다. 그것은 나이나 체면을 초월한 천진난만한 놀이마당을 보는 듯하여 흐뭇하다.

그러나 마침내 그들은 놀이를 멈춘다. 할머니가 지쳐서 쓰러지자 어린아이들도 차례로 놀이를 멈춘다. 더러는 바닥에 벌렁 눕기도 하고 더러는 주저앉기도 한다. 체력이 딸려서라기보다는 허기가 져서 견뎌내기 힘든 것이다. 긴 하루를 굶주림으로 버티었고 먹을 것을 구하여 돌아올 부모를 기다리는 자식들의 서글픔이다.

아까까지의 명랑하고 천진스러웠던 분위기와는 달리 지금은 지치고 굶주려서 고달픔이 한결 길어가는 시간이다. 먹이를 얻어 돌아올 부모가 기다려지는 시간이다. 어두운 산그림자가 짙은 잿빛으로 바뀌고 산새 우는 소리도 멎었다. 어디선가 밤부엉이가 운다. 나뭇가지로 가려진 창공의 어디쯤엔가 초승달이 은근히 얼굴을 내밀고 있다.

부모를 기다리는 마음과 먹을 것을 갈구하는 마음이 한데 합해지니

아이들의 표정은 자못 어둡고 을씨년스럽다.

이때 아들 내외가 돌아온다. 과일이며 떡을 지고 돌아온다. 기다림에 지쳤던 아이들이 모여든다. 갈증에 감로수를 마신 듯 생기가 돈다. 시든 풀밭에 이슬이 내린 듯 생명력이 되살아난다. 부모는 자식들과 노모에게 먹을 것을 나눠준다. 아이들은 저마다 몫을 찾아 기쁨을 감추지 못한다. 서로의 손에 들린 떡과 과일의 크기를 자랑이라도 하듯 한바탕 뛰놀다가 집안으로 들어가버린다.

남편과 아내 두 사람만이 남는다. 식구들에게 먹이를 다 나누어주고 나니 정작 두 사람이 먹을 것이 없다. 빈 광주리만 남는다. 두 사람은 갑작스레 엄습해 오는 서글픔에 눈물짓는다. 삶의 현실이 바로 피부에 와서 닿는 아픔이다. 그러나 남편은 아내에게 대한 위로와 사랑을 잃지 않는다. 이 세상의 고난을 이겨내기 위해서라도 두 사람은 보다 굳은 사랑을 필요로 한다. 제아무리 가난과 고난이 다가올지라도 두 사람의 사랑은 변치 말자고 맹세한다. 그 순간 눈물은 다시 미소로 변한다. 가난할지라도 진정한 사랑과 믿음이 마르지 않기를 기도하는 두 사람의 모습은 자못 숭고하기까지 하다.

제2장

무대
궁중 안

정면에 제단이 차려져 있고 10여 명의 무당들이 경건하고도 엄숙한 축원을 하며 굿판을 벌이고 있다. 자못 침울하면서 귀기가 도는 분위기다. 그 한쪽으로 왕을 위시하여 문무백관들이 늘어서 있다. 침통한 표정으로 지켜보고 있다. 제무(製霧) 가운데 복사무(卜仕巫)가 혼신의 힘과 열을 기울이며 한동안 축원을 올리다 말고 점괘를 얻어낸다. 천둥이 치며 회오리바람이 불고 간다. 좌중이 아연 긴장을 한다. 복사무가 왕 앞으로 나아가 점괘를 보고한다. 지금 나라 안에 흉년이 들고 역병이 만연하여 민생이 도탄에 빠진 것은 누군가가 집안에 노인을 감추어둔 까닭이니 집집마다 가택 수색을 하되 노인을 색출하여 깊은 산속에 버리도록 하라는 것이다. 모두들 공포와 불안으로 어지러워진다. 그러나 백성을 다스리고 태평을 희구하는 왕의 위치로서는 그 복사무의 보고를 무시할 도리가 없다.

왕은 신하들에게 노인을 색출하여 산중에 버릴 것을 엄명한다. 한 인간의 생명을 버림으로써 다수의 생명을 구하는 것은 왕도의 신조인 만큼 거역할 도리가 없는 노릇이다.

제3장

무대

주위가 숲과 산으로 에워싸인 산마을이다. 첩첩으로 겹친 산봉우리들이 아련히 등성이를 보이는 무대 한쪽으로 간신히 하늘이 보인다. 무대 중앙에 해묵은 팽나무가 서 있고 우편에 초가집이 있다. 달이 짙어져 나즈막이 내려앉은 지붕은 비바람에 삭았고 방문과 부엌으로 통하는 컴컴한 출입구가 간신히 사람 사는 집이라는 인상을 줄 뿐이다.

마을 사람들이 모여 있다. 불안과 공포에 떨고 있다. 어떤 불행한 일이 닥쳐올 것 같은 분위기 속에서 아내가 여러 사람에게 구박을 받지만 속수무책이다. 국법에 따라 집안에 노인을 살리게 할 수 없는 상황에서 그 누구도 그 잔혹하고 부당함을 항의할 수가 없다.

남편이 등장한다. 새로 만든 지게를 한쪽 어깨에 짊어졌다. 아내를 비롯하여 마을 사람들이 놀란다.

그러나 아들은 끓어오르는 분노와 반항심은 되도록 자제하려고 안간힘을 쓴다. 아내가 그래서는 안 된다고 지게를 빼앗는다. 그러나 남편은 막무가내로 아내를 떠민다. 아내가 매달린다. 자식된 도리로 어찌 부모를 버릴 수가 있겠는가고 대든다. 그러나 남편은 되도록 냉정하려고 애쓴다. 이때 촌장과 관원이 나온다. 분위기는 한층 술렁이며 공포가 짙어간다.

촌장은 어서 노모를 데리고 나오라고 재촉을 한다. 남편과 아내가 새삼 시선을 마주친다. 지금까지 참고 있었던 걱정이 봇물 터지듯 하자 남편은 차마 그 짓은 못 하겠다고 몸부림친다. 아내는 관원과 촌장에게 애걸복걸한다. 그러나 막무가내다. 관원이 보자기에 싸가지고 온 것을 내준다. 노파가 입고 갈 옷과 반찬과 곡식이다.

촌장과 관원들이 지체 말고 떠날 것을 엄명하며 나간다. 마을 사람들이 새삼 자신의 무력함과 법의 냉혹함을 한탄한다. 한 사람 두 사람 시름없이 물러간다.

아내가 옷을 가지고 집안으로 들어간다. 아이들이 우루루 몰려들어 반찬을 다투어 나눈다. 남편은 넋나간 사람처럼 그 모습을 바라본다.

그것은 인간이 아니라 동물의 몸짓이다. 아귀다툼하는 아이들이 문득 아버지를 쳐다본다. 두려워진다. 한 사람 두 사람 눈치를 보다 말고 나무 그늘로 숨어버린다.

남편은 새삼 고뇌에 빠진다. 자식된 도리도, 아비된 도리도 제대로 못하는 자신이 밉다. 죽고만 싶다. 더구나 자기를 낳아준 어머니를 스스로 져다가 버릴 일을 생각하니 가슴이 찢어지는 아픔을 참을 수가 없다. 한동안 그 고뇌와 갈등이 계속된다.

이윽고 방에서 아내와 어머니가 나온다. 어머니는 새 옷으로 갈아입었다. 늙었을지라도 새 옷은 사람의 마음을 즐겁게 한다. 무슨 영문인지도 모르고 노파는 새 옷을 쓰다듬곤 한다. 마냥 즐거울 뿐이다. 아내와 아들은 다시 가슴이 미어진다.

그러나 더 이상 지체할 수는 없는 일이라고 작심하자 아들은 지게에다 어머니를 옮아 앉힌다. 그리고 음식 보자기를 건넨다. 어머니는 더욱 즐겁다. 나들이를 가는 기분이다. 그럴수록 아내와 아들은 가슴이 아프다. 피눈물이 쏟아진다.

이윽고 아들이 어머니를 지게에 지고 나간다. 몇 걸음 따라가 옮기던 아내가 광란의 모습으로 변한다. 그것은 슬픔을 넘어선 하나의 항거이자 분노의 표시라고 할 수가 있을 것이다. 허공을 향하여 찢어질 듯 외쳐대다가 그대로 쓰러지고 만다. 어디선가 까마귀가 운다.

제2막

제1장

무대

사방이 첩첩한 암벽과 수목으로 둘러싸인 분지다. 여기저기 해골이며 뼈가 드러나 보인다. 그곳은 평지보다도 움푹 파인 지대라서 어쩌면 커다란 항아리 밑바닥에 사람이 들어앉은 꼴이다.

그 한 귀퉁이 바위틈에 어머니가 곤한 잠이 들었다. 교교한 달빛이 한층 스산한 느낌을 더해준다.

어디선가 소리가 들려온다. 천상의 소리 같기도 하고 지하 깊숙한 곳에서 들려오는 소리 같기도 하다. 그러나 그것은 슬픔이나 고통이 아닌 매우 평온하고도 온화한 소리다. 인간들이 들었다면 그것이 곧 속세를 벗어난 마음의 평화와 안정을 노래하는 음악이요 유현하고도 고담한 가락이라 할 것이다. 한 해골이 고개를 쳐든다. 해골바가지며 늑골이 그려진 천을 걷어내고 일어선다. 아름다운 처녀다. 그것은 망령이라고 해도 좋고 요정이라고 해도 상관없겠다.

한 사람이 깨어나자 여기저기서 세 요정이 일어난다. 그들은 긴 잠에서 깨어난 후의 나른함과 여유스러운 몸짓으로 서로를 바라본다. 고요한 주위의 분위기와는 다르게 그들은 매우 밝은 표정들이다. 그 가운데 한 사람이 누워있는 어머니를 발견하자 모두들 그쪽으로 몰려간다. 신기하면서도 반갑다. 식구가 늘어서이다. 그들은 신참의 식구에게 동정과 연민의 시선을 던지더니 다시 그들만의 즐거움을 나눈다. 여기저기서 다른 요정들이 일어난다.

남녀 10여 명이 어우러져서 신명나게 춤을 춘다. 그것은 지상의 낙원 이라기보다는 천상의 비경을 보는 듯하다. 춤이 식어갔을 때 아스라하 게 여명의 빛이 흘러든다. 사방은 전보다 환하게 밝아온다. 산새 우짖는 소리도 들려온다. 이때를 기다린 듯 요정들은 어디론가 사라져버린다.

곤한 잠에서 깨어난 어머니가 사위를 휘둘러본다. 어젯밤 어둠 속에 서는 미처 발견 못 했던 광경에 새삼 제정신이 든다. 여기저기 널려 있는 해골이 공포의 분위기로 밀어 넣는다. 어머니가 안간힘을 쓴다. 어딘가 탈출구가 없는지 살핀다. 사방이 막혀 있다. 어머니는 새삼 공포와 불안 에 떤다. 그리고 살고 싶은 욕망에 몸을 떤다. "살려주오", "누구 없소?" 아무리 외치고 울부짖어도 대답은 없고 메아리치는 자신의 목소리가 허 전하기만 하다. 어머니는 필사적으로 탈출을 시도하나 기진맥진하여 그 자리에 쓰러지고 만다.

제2장

무대

사방이 첩첩한 암벽과 수목으로 둘러싸인 분지다. 여기저기 해골이며 뼈가 드러나 보인다. 그곳은 평지보다는 움푹 파인 지대라서 어쩌면 커 다란 항아리 밑바닥에 사람이 들어앉은 꼴이다.

어머니가 암벽에 기대어 멍하니 허공을 쳐다본다. 그것은 다가올 죽 음에 대한 공포라기보다는 지나온 나날들의 아름다운 추억일지도 모른다. 그녀의 뇌리를 스쳐가는 젊은 날의 환상이 안개 속에서 아련히 떠오른다. 건강과 사랑과 희망에 가득 찬 한 쌍의 젊은 부부의 환영이 나타난다. 그것은 노파 자신의 젊은 날의 환상이어도 상관없다.

서로 사랑을 속삭이며 평생을 함께할 것을 약속하는 꿀맛 같은 시간들이다. 아니 그것은 영원토록 그렇게 살 수 있을 것만 같았던 자만심과 자기도취였을지도 모른다.

삼라만상의 그 아름다움도 실상은 내 자신이 젊었기에 느낄 수 있었고 태양이 저토록 빛나는 것도 내게 생명과 젊음이 있었기에 실감나는 객체이자 대상이었을 뿐, 결코 그것은 내 자신은 아니었으리라. 그러면서도 분명한 사실은 그 순간이 행복이요 꿀맛이요 꿈이었다는 점이다. 내게도 그렇게 행복해질 수 있다는 자신을 가져보자고 어머니가 자리에서 일어서는 순간 몸무게를 지탱 못 하고 그만 꼬부라진다. 어머니가 비명을 지르자 환상의 두 남녀는 사라지며 현실로 돌아온다.

어느 틈에 눈발이 하나둘 날리기 시작한다. 나뭇가지를 타고 올라오는 바람소리가 금세 몸을 떨게 한다. 잠시 동안의 행복했던 환상이 사라지듯 모든 게 그렇게 변해만 가는 것일까.
어머니가 가까스로 일어난다. 어디론가 가보고 싶다. 내 발로 어디건 걸어보고 싶다. 그래서 살아 있다는 생명감을 직접 느껴보고 싶다. 눈밭에 쓰러지건 바람 속에 파묻히건 갈 데까지 가고 싶다.

그러나 팔다리가 말을 잘 안 듣는다. 그렇지만 가야 한다.
어머니가 좁은 공간을 개미 쳇바퀴 돌듯이 그렇게 빙빙 돌고 있다. 그것은 살아 있다는 증거이기 때문이다. 그래야만이 살고 있음을 인식할 수 있기 때문이다.

이때 저만치 높다란 벼랑 위에 아들이 나타난다. 어깨에 보따리를 짊어졌다.

아들이 어머니를 부른다. 무슨 소린지 미처 못 알아듣는다. 아들이 다시 부른다. 어머니가 아스라이 높은 벼랑 위에 서 있는 아들을 본다. 반가움보다 울음이 먼저 터진다. 살려달라고 애원을 한다. 아들은 내려가려해도 내려갈 수 없는 안타까움과 절망감에서 안절부절못한다. 그것은 법 때문이다. 한 집단의 조직이 내세운 규범 때문이다. 아들의 몸부림치는 절망과 어머니의 피를 토하는 듯하는 처절한 몸짓이 그칠 줄 모른다.

이윽고 아들은 손에 들었던 보따리에서 새 옷 한 벌과 음식한 것을 어머니를 향해 던져준다. 하얀 무명베옷이 흰 학처럼 허공에서 춤추듯 내려온다. 그 옷을 가슴에 안고 어머니가 통곡을 한다.

제3막

무대

주위가 숲과 산으로 에워싸인 산마을이다. 첩첩으로 겹친 산봉우리들이 아련히 등성이를 보이는 무대 안 저쪽으로 간신히 하늘이 보인다. 무대 중앙에 해묵은 팽나무가 서 있고 우편에 초가집이 있다. 달이 짙어져 나즈막이 내려앉은 지붕은 비바람에 삭았고 방문과 부엌으로 통하는 컴컴한 출입구가 간신히 사람 사는 집이라는 인상을 줄 뿐이다.

마을 사람들이 모여 있다. 고목나무 아래 있는 적석단(積石壇)에 제상이 설치되어 있다. 모두들 탈바가지를 썼다.

오늘은 즐거운 당산제가 있는 날이다. 마을 사람들의 흥겨운 춤과 노래가 한창이다. 남녀노소가 오늘 하루만은 그칠 줄 모르는 흥에 취해 지내고 싶어 한다.

한바탕의 축제가 끝나자 썰물처럼 밀려가는 군중들이 삼삼오오 짝을 지어 간다.

허공에는 달이 밝다.

방에서 아내가 나온다. 병색이다. 달 그림자가 괴로움을 더 해준다. 밖에서 남편이 탈바가지를 손에 든 채 들어선다. 아내에게 위로의 말을 건네주며 부드럽게 안아준다. 그러나 아내는 괴로운 마음을 감추지 못한다.

이런 즐거운 축제가 있을수록 산에 버려진 어머니 생각이 나서 못 견디겠다는 것이다.

두 사람 사이에는 구름이 낀 달 그림자가 한층 적막하게 느껴질 뿐이다.

이때 한쪽 마을에서 사람이 나온다. 한 남정네가 지게에 늙은 아버지를 지고 나온다. 그 뒤에 가족인 듯한 사람이 두어 사람 따르고 있다. 그러나 그들의 표정이 슬프다기보다는 홀가분하다는 느낌이다. 도리어 노인은 가기 싫어하는 눈치 같다.

아내와 아들은 그 기이한 행렬에서 또 하나의 인생을 본다. 죽음인지 삶인지 모르고 그저 그렇게 이어져나가는 길밖에 없다는 체념의 세계이다.

그런가 하면 그렇게 버려지는 반면에 안식을 좇는 사람이 있다는 것도…

아내와 아들은 새삼 산에 버려진 어머니 생각에 잠긴다.

이번에는 아들이 산 쪽으로 나가려고 버둥거리자 아내가 말린다. 저만치서 을씨년스럽게 바라보고 있는 자식들을 보라고 한다. 아버지가 없어지면 아이들도 집안도 꼴이 아니라는 것이다. 법을 어기다가 죄인으로 붙들리는 날에는 온 집안이 멸망이라고 만류한다.
아들은 혼자 남는다. 스스로의 무능과 불효를 책하며 자식된 도리가 아니라는 것이다.

그러한 아들의 눈앞에 환상이 떠오른다. 젊은 날의 어머니의 그 구김살 없는 모습이다. 지극히 밝고 고운 자태로 사랑의 손길을 내민다. 아들도 그 어머니에게 끌리어 품에 안긴다. 어머니의 품에 안긴 포근함과 넉넉함이 더할 수 없이 즐겁고 행복스럽기만 하다. 어머니와 아들이라기보다 한 생명과 생명이 이어지는 든든한 인간애가 여전하다. 모든 것을 바치고도 후회할 줄 모르는 모성애와 효심이 하나로 녹아들어 보는 사람의 마음을 흐뭇하게 한다.

다음 순간 아들은 환상에서 깨어난다. 아니 그 환상이 사라진 것이다. 아들이 소멸해버린 환상을 쫓아 이리저리 헤맨다. 그러자 저쪽 산 그늘에서 정말 어머니가 기진맥진 되어 내려오고 있다. 옷은 다 해지고 얼굴과 팔다리에 상처를 입어 선혈이 흘러내린 채로 기어오듯 한다.

아들이 황급히 얼싸안아 일으킨다. 그러나 이미 숨을 거두었다. 아내를 부른다.

아내가 방에서 뛰어나온다. 새삼 놀라움과 슬픔이 복받친다. 그리고 어머니의 품에서 새로 지어 보낸 흰 무명옷이 나오자 두 사람은 어머니의 뜻을 비로소 감지한 듯 크게 감동을 받는다. 그 험한 길에서 벗어나올 수 있는 초인간적인 능력도 놀랍거니와 하나의 의지 앞에선 인간의 모습이 더 외경스럽게 느껴진다.

그것은 죽음이 아니라 또 하나의 생명을 향하는 길목이라는 것을.

저 달이 지기 전에(전 6장)

작의

　진도아리랑을 말함에 있어서 정서와 신명이 가장 잘 나타나 있는 우리나라의 대표적인 전통 음악이다. 그러나 이 음악의 유래에 관하여서 사람들의 의견이 구구하다.

　이 음악의 유래에 관해서는 저마다의 의견이 있다. 어떤 사람은 멀리 삼국시대로, 어떤 사람은 조선조 말기인 1800년대로 꼽기도 한다. 그런가 하면 지리적인 배경도 일정하지 않다. 단 한 가지 공통점은 이 노래가 진도지방에서 불려왔고 남도적인 흥과 애환이 잘 나타난 음악적인 요소를 지니고 있어서 경기지방, 강원도 지방 그리고 경상도 지방에 전래되는 아리랑하고는 전혀 성격을 달리한다는 점이다(박병훈 편, 「진도아리랑타령」 참조).

　우리는 이 귀중한 전통적 문화유산을 좀 더 확실한 안목과 주제로 재정리하여 좀 더 자연스럽고도 친근하게 민중 속으로 전파되기 위해서는 단순한 가창(歌唱)으로만 유지할 것이 아니라 남도문화의 특징이기도 한 판소리와 마당굿 형식, 그리고 현대연극적인 구성을 결합시켜 보다 민중 속으로 가까이 접근하려는 당위성을 자각하게 되었다. 그것은 우리의 토속적인 대응의 명맥을 이어가면서 진도문화의 차별성을 공연예술로써 정립시키자는 의도에서 비롯된다.

　따라서 이 작품은 그 형식에 있어서는 연극의 틀 안에다가 판소리와 춤과 민요를 삽입시킴으로써 관객들에게 전통문화에 대한 사랑과 지역민(진도)의 긍지를 드높이면서 건전한 놀이문화를 정립시키자는 데 그 의의가 있다.

형식

공연시간은 약 60분 정도로 특별한 경우를 제외하고는 지역민과 군립 국악 예술단들이 전담할 수 있는 판소리극으로 구성했다. 따라서 부분적으로 마당극의 형식을 도입시켜 관객과 연희자가 함께 융화되고 일체감이 될 수 있으되 연극적인 갈등과 전래된 진도아리랑의 가사를 많이 삽입시킴으로써 윤리성과 애향심을 불어넣는 방법을 취했다.

그리고 배역은 일인다역(一人多役)을 원칙으로 하되 인원수를 가능한 한 줄이는 방법과 관객 참여도 가능한 한 허용함으로써 하나의 축제적인 분위기를 조성시키는 데도 유의해야 하겠다.

장치나 소품은 되도록 간소화하고 의상도 현대와 시대복장을 병용함으로써 재정적인 부담을 줄이는 방법을 택했다. 다만 연출은 전문가(서울이건 지역이건)를 초빙하고 작가와의 합의 아래 창조할 것이다.

· 등장인물

　　영복(永福, 24세)　사당패. 소리와 춤에 능함

　　순녀(順女, 17세)　정참봉의 외동딸. 영복을 사모함

　　정참봉(鄭叅奉, 50세)　순녀의 아버지. 이 지방의 토호(土豪)

　　이씨부인(李氏夫人, 48세)　정참봉의 부인

　　공례(公禮, 16세)　순녀의 몸종

　　대보(大甫, 27세)　사당패. 영복의 친구

　　길삼(吉三, 40세)　사당패 우두머리 상쇠

　　마을 처녀들

　　사당패들

　　아낙 갑, 을, 병

　　손님 갑, 을, 병

　　머슴 갑, 을

　　관객 갑, 을, 병

　　기타 마을 사람들

· 때

　　조선조 영조 때

· 곳

　　진도 지산면 어느 마을

제1장

마을에 있는 타작마당. 수백 년은 족히 넘겼을 해묵은 당산나무가 중앙에 서 있다. 그 아래는 쉼터가 된다.

막이 오르자 동네 아낙 몇 사람과 아이들이 무대 위로 몰려나오며 객석 쪽을 내려다본다. 누가 오기를 기다리는 눈치이다. 어딘지 들떠 있는 분위기다.

이윽고 객석 밖에서 흥겨운 풍물가락 아련히 들려온다.

마을 아낙 한 사람이 손에 호미를 든 채 반갑게 외친다.

아낙 갑 (크게) 사당패가 온갑다!

아낙 을 어디 말이어?

아낙 갑 (손가락질하며) 저기… 서낭당… 뒷산 쪽 말이어.

아낙 병 윗다! 윗다 사당패가 맞네야. 홋호…

일동은 기다리던 사람을 맞기라도 하듯 호들갑을 떤다. 아이들도 껑충껑충 춤을 춘다. 이윽고 객석 문을 열고 사당패가 들어선다. 구성진 가락이 객석 안에 크게 울려 퍼지자 객석에서 누군가가 "얼씨구!" "좋다!" 하는 추임새로 맞는다.

금세 놀이마당으로 변한다. 그 사이에 무대 위에도 일하다 말고 사람들이 모여든다. 사당패는 무대 위에 오르자 한바탕 신나게 논다. 이윽고 사당패는 관객과 마을 사람들을 향해 인사를 한다. 관객들이 환호성과 박수를 보낸다. 사당패 상쇠인 길삼이가 나선다.

길삼 우리 남도 사당패 죽지도 않고 일 년 만에 또 왔지라. 안녕하신

게라우? 여러분!

손님 갑 (객석에서) 안녕하니께 여기 나왔겠제!

일동 헛허…

손님 을 그럼 우리가 뭔 구신이다냐?

일동 헛허…

길삼 (창) 어르신 예의 말씀 모두가 옳은 말씀. 두 말하면 잔소리, 세 번하면 쓴소리, 네 번하면 느거멈 씹… (말하다 말고 맨 앞줄에 앉아 있는 아이를 부릅뜬 눈으로 내려다보며) 네가 뭘 안다고 입 떡 벌리고 앉았냐? 잉? 팔딱 일어나서 꼴을 비든지 쇠죽을 쑤든지 하랑께! 아니면 돼지 밥통에서 새우젓 찌꺼기 건져내다가 저어기 벽파진 울돌목에다 뿌려버리든지!

손님 병 그건 또 왜?

길삼 임진왜란 때 얼씬거린 왜놈들 구신 못 오게 말이여!

일동 홋헛…

길삼 (말투가 다소 누그러지며) 홋호… 그런다고 너무 섭섭하게 여기들 마라, 잉? 우리 사당패가 이번에 진도를 찾아올 때는 그럴 만한 사연이 있어 왔으니께! 헷헤… 너도 듣고 싶으면 듣고 보고 싶으면 봐. (그 옆 사람에게) 안 그렇소!

손님 갑 그래! 그런디 올해는 뭘 보여 줄라고 왔당가? 저번 때처럼 춤인지 간질병인지 궁둥이나 흔들고 돼지 멱따는 소리 하려거든 아예 꿈도 꾸지 말더라고!

길삼 암요! 그래서 올해는 아주 소중한 것을 선보일 거구먼요! 헷헤…

손님 을 소중한 것? 그것이 뭔디?

길삼 우리 것.

손님 을 우리 것?

길삼 진도아리랑.

손님 갑 진도아리랑? 아니 여기가 어딘지 시방 알고나 하는 소리여? 응? (화를 낸다)

길삼 진도지라우!

손님 갑 (창) 소문도 못 들었냐? 자고로 여수 가서 돈 자랑 말고, 순천 가서 여자 자랑 말고, 목포 가서 주먹 자랑 말고, 제주 가선 말 자랑 말고, 진도 가서는 소리 자랑 하들 말라고 했는디… (대사로 바뀌며) 싸가지 없는 놈아! 그런디 진도 땅에 와서 진도아리랑을 한다고? 잉?

자리에서 벌떡 일어난다. 옆 사람이 말린다.

길삼 진도아리랑이야 아시겠지요만 그 내력에 대해서는 모르시겠지라우? 힛히…

손님 갑 내력?

길삼 어르신네는 진도아리랑 타령이 왜 생겼는지 그 유래를 아시고나 하시는 말씀이오?

손님 갑 그, 그거야… 뭣이냐… 그… 거시기…

길삼 (화를 내며) 진도아리랑의 매력도 모르면서 건성으로 (노래 흥을 내며) 흥, 흥, 흥, 이니 쿵, 쿵, 쿵 콧똥이나 뀌면 다인 줄 아시오? 뭘 제대로 알고나 할 일이지 이건 말짱 허깨비 판이구먼!

손님 을 허깨비 판?

길삼 (창) 인간사 보려 하면 가짜가 판을 치고, 목청 큰 놈이 똥 싸고도 구리다 하고, 돈 가마니 퍼주고 벼슬 사고, 아내한테 매 맞고, 제자한테 뺨 맞는 세상이니 (대사로) 이것이 허깨비 판 세상 아니고 뭐겠소?

손님 을 그건 그러제. 그래서!

길삼 오늘은 진도아리랑의 뿌리 찾기를 위해서 왔으니 냉수 마시고
      속 차리쇼! 헛허…

손님 갑 그 친구 보리 흉년에 뭣 처먹고 저리 입담이 거칠당가?

일동 핫하…

길삼 그럼 손님네들, 판 준비하는 동안 소리 한가락 들으실라오?

일동 좋제!

길삼 (영복을 향하여) 저놈, 아직 나이는 어리지만 소리는 제법이지라
      우! 영복아! 인사드려.

한구석에서 장고 줄을 조절하던 영복이가 앞으로 나온다. 용모가 잘생
겼다. 얼마 전부터 마을 사람들 사이에 섞여 있던 순녀와 공례가 모습
을 나타낸다. 순녀는 장옷으로 얼굴을 가렸다.

공례 아씨, 잘생겼지라우? 힛히…

순녀 응… 처음 보는 총각 같지?

그녀의 시선은 이미 영복에게 끌려 있다.

길삼 이 자식은 줄타기도 명수지만 소리 또한 일품이지라우. 많이들
      아껴줍쇼! 헷헤…

관객들이 환호성을 올리며 손뼉을 친다. 소리를 하라는 재촉이다.

영복 상쇠 어른. 뭣을 하지라우?

길삼 너 잘한 것 있제. 단가나 불러. 참 호남가 있지야?

영복 호남가요? (사이) 그렇게 하지라우.

75   저 달이 지기 전에

이윽고 영복이가 무대 앞쪽으로 나와 호남가를 부르기 시작한다. 탁
트인 목청도 그러하거니와 그의 잘생긴 용모가 금세 관중들의 호응을
얻는다. 순녀의 머리에서 장옷이 사르르 흘러내린다. 그러나 순녀는
노래에 취한 채 그걸 눈치 못 차린다. 공례가 장옷을 집는다. 어느덧
영복과 순녀의 시선이 마주친다.

암전

제2장

무대는 정참봉집 뒤뜰. 별당 앞. 달이 밝다. 무대 정면으로 낮은 돌담이 둘러 있고 그 중간쯤에 중문이 반쯤 열려 있다. 별당 마루 끝에 순녀가 고개를 떨구고 앉아 있다. 수심이 가득한 모습이다. 저만치 떨어져서 정참봉이 잔뜩 화가 난 표정으로 장죽을 입에 문 채 담배연기만 푹푹 내뿜고 있다. 중문 틈 사이에서 공례가 몸을 가리고 엿듣고 있다. 멀리서 구성지게 들려오는 사당패의 시나위풍악소리가 을씨년스럽다.

정참봉 (무섭게 노려보며) 왜 대답을 못 하느냐?

순녀 (손끝으로 눈물을 닦는다)

정참봉 눈물만 짠다고 될 일인감?

순녀 (여전히 대답이 없다)

정참봉 고집 세기는 죽상어 가죽도 못 당하지. (혼잣소리처럼) 쯧쯧… 누굴 닮아서 고집이 센지 원…

이때 방에서 부인 이씨가 약그릇을 들고 나온다. 마님답게 귀티가 나고 의젓해 보인다.

이씨 누굴 닮긴요. (비아냥거리듯) 하동 정씨 핏줄이 어디 가겠수? (웃으며 약그릇을 내려놓고) 약이나 드시오, 영감.

정참봉 (못마땅해서) 모전여전이라더니… 쯧쯧…

이씨 부전자전이라는 말은 들었어도 모전여전이란 말은 내 평생에…

정참봉 (소리를 버럭 지르며) 불난 집에 부채질이오?

이씨 화내실 일이 따로 있으시지 뭘 그까짓 일로…

정참봉 그까짓 일? 이게 그까짓 일이오?

이씨 우리 순녀가 사당패 구경 좀 간 게 무슨 큰 죄랍니까? 원…

정참봉 그럼 체통 있는 양반집 규수가 비천한 사당패 놀이판을 기웃거리는 게 잘한 짓이란 말이오?

이씨 사당패 구경이 어쩌기에… 동네가 발칵 뒤집혔는지… 흠… (순녀의 머리를 쓰다듬어주며) (창) 우리 순녀 나이 열일곱, 젓가락이 쓰러져도 절로 우습고, 단풍잎이 떨어져도 절로 슬퍼지고, 이슬비에 나비 날개 상할까 겁낼 나이. 보고 싶고 듣고 싶고 가고 싶은 생각이 완도 바닷가의 조약돌보다 많을 텐디. (다시 대사로) 그까짓 사당패 구경 좀 했기로 뭐가 대수겠수…

정참봉 (창) 앗다! 이 사람 속 넓기가 칠산 바다든 인심 후하기가 노처녀 개밥 퍼주길세. 양반집 규수가 재인 놈들 굿판에 드나들게 하다니 체통도 체면도 모르오?

이씨 (창) 재인도 같은 사람 놀고 싶은 마음이사 양반이라고 없겠소! 마음 착한 우리 순녀 바깥세상도 쏘이게 하오.

정참봉 (화를 내며) 그것도 한 번도 아닌 세 번씩이나 드나들다니… 창피스럽게… 그러다가 소문이라도 나면 혼담길 막힌다는 것도 몰라서 그래?

이씨 세 번씩이나? (순녀에게) 그게 정말이냐? 순녀야!

순녀 (여전히 대답이 없다)

정참봉 공례란 년이 이실직고했다니까!

이씨 공례가요?

하며 중문 앞에 서있는 공례 쪽을 돌아본다. 공례가 시선을 피한다.

정참봉 공례야!

공례 예?… 예…

정참봉 본 대로 들은 대로 아뢰어라.

공례 예… 예… (공례가 총총걸음으로 나와 토방 아래 무릎을 꿇는다. 겁에
질려 팔다리가 사시나무 떨듯 한다)

이씨 (조용하나 위엄 있게) 틀림없느냐?

공례 (꺼질 듯) 예…

이씨 몇 번 갔었어?

공례 (기어들 듯) 세… 번…

정참봉 더 크게…

공례 (크게) 세 번이라우! (하며 세 손가락을 펴 보인다)

이씨 너도 함께 갔어?

공례 (고개만 꾸벅한다)

이씨 세 번씩이나? 왜 갔어?

공례 굿 구경했지라우! (손가락을 꼽으며 수다스럽게) 줄타기, 접시돌리
기, 땅재주 넘기. 그라고 그 총각의 소리 솜씨가 어찌나 구성진
지 글쎄 옆자리에 있던 쌍둥이 엄니는 오줌을 지렸다고…

정참봉 (듣다 못해) 떽! 이런 불사스러운 것 같으니… 뉘 앞에서 함부로…

공례 죄송하구먼요… 쇤네는 그저 본 대로 느낀 대로 말하라기에…

정참봉 (자리에서 일어나서) 말세다, 말세! 삼강오륜이 어디 있고…

멀리서 굿판에서 환호소리와 박수소리가 아련히 들려온다.

정참봉 (엄하게) 내일부턴 한 발자국도 집 밖에 못 나간다! 공례도 옆에서
잘 지켜! 알겠제?

이씨 영감…

정참봉 부인도 정신 차려요. 이게 다 우리 정씨 가문을 위하고 순녀의

장래를 위한 일이니께! 에헴!

정참봉은 돌아보지도 않고 안채 쪽으로 급히 들어간다. 먼 데서 개 짖는 소리. 이씨가 측은하게 순녀의 어깨를 내려다본다.

이씨 　(위로하며) 네 아버님 성질 알제? 금방 타올랐다가 금방 사그라지는… 훗흐… 정씨 집안의 내림이니라… 너무 마음 쓸 것 없다… 밤이 늦었다… 가서 자거라.

순녀가 서서히 고개를 쳐든다. 뺨에 눈물이 흘러내린다.

순녀 　어머님…
이씨 　너… 울고 있구나?
순녀 　(창) 어머님, 제 말씀 들으시오. 춘풍에 대나무 흔들리고, 보리밭에 노고지리 지저귀고, 꽃을 찾아 벌 나비가 날아드는 이치를 그 누가 모르리까. 밤이 가면 아침이 오고, 봄이면 만물이 살아나는 이치이거늘. 흥겨운 노래와 춤에 끌려 구경 좀 갔기로 그것이 무슨 죄입니까?
이씨 　(순녀의 어깨를 다독거리며) 누가 죄라고 했어? 사대부집 규수로서 법도와 체통을 생각하라는 가르침이제… 순녀야, 더 마음 쓸 것 없느니라.
순녀 　(창) 새 울고 꽃 피는데 무슨 체통이며 다 같은 사람인데 누가 누구를 멸시합니까, 어머님!
이씨 　부모가 자식 잘되라고 한 말 한마디 가지고 그렇게 언짢게 듣는 게 아니다. 너도 나이 열일곱이니 명심하거라. (일어나며) 밤이 늦었다. 어서 자거라.

이씨가 휑하니 중문을 통하여 퇴장한다.

뻐꾹새가 운다. 주위가 한층 고요하고 적막에 싸인다. 순녀가 달을 쳐다본다. 공례가 걱정스럽게 쳐다본다.

순녀 (창) 달아, 달아, 밝은 달아. 네 말 좀 물어보자. 자고로 임 그리다가 죽어간 사람 몇몇이던가. 꽃 없는 동산에 나비 가면 뭘 하고, 님 없는 빈 방에 불 밝혀서 뭘 할까나.

공례 아기씨, 이제 그만 잠자리에 드시지라우…

순녀 (아랑곳없이) 하늘에 뜬 저 달도 외롭기야 마찬가지겠지만 내 가슴에 사무치는 정은 아무도 모를 테니 누를수록 터지려는 가슴은 그 누가 알거나.

암전

저 달이 지기 전에

제3장

제2장과 같은 무대. 중천에 달이 비껴서 떠 있다. 전장부터 약 한 시간 쯤 지난 후 가까이서 개가 짖는다.

이윽고 담장 너머로 슬그머니 얼굴을 내민다. 사당패 영복이다. 잠시 주위를 휘둘러보다 말고 담장을 넘어 뜰 안으로 뛰어내린다. 날렵한 동작과 수려한 용모가 달빛 아래서도 뚜렷하다. 그는 집 모퉁이에 숨어서 뻐꾸기 울음소리를 낸다. 잠시 반응이 있기를 기다린다. 다시 새소리를 낸다. 이윽고 방 안에서 순녀가 조심스럽게 나와 주위를 휘둘러본다.

영복   (낮은 소리) 낭자… 낭자… (그는 땅바닥에 엎드려 거동을 살핀다)

순녀는 몹시 당황하면서도 반가움을 속일 수 없는 눈치다. 두 사람이 서로 찾아 헤매는 거동이 매우 희극적이면서도 정겹다. 아이들의 놀이를 연상케 한다. 두 사람은 서로 멀리 떨어져서 노래로 응답을 한다. 이 장면은 춤으로 표현해야 한다.

순녀   (창) 새야 새야 뻐꾹새야. 울려거든 숲속에서나 울지. 야밤 중 인가에는 왜 왔느냐.
영복   (창) 낮에는 이목이 두렵고, 밤에는 담장이 높고.
순녀   (창) 두 날개는 언제 쓰려고, 담벼락 탓이란가.
영복   (창) 님께서 부르신다면 날개 없이도 나는 새들 속에서도 찾을 수 있네.

이윽고 두 사람이 서로 손목을 잡고 바라다본다. 순녀가 손을 놓자 영복이 덥석 어깨를 끌어안는다.

영복 낭자! (낮게) 보고 싶었소.

순녀 언제 나를 봤다고…

영복 줄타기하면서 내려다봤지.

순녀 한눈팔다가 떨어지면 어쩌려고.

영복 떨어지면 다시 줍지! 핫하…

순녀 어머머… 청승맞기는…

뿌리치려 하자 영복은 막무가내로 안는다.

영복 달빛 아래서 이렇게 얼굴을 볼 수 있다니… 이렇게 가까이 만날 수 있던 것을… 아… 낭자! 아…

순녀가 고개를 돌리며 눈부시게 쳐다본다.

순녀 (창) 눈을 뜨면 찾아볼 수 없고, 눈을 감으면 더 생생한 모습. 어디서 와서 어디로 가는 길인데 이다지도… (대사로) 아… 이렇게 만나게 될 줄이야…

두 사람은 이중창으로 부른다.

영복 (창) 인연일세, 인연일세.

순녀 (창) 전생에 이미 맺어진 인연.

영복 어디서 만나서 어디로 갈지 모를 산속 같은 인연.

저 달이 지기 전에

영복이 순녀를 포옹하려 하자 갑자기 순녀가 피해 간다.

순녀　(창) 인연이라는 말 부질없네. 그 인연을 가로막는 담벼락이 원망
　　　스럽소.

영복　(놀라며) 담벼락? 우리 인연을 가로막는 담벼락이 어디… (하며
　　　다시 껴안으려 한다)

순녀　아, 모를 수도 넘을 수도 없는 우리의 인연은 무지개, 피었다 금
　　　세 사라지는 무지개 이슬!

순녀가 영복을 뿌리치고 피하자 영복이가 저주스럽게 내뱉는다.

영복　후! 처자의 마음 이제 알았소!

순녀　무슨 뜻이오?

영복　흥! 처자는 구름 위에 살고 이 미천한 놈은 자갈밭의 쑥정이.
　　　상놈의 태생이라서 사람 구실 못한 것도 원통한디 처자까지 나
　　　를 사람대접 안 해주다니 차라리 시아 바다에 뛰어들어 상어 밥
　　　이나 될 것을! 아…!

하며 땅바닥에 주저앉아 가슴을 친다. 통곡하는 영복의 모습이 애처롭
게 느껴지자 순녀가 조용히 다가선다. 뻐꾹새가 운다.

순녀　(창) 울지 마라, 뻐꾹새야. 네가 울면 달이 지고 달이 지면 님의
　　　그림자도 못 본다. 오늘 밤은 저 달을 중천에 매달아두고 밤이슬
　　　에 젖게 하라. 저 달이 지면 님은 갈 테니 차라리 밝은 달이 한이
　　　로다. 님아, 님아. 우리 님아.

영복　처자! 처자… (뜨겁게 포옹을 한다)

뻐꾹새 소리가 청승맞다.

암전

저 달이 지기 전에

제4장

제3장과 같음. 눈부신 아침 햇살이 별당 미닫이에서 반사된다. 까치가 운다. 멀리서 소가 운다. 평화로운 아침이다. 공례가 놋대야 안에 세숫물을 담아 들고 등장. 밝은 표정으로 까치 우는 쪽을 바라본다.

공례 오메, 뭔 좋은 소식 있을란갑다. 힛히… (마루 쪽으로 가며) 아기씨, 얼른 일어나 세수하시유. (마루 끝에다 놋대야를 내려놓는다) 아기씨. 오늘도 사당굿 구경하시지라우? 허지만 영감마님 노여움 푸실 때까지는 참는 게 좋을 텐디… 힛히… 보고 싶은 마음은 쇤네도 마찬가지지만… 헷헤… 그런데 아기씨, (말하다 말고) 아기씨! 아직 안 일어났소? 아따, 마님께서 아시면 벼락 떨어질 텐데…

하며 방문을 열고 안으로 들어가더니 금방 나온다.

공례 오메, 어디 가셨을까잉? (무대 뒤쪽 향해 큰소리로) 아기씨! 측간에 계시오? (대답이 없다) 응? 아침부터 마실 돌 리가 없는디…

다시 방 안으로 들어가더니 비명을 지르며 나온다.

공례 아이고메! 거기 누구 없당가? 나 좀 보랑께… 아이고 난 못 살아…

발을 동동 구르다가 황급히 들어가는데 때마침 정참봉과 이씨가 나온다.

공례   아이고, 마님… 큰, 큰일…

이씨   꼭두새벽부터 웬 오두방정이냐?

정참봉   구렁이라도 들어왔냐? 헛허…

공례   들어온 것이 아니라 나갔어라우!

이씨   나가? 뭣이 나가?

공례   아기씨가 안 보인단 말이요.

이씨·정참봉   (동시에) 순녀가?

공례   잠자리도 어제 편 채로 있고… 저…

두 사람이 황급히 방 안쪽으로 뛰어간다. 잠시 후 넋 나간 사람처럼 나온다.

이씨   이것이 뭔 변괴라요? 영감!

정참봉   빨랑 찾아와!

머슴 갑 참봉 어른께서 찾으신 물건 여기 있지라우! 헛허.

머슴들의 동작은 코믹하고도 흥겨운 노래와 춤으로 표현한다.

머슴 을 (창) 도포는 여기 있고…

머슴 병 (창) 장죽은 여기 있고…

머슴 정 (창) 가죽신도 여기 있고…

머슴 무 (창) 사인교는 대문 밖에 있지라우!

정참봉   (화를 내며) 이놈들아! 누가 그런 걸 찾으라 했느냐! 아기씨를 찾
        아와!

일동   (놀라며) 아기씨를요?

정참봉   아직 멀리는 못 갔을 것이다. 빨리.

일동	예. 다녀오겠구먼요. (하고 나가려 한다)
정참봉	어디로 갔는지 알고나 가는 게냐?
일동	알다마다요. (약속이나 한 듯) 진도를 비 맞아 나가려면, (창) 벽진 나루터, 굴진 서낭당 길목, 아니면 쌍계사 가는 길목 말고 어디 있겠소!
정참봉	그럼 빨랑 찾아봐.

머슴 가운데 한 사람이 눈짓을 하자 약속이나 한 듯 노래와 춤으로 대응한다.

머슴들	(창) 나비는 꽃을 찾고, 꽃은 임자를 기다리고, 그 꽃 임자 품에 나비는 있으니 나비부터 잡아야지는. 자아… 가세. 헛허…

머슴들이 춤을 추며 나간다.

정참봉	(어리둥절해서) 뭐, 나비부터 잡는다고? 잉?

이때 방 안에서 이씨가 나온다. 손에 두루마리 종이를 들었다.

이씨	영감, 이것 좀…
정참봉	뭐요?
이씨	순녀가 남긴 편지요. (내민다)
정참봉	편지?

정참봉은 낚아채듯 두루마리를 받아 읽는다. 표정이 금세 굳어진다. 그 순간 무대 조명이 컷아웃되고 무대 한구석에 서 있는 순녀만을 스

포트라이트가 비춘다.

순녀   (창) 아버님, 어머님. 불효자식을 용서하소서. 어둠 속에 불빛 있
고, 구름 속에 달이 있듯 불효자식 어디 있든 두 분의 그 모습
가슴 깊이 간직하리다. 이 세상 끝까지 간직하리다.

이씨   순녀가… 순녀가… 흑…

정참봉   이럴 수가… 흑… (허물어지듯 주저앉는다)

암전

제5장

어둠 속에서 박수와 환호성이 들리고 무대가 밝아진다. 제1장과 같은 장소. 남사당패와 마을 사람들이 처음 있었던 그 자리에 있다. 모두들 호기심에 싸인 표정들이다.

손님 갑 그래서?

길삼 뭐가 그래서예?

손님 갑 그 순녀하고 영복이가 밤 봇짐 싸가지고 줄행랑쳤다면서?

길삼 이런… 무식하고 눈치 없긴. 헌 부지깽이 토박이구먼!

손님 갑 뭣이 어째? (싸우려 든다)

길삼 그것이 왜 줄행랑이냐?

손님 갑 아니면…

길삼 사랑의 도피행이제. (옆에 있는 대보에게) 안 그러냐? 대보야?

대보 (시침을 떼고) 암은. 이승에서 못 맺은 사랑, 저승에서나 맺자는 순애보지. 힛히…!

손님 을 순, 애, 보? 뭔 귀신 씻나락 까먹는 소설이당가.

길삼 쯧쯧… 이래서 자고로 무식한 놈은 손에 쥐여줘도 모르고 욕심 많은 놈은 솜옷 입고 멱 감는다고 했제. 힛힛…

일동 힛히…

손님 을 아니, 가만히 두고 본게 이것들이 우리를 무식쟁이로 몰아붙이는디 네놈들은 얼메나 유식하냐? 응?

손님 갑 (말리며) 가만! 얘기를 꺼냈으면 끝이 있어야제. 그렇게 꼬리 잘린 망둥이로 어물쩍할 건가.

여기저기서 손님들이 맞장구를 친다.

길삼   쉬… 쉬… 조용히. (사이) 아따, 가만히 보니께 진도 사람들 성미
        급하기가 (음흉하게) 보리타작하다 말고 꼴마리* 까길세.

일동   핫하…

길삼   이야기는 지금부터니께 쬐금만 기다리싯쇼, 잉.

손님 병 뭘 또 기다려? 뜸 들이기 신물 나겄네!

길삼   세상만사 뜸 안 들이고 되는 일 있던가! (사당패들에게) 모두들
        한판 걸쭉하게 놀아보드라고!

일동   좋지라우!

길삼이가 꽹과리를 친다. 사당패들이 진도 북춤 판을 연다. 북춤이 절
정에 달했을 때 정참봉네 머슴 갑, 을이 등장한다. 살기가 등등하다.
관객들이 불안에 떨며 웅성거린다.

머슴 갑 중지! 중지!

북춤을 추던 사당패가 머뭇거린다.

길삼   뭔 일이라요?

머슴 을 영복이가 누구여? 응?

머슴 갑 (대보에게) 너냐?

대보   아니오. 난 대보라우!

머슴 갑 영복인 어디 있어?

_____
* 허리춤.

길삼   (흥미 없다는 듯) 벌써 새버렸지라우.

머슴 갑   샜어?

길삼   흥! 지 팔자나 내 팔자나 사당패 팔자에 바랄 것이 뭐 있다고…
지랄 좁쌀 맞을라고 육지로 가?

머슴 을   육지로 갔다고?

길삼   간밤에 고향에서 기별이 왔는디… 그 뭣이냐… 모친이 위독하다
던가… (대보에게 눈짓하며) 너도 들었제?

대보   예? 예… 사당패 따라다녀 봤자 호박잎에 똥 싸 먹기도 힘들다
고 투덜대더니만. 흥, 잘했제!

길삼   잘하고말고! 이 지랄 같은 사당패 그만둬야겠다는 생각 하루에도
수십 번이지… (말하다 말고) 그런디 영복이는 왜 찾으시오?

머슴 갑   정참봉네 아기씨하고 밤 봇짐 쌌단다!

길삼   밤 봇짐을?

대보   정참봉네 딸하고?

길삼   (폭소를 터트린다) 헛허…

머슴 을   뭣이 우습냐?

길삼   헷헤…

머슴 갑   정참봉께서 하신 말씀이 두 연놈을 당장 잡아오면 보리 한 섬
주신다기에…

길삼   (대보에게) 야! 영복이도 그런 재주가 있었던갑다! 잉?

대보   뭔 재주요?

길삼   평상시에 꿀 먹은 벌처럼 입도 벙긋 안 하던 놈이… 정참봉 딸
을? 헛허…

대보   아따! (음흉하게) 자라목이 항상 고개 내밉디여? 움츠리고 있다가
도 얏차하면 (팔을 내밀며) 쑥 내밀지… 핫하…

일동   헛허…

머슴 을 (머슴 갑에게) 가세. 여기 있어봤자 자라목 잡히겠다.

두 사람이 황급히 나간다. 잠시 침묵이 흐르자 길삼이가 무대 한 귀퉁이 덮여 있는 거적을 향해 말한다.

길삼 나와, 이놈아. 벌써 갔다!

이윽고 정적을 깨고 영복과 순녀가 모습을 나타낸다. 순녀는 마을 처녀로 변장을 했고 영복은 괴나리봇짐을 짊어졌다. 영복이가 길삼 앞에 무릎을 꿇는다. 분위기가 무겁게 가라앉는다.

영복 상쇠 어른, 고맙구먼요. 이 은혜는 죽어도… 죽어도… (울먹인다)

길삼 죽은 뒷일 걱정 말고 당장 도망갈 길이나 걱정해.

대보 영복아. 정참봉이 노여움을 풀 때까지 숨어 있거라.

길삼 (순녀에게) 고생되겠소만… 참고 견디시오.

순녀 (목이 메며) 이 은혜… 이… 이 목숨 다 할 때까지 안 잊을 것이오.

길삼 무슨 말씀을… 우리 사당패들이 이래 뵈도 의리 인정은 있다요. 세상 사람들이 재인 놈이라고 업신여기고 푸대접하지만 사람 된 도리는 잊지 않았지라우. (창) 바람에 떨어진 낙엽들도 모아서 살고 흩어진 새들도 떼 지어 사는디 인간사 믿을 것은 서로가 돕는 일. 어디서 무얼 하나 그 의리 잊지 마소.

영복 상쇠 어른!

하며 새로운 눈물을 흘린다. 모두들 슬픔과 아쉬움을 감추지 못한다.

길삼 당분간 숨어 살기로는 저 산 너머 서낭당 마을 근처의 굴재가 인적이 드문 곳이니 그곳에 은신하게.

영복 예… (아직도 울고 있는 순녀를 내려다본다) 낭자… 이만 일어나오. 어서.

순녀가 조용히 고개를 든다. 길삼이가 선소리를 부른다. 모두들 후렴을 합창한다.

후렴 아리 아리랑 스리 스리랑
아라리가 났네 아리랑 흥흥
아라리가 났네

영복 (창) 따라라. 따라라. 나만 졸졸 따라와. 뒷동산 좁은 길을 나만 졸졸 따라와.

후렴 아리 아리랑 스리 스리랑
아라리가 났네 아리랑 흥흥
아라리가 났네

순녀 (창) 앞장에 드는 물은 갈라지면 갈라져도 우리들의 이 정은 갈라질 수가 없네.

후렴 아리 아리랑 스리 스리랑
아라리가 났네 아리랑 흥흥
아라리가 났네

영복·순녀 (창) 가노라 간다 내가 돌아간다 정든 님 따라서 내가 돌아간다

후렴   아리 아리랑 스리 스리랑

아라리가 났네 아리랑 흥흥

아라리가 났네

일동   산천이 좋아서 내가 여기 왔나 님 사는 곳이면 그 어딘들 가겠네

노래가 불러지는 가운데 영복과 순녀가 서서히 아쉬움을 남기면서 퇴
장한다. 사당패 및 마을 사람들도 석별의 눈물을 흘린다.

암전

제6장

서낭당 앞 초혼굿이 진행된다. 그 가운데 길삼이도 끼어 있다. 굿이 어느 정도 진행되었을 때 길삼이가 무대 앞쪽으로 나온다.

길삼 (관객에게) 저를 기억하시지라우? 헛허. 지금은 사당패 때려치우고 고향에 내려와서 농사짓고 있지라우… 예. 그럭저럭 10년은 넘은갑소. 그동안 겪은 고생이사 소설로 쓰자면 장편 대하소설이지라우. 헛허… 그런디 진도아리랑 보존회에서 창극을 한다고 해서 이렇게 나왔지라우. 배운 도둑질 어쩌겠소? (꽹과리를 두어 번 치고) 이 쇠소리 들으면 지금도 어깨가 들썩거리고 새끼똥구멍이 간질간질하고 못 참겄는디 워쩔 것이오. 헷헤… 그런디 제가 한 가지 빚진 게 있어서 이렇게 나왔지라우. (사이) 뭣 인고하니 그때 진도아리랑 내력에 대해서 얘기할 때 끝마무리가 아삼삼했지라우.

관객 갑 맞다! 도대체 그 뭣이냐… 영복이하고 순녀 소식이 궁금하당께… 어디서 어떻게 살았다요?

길삼 그것이 사백 년도 더 된 옛일이라 알 수는 없지. 다만 전해 온 말로는 영복이가 육지로 돈벌이 갔다가 객사했다는 말도 있고, 육지에서 새장가 들었다는 말도 있고.

관객 을 오살할 것 사내 놈들은 옛 시상이나 지금 시상 그 병은 못 고친당께… 홋호…

관객 병 그럼 순녀는 어떻게…

길삼 그것도 분명치는 않은디 망부석이 되었다고도 하고, 머리 깎고 산사로 숨었다고도 하고.

관객 을 쯧쯧… 언제나 손해 보는 쪽은 여자구먼! 썩을 놈들…

길삼 그러니께. 그 대신 진도아리랑이 남아 있지라우. 진도아리랑 타령 속에는 그 두 사람의 애절하고도 절실한 사랑과 원한이 남아 있지라우. 진도아리랑 타령의 그 후렴이 뭣인지나 아시오. (노래) 응… 응… 응… 이게 바로 그 슬픔과 신명이 한데 엉켜 있는 증표지라우. 자아… 우리 그런 뜻에서 다 함께 진도아리랑 타령을 불러봅시다. 그럼 제가 선소리를 할 테니께 그렇게 아시고 흥겹게 한바탕 놀아봅시다.

이와 동시에 길삼이가 꽹과리를 친다.

길삼 아리 아리랑 스리 스리랑…
세월아 네월아 오고 가지를 마라
아까운 내 청춘이 다 늙어간다
문경새재는 웬 고개인가
구부야 굽이굽이 눈물이로구나

왜 왔던고 왜 왔던고
울고나 갈 길을 왜 왔던고

이삼사월 긴긴 해에 점심 굶고 살아도
동지섣달 긴긴 밤에 임 없이는 못 살아

놀다나 가세요 놀다가 가요
저 달이 지기 전에 놀다나 가요

97   저 달이 지기 전에

이 과정에서 관객들과 출연자가 어우러져서 흥겨운 판을 벌인다.

-막

사라공주(전 10장)

- **등장인물**

  여왕 (55세)　　　아수리국 여왕

  사라공주 (18세)　아수리국 공주

  유리 (17세)　　　사라공주의 몸종

  임대두 (30세)　　아수리국 재상

  임곡수 (50세)　　수달과 바우의 부

  수달 (20세)　　　황사국 왕자

  바우 (20세)　　　수달의 몸종

  서개무 (60세)　　무당

  곰보네 (40세)　　주막집 주모

  공소균 (32세)　　아수리국 신하

  부여간 (35세)　　아수리국 신하

  시종, 사령 갑, 을. 시녀, 술손님 A, B, C. 신하 A, B, C.

  동리 처녀 A, B, C, D. 궁녀, 옥리, 군졸, 엿장수, 비단장수, 술장수

  행인 A, B, C.

- **때**

  상고시대

- **곳**

  아수리 부족국

제1장

무대

아수리국 성문 앞 장터.

무대 한쪽에 주점이 있고 행인들이 오간다. 엿장수, 신장수, 비단장수,
방물장수 등이 저마다의 상품을 들고 노래와 춤으로 호객을 하며 밝은
분위기를 자아낸다.

엿장수 (창) 엿을 사세요. 엿을 사. 황금 같은 호박엿, 명주 같은 수수엿,
찰싹 붙은 끈끈이엿, 야밤에 생각나는 총각엿, 숨어서 먹는 처녀
엿, 골라잡아서 가져가시오.

비단장수 (창) 비단 사세요. 비단 사. 관사 고사 숙고사, 공단 양단 모범단,
마포 삼포 안동포, 과부 바람엔 항라치마, 총각 바람엔 세목필
목, 담 넘어갈 때는 솜이불. 말만 잘하면 거저 가지시오.

술장수 (창) 술 사세요. 술을 사. 백주, 홍주, 천일주, 탁주, 법주, 두견주,
송엽주, 국화주, 매실주, 죽었다 깨어나는 더덕주, 과부 몸살 나
는 머루주, 기사회생 독사주, 너도 먹고 물러가라.

이와 같은 노래가 흥겨운 춤과 더불어 진행되는 동안 무대 우편에서
사령 두 사람이 나와 주막집 담벼락에다가 방을 붙인다. 지나가는 행
인들이 하나둘 그 앞으로 모여서 기웃거린다.

행인 A 무슨 방이오?

사령 갑 보면 몰라?

행인 B 모르니까 묻지 않소?

사령 을 무식자는 별수 없구면.

행인 C 유식자도 별 볼일 없던데요. 그러지 말고 일러주시오. 그것도 적선 아니겠소. 헛허…

일동 까르르 웃는다. 사령 을이 사령 갑을 향하여 말을 던진다.

사령 을 자네가 설명해주게나.

사령 갑 (딴전을 부리며) 목이 컬컬한데 막걸리나 한 사발 하고 갈까? (하며 주막 쪽을 끼웃거린다)

행인 C 막걸리는 내가 살 테니 그 방문 설명이나 해주시오.

사령 갑 무식한 사람 같으니. 그것도 모르면서 무슨 큰소린가?

행인 C 내가 언제 큰소리했나요?

사령 을 그러니 유식한 자네가 설명 좀 해주라니까? 그 대신 공짜 막걸리 마시게 되었잖아.

사령 갑 (머뭇거리다가) 검은 건 글씨요, 흰 건 백지 아닌감. 어서 가세. 더 있다가는 창피만 당할 걸세.

그 말에 모두들 깔깔대며 급히 퇴장하는 사령 갑, 을에게 조소를 던진다. 그러고는 다시 의아한 표정으로 방문을 들여다 본다. 서로가 무슨 사연인지 몰라 궁금해하는 시늉을 한다. 이때, 무대 좌편에서 수달과 바우가 등장. 수달은 평범한 차림이나 이목이 수려하고 기골이 장대하다. 그러나 바우는 키가 작고 우직해 보인다. 바우는 한쪽 다리를 끌듯이 나온다. 두 사람은 먼 길을 오느라고 약간 권태롭고 지쳐 보인다.

바우 아유 다리야, 도련님! 좀 쉬었다가…

수달 또 그 도련님이라는 말! 바우야 그만큼 일러두었는데도 말귀를 못 알아들어. 응?

바우 (입을 쥐고 웃으며) 죄송합니다요. 글쎄 이놈이 쥐둥이가 왜 이렇게 말귀를 못 알아듣는지 원. 에잇! (하고 자기 입을 때린 다음 순간 질겁을 한다. 수달도 웃는다. 바우도 웃는다)

바우 저기 사람들이 모였는데 무슨 일이라도 생겼을까요? 수달 형님.

수달 글쎄다… 어디 가까이 가보자.

두 사람이 방이 붙어 있는 쪽으로 다가가서 앞서 있는 사람들 어깨너머로 방문을 읽는다. 다음 순간 수달의 얼굴이 밝아진다.

수달 핫하… 그것 참 재미나는데… 헛허…

방을 들여다보고 있던 사람들이 일제히 수달을 돌아본다.

행인 A 글을 읽을 줄 아시우?

바우 이 사람이 누굴 어떻게 보고 하는 소리야. 응? 우리 도련님으로 말할 것 같으면 말이어…

이 말이 떨어지기가 무섭게 수달이 바우의 발등을 걷어찬다.

바우 아얏…

수달 네가 뭘 안다고 또… 그 입을…

바우 예, 예… 소인은 그저 그저 눈이 있기에 보고, 코가 뚫려서 냄새 맡고, 입이 열려서 말할 줄 아는 그런 무지렁이입죠… 예. 헷헤…

행인 C 방에 무어라고 씌었는지 가르쳐주면 막걸리는 내가 살 테다.

바우 막걸리요? (수달에게 눈짓하며) 황천길목에서 보살 만났습니다요,

헷헤…

수달　노자 떨어지자 임자 만났구나. 헛허…

행인 C　읽어주시오. 우리는 까막눈이라서 도무지…

수달　그렇게 하지요. (책을 읽듯이) 이 나라… 공주의… 천생배필이 될 부맛감을 아래와 같이 구하나니…

일동　부맛감을?

바우　수달 형님. 부마가 뭐예요? 하마보다 더 큰가요?

수달　공주 신랑감이란다. 신랑감! 핫하…

바우　예? 신랑감을?

수달　(다시 읽으며) 글 잘 짓고, 활 잘 쏘고, 가무에 능한 사람들을 모여 놓고 기량을 겨룬 끝에 부맛감을 간택할 예정이니 희망자는…

바우　글 잘 짓고, 활 잘 쏘고, 가무에 능한 사람? 그게 누구죠?

수달　낸들 알겠느냐? 자 목이 타고 다리가 떨린다. 저기 주막에 가서 막걸리나 한 사발 하고 가자.

바우　좋지요. 헛허… 아이고 말만 들어도 군침이 저절로 도는구나. 헛허…

두 사람이 주막집 앞 평상에 걸터앉는다. 주막 안에서 주모가 나온다. 빡빡 얽은 곰보얼굴이다.

곰보네　어서 오세요. 홋호… 뭘 드시겠어요?

수달　탁배기 두 잔.

곰보네　안주는요? (호들갑스럽게) 술국도 있고, 천어 횟감도 있고, 갓 삶아낸 돼지고기에 김이 무럭무럭 나는 순대도 있는뎁쇼. 홋호…

바우가 안줏감을 들을 때마다 군침을 꿀걱 삼킨다.

수달　안주는 무슨. 이거면 되었지. (하며 손가락을 입으로 쪽 빤다)

곰보네　에그… 생김생김은 달덩이가 솜이불 덮은 듯이 믿음직한데 하시는 말쌈은 꼭 대꼬쟁이에 찔린 고추잠자리만큼이나 옹색하시구 먼그려. 홋호…

수달　뭐요? 대꼬쟁이에 찔린 고추잠자리? 헛허…

바우　(화를 내며) 주모! 어떻게 보고 마음대로 지껄여. 응? 우리 도련님으로… 말할 것 같으면…

수달이 사정없이 바우의 발등을 밟자 바우가 펄떡 뛰어오르더니 제자리에서 풍뎅이처럼 빙빙 돈다.

바우　에그… 에그… 내 다리야… 에그…

주모　(놀려대듯) 풍뎅아, 풍뎅아. 뱅뱅 돌아라. 내일은 비가 온다. 홋호…

수달　그럼 술국 한 그릇 주시오.

주모　예 예… 홋호호.

주모가 엉덩이를 흔들어대며 주막 안으로 들어간다.

수달　바우야… 아까도 얘기했겠지만, 나보고 서방님이니 도련님이니 하지 말라고.

바우　알았어요. 알기는 아는데 글쎄 이 쥐둥이가…

이때 주모가 술상을 차려서 들고 온다. 술국에서 김이 무럭무럭 나고 구수한 장국 냄새가 금세 식욕을 돋운다. 두 사람이 탁배기를 들어 마시는데 유심히 내려다보던 곰보네의 시선이 수달과 마주친다.

수달   뭘 보시오.

곰보네   아 아니에요. 그 그저…

수달이 술국을 퍼마신다.

곰보네   어디서 오시는 길이오?

바우   (손으로 가리키며) 저어기.

곰보네   그래 어디까지 가시는데요.

바우   (반대쪽을 가리키며) 저어기.

곰보네   (흉내 내며) 저어기? 그게 어딘데요?

바우   (여전히) 저어기.

곰보네   별꼴일세. 자기가 뭐 정승집 아들인가 재상의 아들인가?

바우   그보다 더 높은 곳.

곰보네   뭣이라고?

수달   (타이르듯) 바우야.

바우   예? 예? 이 사람이 공연히 가만있는 사람 말을 시키잖아요. (곰보
네에게) 나 말 시키지 말아요. 나 성질나면 무섭소.
(창) 물불도 못 가리고, 된장인지 송장인지, 화초장인지 고초장
인지, 방앗간인지 외양간인지, 처녀인지 과부인지, 분간도 못 하
는 성질 급한 사람이여.

곰보네   (지지 않고 창) 앗다. 그 총각 성질 급하기가 혼서도 안 가지고 초례
청에 가겠구먼. 처녀 과부 분간도 못 한다면 그게 굳은 벽창호지
두 다리 달린 사람일까?

바우 (창) 내 다리는 두 다리가 아니라 세 다리이니 사람은 사람이로되
보통 사람은 아닐 거여.

곰보네   뭣이오? 다리가 셋이라니? 아니 어디 좀 봐요. 또 한 다리가 어

디 있기에. 응? (하며 바우의 아랫도리를 훑어내듯 더듬는다. 바우가
이리저리 피한다. 수달이 가가대소한다)

수달 (창) 주모. 내 말 좀 들어보소. 이 사람의 다리는 셋은 셋이로되,
항상 있는 게 아니니, 필요할 때는 생겨나고 필요 없을 땐 얌전
히 숨어 있으니 그렇게 더듬는다고 쉽게 만지지는 못할 걸세.
자라목이 숨어 있듯 어디엔가 깊숙이 숨었다네. 헛허…

그제야 곰보네도 무슨 뜻인 줄 알아내고서는 배꼽을 잡고 웃는다.

곰보네 오메, 오메, 이 총각들이 늙은 과부 회 동하게 하는구먼. 홋호…
수달 (주모에게) 그런데 말 좀 물어봅시다.
곰보네 무슨 말씀인지요?
수달 (방이 붙은 쪽을 보며) 이 나라의 공주가 어떤 사람이지요?
곰보네 어떤 사람이긴요. 눈은 둘이요 코는 하나에 입도 하나인 머리
검은 처자지요.
수달 그런데 왜 방까지 붙여가며 부맛감을 찾는지 알다가도 모르겠군
요. 그렇게 부맛감 구하기가 어렵나요?
곰보네 어려운 게 아니라, 시집을 안 가려고 바둥대니까 여왕마마께서
그렇게라도 해서 신랑감을 구하겠다는 게죠.
바우 인물이 박색인가 보군. 곰보 얼굴에 파리가 똥을 쌌는가?
곰보네 아니죠. 인물 하나는 잘났죠. 성미가 칡덩쿨처럼 질기고 꼬여서
도모지 여자다운 티가 없어서 걱정이지. 그러나 저러나 누구는
부마로 간택만 된다면 저절로 입에 떨어지는 연시감일 텐데.
수달 예?
곰보네 이 나라에 왕이 안 계신 지가 십오 년이니 부마로 간택되기만 하
면야 장차 이 나라의 상감마마가 되는 것 받아놓은 밥상이지요.

수달   (호기심에서) 상감이 언제 돌아가셨는데요.

곰보네   잘은 모르겠지만… 황사국 싸움에서 돌아오신 후 얼마 안 있어
        서였지, 아마…

수달과 바우의 눈에 긴장의 빛이 강하게 떠오른다.

곰보네   그런데 왜 그렇게 꼬치꼬치 깨묻는 거예요. 예?

수달   아 아니에요. 우린 여기저기 떠돌아다니는 뜨내기라서 보고 듣고
        하는 일이 많아서요. 헛허…

곰보네   황사국을 아시나 보던데…

수달   모 모릅니다.

곰보네   그 싸움이 대단했다나 봐요. 그 싸움으로 황사국은 잿더미가 되
        고 그 싸움터에서 주워온 갓난아기가 지금 궁내에서 공주님 몸
        종이라는 소문도 있어요.

수달   몸종?

바우   이름이 뭡니까?

곰보네   이름? 에그… 차라리 뒷집 영감 눈썹이 몇인가를 헤어보라지 헹.

곰보네가 일어서는데 멀리서 나팔소리에 이어 말굽소리가 지축을 흔
들며 다가온다.

수달   무슨 소린가요?

곰보네   아마 공주께서 사냥길에서 돌아오는가 보죠? 사라공주는 사냥
        을 밥먹기보다 좋아하니까. 홋호…

이때 성문 안에서 말발굽소리가 멎는 소리에 이어 말에서 사람들 내리

는 소리가 들린다.

바우 앗. 이쪽으로 오는데요.

수달 잠깐 자리를 피하자. 어서.

주막집 옆 나무 뒤로 몸을 감춘다. 길 주변에 있는 행인들도 몸을 피하거나 땅 위에 엎드린다. 이때 역시 남복을 한 사라공주와 몸종 유리가 나온다.

공주 아. 시원한 물 한 그릇 마시고 가자.

유리 예. 공주님.

유리가 먼저 가서 평상의 먼지를 손수건을 꺼내 턴다.

유리 잠시만 기다리셔요. 공주마마.

공주 오냐.

이때 곰보네가 나온다. 공주를 보자 몸 둘 바를 몰라 안절부절못한다.

유리 공주마마께서 갈증이 나셔서 그러니 시원한 물 한 그릇 있겠소? 떠오시오.

곰보네 그 그러다마다요. 잠 잠깐만 기다리십시오. 제가 가까운 옹담샘에 냉큼 가서 시원한 물을 길어 오겠습니다요.

공주 잠깐.

곰보네 예?

공주 해갈에는 시원한 막걸리가 제격이라고 들었는데… 막걸리는 있겠지?

곰보네 그 그럼요. 용천연못에 물 마르는 날은 있을지언정 쉰네집 술항 아리에 술 마를 날은 없습니다요. 홋호…

공주 홋호… 주모는 얘기 솜씨도 능숙하군. 그럼 그 막걸리나 한 사발 얻어 마십시다. 주모.

곰보네 예 예. 그렇게 하세요.

곰보네가 급히 집안으로 사라진다.

유리 오늘은 너무 멀리까지 나들이를 하셨나 봅니다. 돌아가시면 푹 쉬도록 하십시오.

공주 오늘 같아서는 날이 어두워도 횃불을 밝혀가며 밤사냥이 하고 싶은 심정이다.

유리 공주마마.

공주 아… 어째서 이토록 가슴이 답답하고 성안으로 들어가기조차 지겹기만 하니.

유리 공주마마.

공주 어디고 이름 없는 고장에서 이름도 알리지 않고 살고만 싶고나.

이때 주모가 술사발을 쟁반에 받쳐 들고 나온다. 유리가 그것을 받아 공주에게 내민다.

곰보네 공주마마. 술맛이 입에 안 맞으신다고 역정 내지 마십시오.

사라공주가 술잔을 입에 대려다 말고 유리와 곰보네를 본다.

공주   내가 사냥길에 여기서 막걸리를 마셨다는 소문이 나도는 날에
       는… (위협하듯) 무슨 뜻인지 알렷다?
곰보네 예 예. 조개처럼 입을 꼭 봉합죠. 예.

곰보네가 코가 땅에 닿도록 고개를 숙인다. 공주가 잔을 기울인다. 저
만치 나무 그늘에서 수달이 그 광경을 엿보고 빙그레 웃는다.

암전

제2장

무대

아수리국의 궁궐 안. 무대 앞(오케스트라 박스)에 연못이 있으면 좋겠다. 여왕의 탄신축하연이 한창 무르익어가고 있다. 정면 옥좌에 여왕이 앉아 있고 그 아래로 문무백관이 배석하고 있다. 여왕의 만수무강을 축원하며 국운의 융성을 비는 궁녀들의 춤과 노래가 한창이다.

궁녀들 (창) 경사로다 경사로다
에헤야 태평성대 경사로다

창공을 나르는 뭇새들도
들판을 스치는 들바람도
여왕마마 만수무강을
잠시 쉬어 축원하니

에헤야 태평성대 경사로다

경사로다 경사로다
에헤야 태평성대 경사로다

티끌 모아져 태산 이루고
시냇물 합하여 큰 내 이루듯
여왕마마 성은음덕이
억조창생 살찌게 하나니

사랑공주

에헤야 태평성대 경사로다
경사로다 경사로다
에헤야 태평성대 경사로다

송백은 늙어서 풍치 좋고
암석은 해묵어 부동자약이라
세세년년 변치 마시오
여왕마마 우리 마마

에헤야 태평성대 경사로다

궁녀들이 가무를 마치고 여왕에게 국궁 재배한다. 다른 문무백관들도
흥에 취하며 여왕의 눈치를 살피듯 우러러 쳐다본다.
그러나 여왕의 표정은 아까부터 그늘이 졌다. 길게 한숨을 몰아쉰 다
음 신하들에게 치하의 말을 내리나 어딘지 모르게 수심이 가득한 게
고민이 있을 듯하다.

여왕 (신하들에게) 모두들 수고했소. 내 생신을 축하하기 위하여 여러
날을 두고 잔치 준비를 했다는 소식 들었소.

일동 황공하옵니다. 마마.

여왕 (궁녀들에게) 너희들도 돌아가서 오늘은 마음 푹 놓고 쉬도록 하
거라.

궁녀들 황공하옵나이다.

여왕 (시종무관에게) 저들에게 사흘 동안 말미를 주되 한 사람 앞에
비단 한 필씩을 나누어주도록 하시오.

시종무관 예.

이때 궁녀들은 기쁨을 감추지 못한 듯 서로 손목을 잡고 깡쭝거리며 재빠르게 물러나는 게 흡사 썰물이 밀려나가는 것 같다. 임대두가 잽싸게 옆 사람에게 귀엣말을 하더니 고운 보자기에 싼 꾸러미를 가져오게 하여 옥좌 가까이 간 다음 두 손으로 받쳐든다.

임대두 (창) 마마께서는 우리 아수리국의 햇님이자 달님이요, 흙이시자 강줄기시라. 어찌 그 은혜들 다 갚으리까.

여왕 고맙소. 그러나 아무리 선정을 베풀었다고 하나, 한낱 연약한 여자의 힘이 어찌 이 나라 구석구석까지 미치리오.

임대두 아니올시다. 마마께서 억조창생을 위하여 내리신 자비와 음덕이 그 얼마나 크고 높은지는 이미…

여왕 (쓰게 웃으며) 제아무리 높은들 앞산보다 더할까? 제아무리 깊다 한들 후원 연못만큼 깊을까? (피곤한 듯) 아… 피곤하오. 선왕이 가신 이후 열다섯 해. 그동안의 갖가지 고난들도 이제 생각하면 한낱 아스라한 추억에 불과하거늘…
한 가지 소망이 있다면… (사이) 단 하나의 핏줄인 사라공주에게 천생배필을 짝지어주는 일. (말끝이 눈물에 흐려진다)

슬픔과 충정에 뒤엉킨 여왕의 시선을 느끼자 문무백관들은 어색함과 죄스러움에 약속이나 한 듯 조용히 고개를 수그린다. 그러한 분위기가 여왕의 마음을 더욱더 처량하게 만든다. 이때 임대두가 잽싸게 눈치를 살피면서 말문을 연다.

임대두 지당하신 말씀입니다.

여왕 임대두 대감도 그렇게 생각하오?

임대두 예. 이제는 정사를 공주마마에게 물려주시고 섭정마마로서 평안

사라공주

하게 여생을 보내심이 타당하리라 믿사옵고 또… (다시 눈치를 보며) 사라공주의 부마 간택을 하루속히 이룩하시는 게 바람직스런 줄로 아룁니다.

여왕 그러나 그 당사자 사라공주가 부마 간택에는 손끝만큼도 관심이 없으니 어찌하면 좋겠소?

신하 A 아직도 나이가 어리신지라… 헷헤…

여왕 어리긴… 방년 열여덟이면 꽤 늦은 감이 있는데… (한숨) 과년한 처자가 날마다 무예 놀이 아니면 사냥에만 넋을 팔다니…

신하 B 용맹하신 선왕의 핏줄을 이어받으신 증거인 줄 아옵니다. 마마…

여왕 허긴… (옛일을 회상하며)

(창) 하늘에 해가 있고, 연못 위에 연꽃 피듯, 아수리국 대왕마마는 천하의 영웅호걸. 한 칼을 뽑아들면 초목이 눕게 되고, 두 칼을 휘두르면 산하가 흔들리고, 세 칼을 휘두르면 비구름이 모였는데. 어쩌다 시운을 놓쳐, 진로에 눕게 되었는고. 인간사 새옹지마라. 양지가 음지 되고, 밤이 가면 아침이 온다고 하나, 가신 임은 다시 아니 오시니, 이 일을 어찌할거나 흑… 흑…

목이 멘 여왕이 용상 모서리에 고개를 떨구어 흐느낀다. 조신들이 어떻게 위로할 바를 몰라 안절부절못한다. 이때 밖에서 말발굽소리가 들린다. 그러고는 영창하고도 구슬 같은 사라공주의 웃음소리며 시종들의 말소리가 들려온다.

여왕이 고개를 들고 바깥쪽을 본다. 밖에서 시종의 목청이 울린다.

시종 (소리만) 공주마마께서 돌아오셨습니다.

이때 사라공주가 유리를 대동하고 들어선다. 사라공주는 남장을 했다.

그러나 뛰어난 미모는 어쩔 수 없다. 그녀의 행동거지는 남성적이다. 어깨에는 활을 메고 있다. 유리는 망태기를 짊어졌다.

공주   (밝게) 어마마마… 생신을 충심으로 경축하옵니다. 천세만세 무강하옵소서.

그녀의 말과 행동거지는 남자 같으면서도 어딘지 귀염성이 감돈다. 그것이 여왕에게는 결코 싫지가 않다. 그러나 여왕은 부러 엄하게 대한다.

여왕   에미의 만수무강을 축원하는 공주가 사냥놀이에 넋을 팔고 다니면서 어찌 감히…

공주   그게 다 어마마마의 생일축하를 위해서 호호호…

여왕   (어이가 없어서) 에미를 위해서라고?

공주   예… (유리에게) 유리야.

유리   예… 공주마마.

공주   그 망태기 안에 있는 선물을 일루 내오너라.

유리   예…

유리가 망태기 안에서 세 마리의 꿩을 꺼낸다. 아름다운 깃털이 흡사 물감을 들인 듯하다. 모두들 탄복과 의외로움으로 놀란다.

공주   흠… 글쎄요… 유리. 네가 설명을 해드려라.

유리   예… (꿩 한 마리를 쳐들고) 이건 비자나무 숲에서 푸드득 날아가는 걸 쏘셨구요. (다 큰 꿩을 쳐들고) 이것은 양지 바른 콩밭에서 콩을 쪼아먹고 있던 걸 잡으셨구요… 그리고 또…

    사랑공주

여왕 (화를 내며) 닥치거라…

모두들 긴장을 한다. 여왕이 계단을 내려선다.

여왕 (비양대며) 생일 선물로 날짐승을 잡아온 공주의 효성에 이 에미는 그저 눈물이 앞을 가리고 콧물이 숨통을 막게 할 따름이니라.

공주 어마마마! 소녀는… 어디까지나…

여왕 사냥놀이는 그렇다 치고라도 일국의 공주가 그런 몰골을 하고서 바깥을 나돌아 다닌다니 세상 사람들이 알게 되면 무슨 창피인지도 모르는가 말이지.

공주 (비로소 자기 옷차림을 훑어보더니 빙그레 웃는다) 어마마마께서는 이게 보기 흉하시단 말씀인가요?

여왕 처자가 치마를 입어야지 어디 그런 꼴로…

공주 어떻다는 말씀입니까? 어마마마께서는 남복차림이 마음에 안드신다는 말씀이시겠지만 반드시 그렇지만도 않습니다.

여왕 그렇지만도 않다니? 그게 무슨 뜻인고?

공주 소녀가 왜 남복 차림을 즐기는지 그 까닭을 엮어볼 테니 들어보시렵니까… (그녀는 신명나고 구성지게 읊는다)

(창) 사람에게 옷이란 땅 위에 돋는 풀이라. 기름진 곳에는 검은 풀 나고, 박토골에는 연한 풀 나고, 양지 쪽에는 개나리, 제비꽃, 음지 쪽에는 들국화, 진달래, 절로 나고 절로 펴서 보는 사람 즐겁게 하나니.

(대사로) 사람의 옷도 마찬가지로 그 사람의 마음속에서 우러나온 느낌과 생각에 따라 저마다 입는 법입니다.

여왕 (불쾌해지며) 그렇다고 처자가 남복을 입고 날마다 무예놀이 아니면 사냥에만 눈을 팔고 다니는데 잘한 짓이란 말인가?

공주   잘잘못을 따질 일이 아니라 그럴 만한 연유가 있어서입니다.

여왕   이유? 그 이유가 뭣이기에?

공주   소녀 마음속에는 아바마마를 해친 자를 찾아내서 원수를 갚겠다는 일념뿐입니다.

여왕   뭐라고? (신하들에게) 모두들 들었소?

임대두   공주마마… 어떻게 그런…

공주   비운에 가신 아바마마의 원수를 갚겠다는 생각이 잘못입니까?

임대두   그 그건 아니지만…

공주   어마마마! 비록 몸은 여자로 태어났지만 마음은 대장부의 기백과 용기를 지니고 언제 어디서라도 그 원수를 만났을 때 한칼 아래 목을 베고자 하는 집념을 품은 지 어언 십 년입니다. 어마마마! 그 집념이 소녀로 하여금 치마 대신 남복을 입게 하고 사냥놀이에 취하게 하였습니다. 그것도 잘못입니까?

공주가 여왕의 발아래 엎드리며 간절하게 쳐다본다. 여왕의 눈에 금시 눈물이 돈다.

여왕   오… 사라공주! 내 딸 사라공주…

공주 (창)   자고 나면 해가 뜨고, 해가 지면 밤이 오듯 이 가슴 깊은 곳에 사모치는 마음이란 아바마마 생각뿐. 연약한 아녀자이나 효성에는 단 한길. 소녀의 이 충정을 어찌 마다하십니까! 흑…

공주가 비로소 울음을 터뜨리자 여왕이 달래듯 안아 일으킨다.

여왕   공주… 내 말을 들어봐. 비운에 가신 아바마마를 그리다 못해 복수심을 품는 건 천륜이요, 순리이기는 하나, 자식이 부모에게 효도하는 길은 그게 아니니라.

공주 하오면?

여왕 공주 나이도 이제 열여덟. 천생배필 만나서 부부지도를 지키는
　　　길만이 돌아가신 아바마마를 그리고 늙어가는 이 에미를 위하는
　　　효도라는 걸 왜 모르는고. 응?

공주 부부지도를?

임대두 (때를 놓칠세라) 그러하옵니다. 여왕마마께서 근자에 와서 기력이
　　　쇠잔해지시고 초췌해 보이시는 것도 사실은 모두가 바로 그 때
　　　문인 줄 아뢰옵니다.

신하 A 공주마마… 참된 효도를 원하시거든 하루속히 부마 간택을 서두
　　　르십시오.

신하 B 여왕마마께서 여생을 편히 보내드리게 하시는 길은 공주마마께
　　　서 혼사를 올리시는 일인 줄로 아뢰옵니다.

신하 C 수신제가 후에 치국평천하라 하였습니다. 우리 아수리국을 태산
　　　반석 위에 올려놓을 분은 오직 공주마마이옵니다.

　　　신하들이 고개를 조아리듯 하며 공주에게 차례로 간을 하는 동안 사라
　　　공주는 유리를 돌아본다.

공주 유리야. 네 생각은 어떠하냐?

유리 (고개를 수그린다)

공주 네가 우리 아수리국에 온 지가 얼마나 되었지?

유리 십오 년째인가 봅니다.

공주 그렇지. 아바마마께서 이웃나라 황사국과의 싸움터에서 돌아오
　　　시다가 강보에 싸인 너를 풀섶에서 줏어 오셨지?

유리 예. 그러나 공주마마의 극진한 사랑과 보살핌이 아니었던들 소

녀가 어째 이렇게 살아남을 수가 있겠습니까?

공주 그래 그래. 너는 나와 피를 나누지 않은 남남이면서 남이 아닌 형제라고 할 수 있지.

유리 성은이 망극하옵나이다.

공주 그럼 너는 내 마음을 그 누구보다도 잘 알겠지? 유리야… 너는 내가 시집가는 게 좋겠니?

유리 (말 대신 눈만 쳐다본다)

공주 어디 네 생각 좀 들어보자. 응?

유리 (창) 공주님. 제 말씀 들으시오. 오륜 가운데 효가 으뜸이라고 하지만 소녀 생각은 사랑이 제일이오.

공주 사랑?

유리 (창) 사랑에도 여러 길이 있나니, 나라사랑, 부모사랑, 부부사랑, 자식사랑, 그리고 친구사랑이 있나니 그중에 그 어느 것인들 중하지 않은 사랑 있으리까.

(대사로) 소녀로서는 공주님의 막중한 사랑만이 크게 보이니 공주님께서 혼인을 하시게 되면 소녀를 버리실 테니 그것만이 가슴에 저려옵니다. 흑…

임대두 방종한 것. 어전이라는 것도 잊었느냐?

유리 공주마마! 설령 혼인을 하시게 되더라도 저를 버리시지만 마셔요. 흑…

공주 유리야. 걱정 말아. 나는 시집 안 간다고 했잖았느냐.

여왕 (엄하게) 공주는 듣거라.

공주 예?

여왕 그리고 백관조신들도 들으시오.

약간 술렁이던 좌중의 분위기가 차츰 가라앉는다. 여왕은 다시 옥좌로

사랑공주

올라앉아 냉철하면서도 위엄 있게 영을 내린다.

여왕　아수리국의 번영을 지탱해나가기 위하여는 사라공주의 성혼을
　　　서두르는 길밖에 없다는 단정아래…

공주　어마마마.

여왕　따라서 여러 대감들은 조속한 시일 안에 부마 간택의 절차를 숙
　　　의 결정하여 방방곡곡에다 방을 나붙인지도 벌써 십여 일이 지
　　　났소.

임대두　그러하옵니다. 듣자온대 멀리서 가까이서 부마 간택에 응하겠다
　　　는 젊고 귀한 사람들이 있다고 합니다.

여왕　그러나 하루속히…

일동　황공하여이다.

여왕　그럼 피곤하니 이만…

여왕이 자리를 뜨고 문무백관이 뒤를 따라 퇴장한다. 나가려던 임대두
가 공주에게 다가가 무슨 얘기를 걸려다가 퇴장. 무대에는 공주와 유
리만 남는다.

멀리서 풍물소리가 들려오고 무대에도 어둠이 깔리기 시작한다. 벌레
소리가 처량하다.

공주가 연못가에 가서 앉는다. 어느덧 달이 떴다. 달그림자가 물 위에
떠 있다. 공주가 손끝으로 연못의 물을 출렁이게 한다. 달그림자가 부
서지며 공주의 얼굴에 반사된다. 유리도 저만치 따라와 선다.

공주 (창)　달은 중천에 있고,

유리 (창)　꽃은 연못에 있고,

공주 (창)　뜻은 허공에 있고,

유리 (창) 님은 내 가슴에 있고,

공주, 유리 (창) 세상사 어딜 가나, 길은 있게 마련이나, 막혔으니 갈 수
없네. 하늘의 달을 무슨 수로 따오며, 연못 속의 꽃을 무슨 수로
꺾으리까 어허… 세상사 왜 이다지도 어려운고…

암전

제3장

무대

임대두의 집 은밀한 내실. 멀리서 풍악소리가 들려온다. 임대두가 그의 심복부하인 부여간과 공소균을 불러놓고 술을 마시고 있다. 어둠침침한 조명 아래서도 임대두의 약간 흥분되고 상기된 표정이 눈에 띈다. 소쩍새가 슬프게 운다. 임대두가 술잔을 단숨에 비운다.

부여간 대감. 너무 괘념치 마십시오. 만사는 공소균 어른과 저와 둘이서 잘 처리할 테니까요. 헛허…

임대두 (길게 한숨을 내뱉는다)

공소균 쥐도 새도 모르게 해치울 테니 염려 마십시오. 대감. 훗흐…

임대두 그렇지만 만약에 그 열두 사람 가운데 사라공주의 의중에 드는 사람이 나타났을 때는… 그때는 일이 다 그르치게 될 텐데…

부여간 그땐 그때 가서 또 지혜를 짜내야지요. 헛허…

임대두 지혜라니?

부여간 임대감께서 사라공주의 부마가 되실 수 있는 책략이 있습니다.

임대두 어떻게? 나는 처음부터 두 사람만 믿고 시작한 일이었는데. 시간이 흐를수록 초조하기만 하니… 아… 술!

공소균 한 고개가 아니면 두 번째 고개, 두 번째 고개가 아니면 세 번째 고개를 만들어서 그 누구도 이 아수리성 안으로 못 들어오게 하는 술책이 다 되어 있습니다. 흠…

임대두 아다시피 나는 사라공주를 향한 정념 때문에 요즘은 잠도 못 잘 지경이오. 그러니 제발 나를 살려준 셈 치고… 금은보화가 얼마나 들어도 개의치 않겠소. 그러니 무슨 수를 써서라도 오늘밤 부마 간택에 응해 온 열두 사람 가운데 적임자가 나오지 못하게 만 해주게.

부여간 염려 마시라니까요. 소인이 오늘 낮에도 궁궐에 들어가 열두 사람의 명단을 샅샅이 살펴봤지만 한 사람을 제하고는 그 본성을 다 알 수 있었습니다.

임대두 한 사람이라면?

부여간 본성이 분명치 않은 떠돌이꾼으로 젊은 객기에서 장난삼아서 신청을 한 모양입니다만 걱정하실 건 추호도 없습니다.

공소균 만의 일이라도 그럴싸한 사람이 나타났을 때는 저희가…

그는 임대두의 귀에다 대고 귓속말로 두어 마디 속삭인다. 임대두가 아연 긴장의 빛을 보인다.

공소균 흠. 모두가 임대감을 위하는 길이자 우리 자신을 위하는 길이 아니고 뭣이겠습니까! 핫하…

일동 헛허…

부여간 그 대신 장차 임대감께서 아수리국의 부마가 되셨다고 해서 설마 우리를 헌신짝 차버리듯 하시지 마십시오. 헛허…

임대두 그걸 말이라고 하나. 그런 아둔한 임대두는 아니니 걱정 말게. 헛허…

이때 시종이 방 밖에서 아뢴다.

시녀 영감마님. 대감마님.

임대두 누구야?

시녀 대궐에서 사람이 왔습니다만…

임대두   사람이?

시녀   예. 부마 간택이 곧 시작되니 급히 드시라는 분부인가 봅니다.

임대두   알았으니 곧 들겠다고 일러 보내거라.

시녀   예.

임대두   드디어 때는 왔구나.

부여간   마치 임대감께서 부마 간택에 나가시는 느낌입니다. 헛허…

시녀가 급히 나간다. 세 사람이 자리에서 일어선다. 임대두가 방 한구석 서랍에서 금화가 든 주머니 두 개를 가지고 와서 두 사람에게 나누어 쥐여준다.
세 사람이 무언중에 굳은 결의를 나타낸다.

임대두   두 사람만 믿겠으니 그리 알고…

부여간   염려 놓으시오. 사라공주는 임대감의 품에 있소이다.

일동   핫하…

암전

제4장

무대

제2장과 같은 궁궐 안. 전장부터 한 시간 후 밤. 무대 여기저기 횃불 조명이 장치되어 있어 분위기가 한층 환상적이다. 무대 우편에 단이 마련되어 있다. 그곳에 여왕, 사라공주가 앉아 있고 그 한 층 아래 임대두를 위시하여 조신 몇 사람이 자리를 하고 있다. 따라서 무대의 3분의 2는 빈 공간으로 남아 있어 춤추거나 활쏘기에 불편이 없도록 해야 한다. 지금 한 청년이 무대 한가운데 서서 노래를 부르고 있다. (평시조였으면 좋겠다) 그러나 고음으로 올라가면서 목청이 탁하고 음계가 흔들린다. 모두들 긴장의 빛으로 지켜보면서도 그의 실력이 시들해 보인다. 그러나 사라공주는 졸고 있다.

여왕이 그 기색을 알고 진행을 보는 신하에게 손짓을 하자 청년은 매우 당혹해진다.

사라공주가 눈을 번쩍 뜬다. 그러고는 신경질적으로 쏘아붙인다.

공주 어마마마, 이럴 수가 없사옵니다.

여왕 공주는 어떠한고.

공주 언제까지 소녀를 이런 지경으로 얽매이게 하시렵니까? 싫습니다. (청년을 향해) 썩 나가지 못하느냐.

청년은 큰 죄라도 지은 양 황망히 퇴장한다. 좌중에서 킬킬대고 웃는 임대두. 부여간 공소균의 모습이 눈에 띈다.

여왕 (진행을 맡은 신하에게) 이제 몇 사람이나 남았는고?

진행　마지막으로 한 사람이…

여왕　어디서 온 누구라고 했지?

진행　(서류를 뒤지며) 거처가 일정하지 않으며 소속된 부족도 신상명세도 소상치가 않은 떠돌이인가 하옵니다만…

여왕　떠돌이라고?

임대두　마마! 공주마마의 부마로서는 합당한 자로 인정되지 않으니 이만 돌아가게 함이 좋을 줄로 사료됩니다만…

여왕　그러나 우리 아수리국의 국법에 의하여 만천하에 공표한 일인데… 그 법을 어길 수는 없지 않소? (진행에게) 어서 들라고 하오…

진행　예.

사라공주가 뿔이 나서 자리에서 일어나 신경질을 낸다. 그녀는 마루를 오가며 짜증스럽게 노래한다.

공주　아 지겹고 답답한 이 지옥에서 벗어나게 해줄 수는 없을까?

여왕　공주! 법은 법이거늘 어찌 그런 경솔한 말을…

공주　(여왕에게 반항하듯) 법? 그게 무슨 법입니까? 사람을 법에다 묶으시려 하십니까?

여왕　(화를 내며) 공주! 공주로서 갖추어야 할 체통을 잊었는가?

공주　체통? 법? 예의범절? 권위? 아… 모두 싫습니다. 모두가 싫습니다. 어마마마! 그러니 제발 저를 자유롭게 풀어주시오! 어마마마 흑…

유리　공주마마! 고정하셔요. 이러시면 아니 됩니다.

여왕　아니… 이, 이럴 수가? 장차 우리 아수리국의 법통을 이어나가야 할 공주가 이 무슨 추태인고…

사라공주는 가까스로 격정을 가라앉힌 다음 여왕 쪽을 향한다.

공주 (창) 어마마마. 이내 말씀 들으시오. 대해 같은 어머님 은혜 어찌 모른다 하리오. 아바마마 세상 떠나신 이후 열 하고도 다섯 해. 이 한 목숨 아끼기를 불면 꺼질세라 만지면 깨질세라 금옥같이 어루만지시고 난초같이 키우신 공 어찌 모른다 하오리까.

여왕 그렇다면 에미의 심정도 짚어 생각해줘야지 그토록 외고집만 내세우면 공주의 신상은 무엇이 되겠는가 말이지.

공주 (창) 이 세상에 태어날 제 자유롭게 살고파서 산과 들을 넘나들고 날짐승 들짐승을 벗 삼아 살았거늘 이 몸은 왕관도 싫고 권세도 싫소. 애오라지 바람처럼 구름처럼 아무 구애받지 않고 살기가 소원이니 제발 소녀를 풀어주시오! (얼마 전부터 기둥 뒤에서 기웃거리고 있던 수달과 바우. 수달은 사라공주의 노래가 끝나기가 무섭게 모습을 나타낸다. 좌중이 놀란다. 사라공주가 한 모퉁이로 몸을 피한다)

수달 (창) 사라공주 알고 보니 겉 다르고 속 다르고 소문 다르고 실제 다르니 이 무슨 조화인고…

여왕 저자가 누군고?

수달 (창) 이름은 수달이며 태생은 모르오만, 푸른 하늘 지붕 삼고, 산과 들판 앞뜰로 삼고, 솔바람 갈바람 자장가 삼고, 시냇물 연못 목욕탕 삼고, 머루, 다래, 버찌, 앵두, 수박, 참외, 닿는 대로 먹고, 명산 정기 심산 영기를 풀벌레 이슬 마시듯 어려서부터 마셨으니, (자기 몸을 구석구석 가리키며) 힘 세기는 창해 역사요, 머리 밝기가 명경지수요, 무예 잘하기가 항우장사인지라, 아수리국 사라공주의 콧대 높기가 양귀비 코요, 허리 곱기가 서시 미인이요, 시문 능하기가 소동파요, 가무 뛰어나기가 경국 미인이라. (대사로) 염치 코치 불고하고 한바탕 재주 겨뤄볼까 하고 이렇게 현신하였나이다. 마마…

수달의 여유 있고 늠름하고 활달한 행동거지에 모두들 입이 떡 벌어진다. 그 기색을 눈치채고 수달이 저만큼 숨어 있는 바우에게 눈웃음을 찔끔 보낸다.

임대두가 앞으로 나와 수달을 훑어본다. 수달도 임대두의 시선을 똑바로 바라본다.

수달   왜 그렇게 보시오? 내 얼굴에 똥파리가 설사라도 했단 말이오, 날 아가는 참새가 오줌이라도 깔겼단 말이오?

임대두 분명히 공주마마와 장기를 겨뤄보기 위하여 왔단 말이지?

수달   거리마다 골마다 그렇게 방문이 나붙어 있습니다.

임대두 (소리를 버럭 지르며) 이놈! 여기 한번 들어오면 두 번 다시는 바깥 세상으로 못 나간다는 규칙도 모르느냐?

수달   예?

임대두 (수달의 멱살을 휘어잡으며) 바른 대로 대렸다! 네놈은 누구냐? 뭘 하는 놈이냐?

수달   (유들유들) 이 손 놓고 얘기나 합시다. 아니 난데없이 대라니 어디에다가 뭣을 대란 말이오?
       (창) 토사곽란 손자 배에 할미 손을 대리까, 낙상한 영감 허리에 군돌을 대리까, 천하 난봉꾼 사내 등에 쑥뜸질을 대리까, 앵두 같은 처자 입술에 총각 손끝을 대리까? (대사로) 난데없이 대기를 뭣을 대란 말이여! 응?

임대두 아니 이놈이 어디서 함부로… (하며 칼을 빼들려 하자 수달이 임대두의 손을 잽싸게 비틀어 쥐고 보기 좋게 돌려 세운다. 그 순간 칼이 마룻바닥에 떨어진다. 좌중이 동요를 일으킨다)

임대두 앗… 이 손… 아파… 아파…

수달   공주님 부마 간택이 있다기에 별생각 없이 와보았더니 속 다르고 걸 다른데 아수리국 궁궐 안이구나! 헴!

수달이 임대두의 팔을 풀어준다.

수달   바우야!
바우   예!
수달   가자… 우리 같은 무지랭이 쌍것들이 드나들 곳은 못 되나 보다.
바우   그냥 가시면 어떻게 합니까? 이왕 내친걸음에 활도 쏘고 글도
       짓고 가무도 한바탕 재주를 보여주셔야지.
수달   아서라. 누에가 뽕잎 먹어야지 갈잎 먹고는 못 살지. 듣자니 사라
       공주는 막걸리도 잘 마신다기에 술이나 대작할까 했는데 코빼기
       도 안 보이니 되겠니?

수달과 바우가 나가려는데 공주의 목소리가 들린다. 그러나 모습은
안 보인다.

공주   (소리만) 잠깐… 거기 섰거라!
수달   또 뭐요? 길고 짧고는 대봐야 안다고 했는데 그 대볼 장본인이
       없으니 돌아갈 수밖에요. 안 그렇습니까요?

이때 사라공주가 모습을 나타낸다. 그녀의 표정은 아까와는 다르게
훨씬 여자답고 진지해 보인다.

공주 (창) 처마 끝의 풍경소리가 혼자서 소리 내던가? 날으는 새가 한쪽
       날개로 날던가. 길쌈하는 물레가 저절로 돌아가던가. 인간만사
       짝이 있고 두 힘 모아야 된다던데 어찌하여 혼자 힘으로 되기만

사라공주

을 바라오?

수달 (창) 아이고 그 말씀 듣던 중에도 반갑소! 일진청풍 비를 몰고 오듯 서풍에 송홧가루 날려오듯 그 말씀 듣고 나니 이내 가슴이 시원히도 뚫리오. (대사) 그럼 어디 우리 두 사람 춤과 노래로 겨루어 봅시다.

공주 좋소! (크게) 여봐라.

수달과 공주가 마주 보는 자리에 선다. 잠시 바라보더니 이윽고 은은한 산조가락의 음악이 흘러나오자 춤을 추기 시작한다. 좌중은 돌변하는 공주의 태도에 의아심과 환희의 상반된 감정에 휘말린다. 여왕, 바우는 희색이 만면하나 임대두, 유리는 못마땅한 표정이다. 두 사람의 춤이 차츰 자진모리로 익어가자 여왕도 매우 흡족한 듯 어깨춤이 절로 난다.

암전

제5장

무대

제1장과 같은 성문 앞. 주막.

술손님 A, B, C가 술청에서 술을 마시고 있다.

그 가운데 곰보네도 끼어 있다.

술손님 A 그래서?

곰보네 뭐가 그래서예요? 그렇게 되었다 이거죠. 홋호.

술손님 B 싱겁긴. 그래서 그 젊은이가 어떻게 되었냐고 묻고 있는 게야!

곰보네 (빤히 쳐다보며) 그걸 꼭 알고 싶으세요?

술손님 C 공주 부마 간택의 결과를 모두들 궁금하게 여기기는 매한가지
인데 주모가 그걸 알고 있다니까 묻는 게 아닌감!

술손님 A 그래 정말 그 젊은 총각이 부마로 간택되었어? 응? 말 좀 해.

곰보네 그토록 알고 싶으시면 술 한 되 더 팔아주세요.

술손님 A 뭐라고?

곰보네 싫으면 관두시고요. 내사 술장수가 업이지 공주 부마 간택이 누
구에게 떨어지건 무슨 상관이유? 다만 그 총각이 우리 집에서 며
칠 묵었던 손님이고 그다음 날 나한테 자초지종을 애기해주었으
니까 그 내막을 알았지. 우리 같은 쌍것들이 저 대궐 안에서 있
었던 일을 어떻게 알 수 있겠어요? 안 그래요?

술손님 B 그건 그려!

곰보네 (눈치를 살피며) 그래서 이왕이면 다홍치마라고 손님들 궁금증도
풀어드리고 내 장사도 되고 이렇게 (손뼉을 딱 치며) 서로가 서로
딱 맞아 들어가야 소리도 나는 법인데 어째서 요즘 사람들은 자

기 실속만 차리면 그만인지 모르겠어. 내 참.

곰보네가 술청에서 내려오려 하자 쌈지에 든 돈을 살피던 술손님 C가 큰 결심이라도 한 듯 소리친다.

술손님 C 좋아 내가 술 한 되 샀다.
곰보네 홋호… 진작 그렇게 나오실 일이지! 홋호… (노래하듯) 가는 게 있어야 오는 게 있고 가는 방망이 오는 홍두깨. 누님 좋고 매부 좋고, 땅 짚고 헤엄 치고, 배 먹고 이 닦고… 호호…

곰보네가 넉살도 좋게 궁둥이 춤을 추며 부엌으로 들어간다. 술손님들이 박장대소한다.

술손님 A 저 곰보네 장사 수단 좋기는 알아줘야 해. 헛허.
술손님 B 저 곰보네 장사 수단 좋기는 알아줘야 해. 헛허.
술손님 C 그러기에 곰보의 그 구멍 하나하나가 엽전으로 채워졌다잖아… 헛허.
술손님 A 그러나 저러나 우리 사라공주의 부마로 간택된 젊은 놈은 횡재를 해도 이만저만이 아니지! 재물 생겨 감투 생겨, 머지않아 상감마마가 된다니… 그런데 우리는 뭔가? 백년 가야 그것이 저것이고 저것이 그것이고… 에그 복통 터져… (크게) 주모… 술 가져와…

이때 행길 쪽에서 허름한 차림의 임곡수 노인이 등장. 먼 길을 오느라 신도 해어지고 얼굴에 흙먼지가 부옇게 앉았다. 그는 지팡이를 짚고 있다. 그러나 어딘지 귀인 티가 난다. 곰보네가 술병을 들고 나온다.

임곡수를 보자 반긴다.

곰보네 어서 오세요. 홋호…

임곡수 좀 쉬어 갑시다.

곰보네 쉬어 가시건 누워 가시건 좋으실 대로 하세요. 홋호…

임곡수가 평상에 걸터앉는다. 술청에 오른 곰보네가 술을 따라준다.

곰보네 어서 드세요.

술손님 C 아까 그 얘기 마자 듣자고.

곰보네 에그 성질도 급하시긴… 옛날에 시집온 지 석 달 만에 새색시가
입덧이 난다니까 성급한 신랑이 색시 배에다 귀를 대고 아들이
냐 딸이냐 하고 보채더니 어쩜 세상 남자들은 모두 이렇게 하나
같이 성급할까 원… 홋호…

일동 핫 하…

술손님 B 주모! 이렇게 얼렁뚱땅 넘기면 못써! 어서 아까 그 얘기 마저
해요.

곰보네 그렇게 합시다.

곰보네가 술병을 내려놓고는 주위를 살핀다. 임곡수는 버선을 벗어
털다가 은근히 그쪽으로 귀를 기울인다.

곰보네 앞으로 한 달 동안 궁궐 안에서 지내면서 예의범절도 배우고 무
예 가무도 더 닦는 동안 여왕마마께서 서개무당의 점쾌를 듣고
나서 혼례식으로 올리기로 했다나 봐요!

술손님 A 만약에 공주가 싫다면?

사랑공주

곰보네   그 총각은 다시는 성 밖으로 나올 수가 없게 된다더군요.

술손님 B   나올 수 없다니?

일동   어째서?

곰보네   밖으로 나가면 대궐 안의 사정이 밖으로 소문만 나니… 처형을
　　　　　당하게 된다나 봐요.

술손님 C   그런데 그 종으로 따라다니는 총각은 왜 함께 갔을까?

곰보네   바우 말씀이에요?

이때 임곡수 입에서 자기도 모르게 말이 떨어진다.

임곡수   바우? (크게) 여보시오. 지금 바우라고 그랬던가요?

곰보네   예… 왜 노인장께서 아는 사람인가요?

임곡수가 술청 쪽으로 다가온다.

임곡수   그럼 또한 젊은이 이름은…

곰보네   그건 모르겠는데요. 그냥…

임곡수   혹시 수달이라고 부르지 않던가요?

곰보네   수달? 수달? 글쎄요.

임곡수   혹시 두 사람 용모며 풍채가 어떻게 생겼는지 일러주시겠어요?

곰보네   그럼 술 팔아주실래요?

임곡수   술?

곰보네   오는 게 있어야 가는 게 있지요.

임곡수   좋소. 술 사리다. 그러니 그 젊은이에 대해서 좀 더 소상히 일러
　　　　　주시오. 어서.

곰보네   (잠시 생각하다가) 그럼 그 도련님이라는 총각 풍채를 말씀드릴

테니 들어보시겠소?

(창) 키가 크기는 잘생긴 오동나무요,

어깨가 벌어지긴 부잣집 대들보라.

임곡수 (창) 두 눈에 밝은 총기 사람 마음 꿰뚫어보고,

곰보네 (창) 오똑 선 콧날은 삭풍도 막아내고,

임곡수 (창) 한일자로 다문 입술은 쇠도 끊어낼 기상이라.

곰보네 (창) 우렁찬 목청은 한더위에 비몰고 올 뇌송소리니,

(대사로) 그토록 잘생긴 귀공자는 내 머리에 털 난 이래 본 적이 없었죠. 홋호. 영감님! 술상 한 상 차려 올릴까요? 흠…

임곡수 (혼잣소리로) 틀림없는 수달이와 바우야!

곰보네 아시는 사람들이에요?

임곡수 아다마다요! 실로 나는 그 두 아이를 찾아다니는 길이라오!

곰보네 두 아이를?

임곡수 (가슴이 벅차오르며) 내 아들이오.

곰보네 예?

술청에 있던 술손님들도 돌아본다.

임곡수 (창) 어허… 이것이 웬 말인고.

꿈인지 생시인지 알다가도 모르겠네. (크게) 도련님! 도련님! 이 몸 죽기 전에 못 만나뵐까 가슴 조였는데 살아 계시다니… 어허… 도련님! 윽… 윽…

임곡수 노인이 통곡을 하자 곰보네와 술손님들은 영문을 몰라 어리둥절해진다.

곰보네 영감님! 영감님!

임곡수 흑… 흑… 윽.

임곡수가 가까스로 울음을 삼키고 고개를 든다.

곰보네 두 총각이 모두 자제분이세요?

임곡수 (숨을 길게 몰아쉬고 나서) 아… 사실은 내 친자식은 바우이고 다른 한 사람은… (머뭇거리다) 내 친자식 이상으로도 더 소중히 모셔야 할 도련님이시라오!

곰보네 도련님이라니? 아니 그럼…

임곡수 (갑자기 긴장하며) 사정이 있어 지금 뭐라고 얘기를 다 털어놓을 수는 없소. 그래 지금 어디 갔습니까?

곰보네 대궐 안으로 들어갔다니까요.

임곡수 대궐 안에…

곰보네 예 공주님 부마 간택이 있다는 소문을 듣고서.

임곡수 (더욱 놀라고 당황하며) 이거 큰일 났구먼. 그곳이 어디라고 들어가요, 가긴… (벌떡 일어나서) 거기가 어디라고… 이거 큰일 났구먼!

곰보네 할아버지 왜 그러세요? 예? 뭐가 큰일이란 말씀이에요?

임곡수 (어찌할 바를 모르고) 나무 섶을 지고 아궁이로 들어가는 격이지 어떻게 그곳엘 들어간단 말이오! 도련님 그곳이 어디라고 들어가세요. (하며 안타깝게 땅바닥에 주저앉아 손바닥으로 친다)

임곡수가 소리치다 말고 현기증을 일으키며 비틀거린다. 곰보네가 재빨리 부축을 한다.

곰보네 할아버지 왜… 이러세요? 예?…

임곡수 도련님… 음…

곰보네 (술청을 향하여) 누구 좀 와봐요. 뭣들 하고 있어. 어서.

술청에서 술 마시고 있던 손님들이 황급히 뛰어온다.

술손님 A 왜 그래요? 주모.

곰보네 어서… 업어요… 저쪽 평상으로 가 눕히세요.

술손님 A, B, C가 임곡수를 안아 업고는 평상에 눕힌다. 임곡수가 헛소리를 한다.

곰보네 음… 분명히 무슨 사연이 있는 영감인 모양인데… 뭘 하는 사람일까?

암전

샤먼공주

제6장

무대

궁궐 안. 사라공주의 방.

공주가 을씨년스럽게 창가에 앉아 가야금을 타고 있다. 달빛이 창 너머로 흘러든다.

공주 (창) 중천에 뜬 저 달은 내 가슴 뛰는 사연을 알까…

이것이 그리움이란가, 사랑이란가.

시키지도 보내지도 않았는데 소리 없이 자라서 마침내 나를 살라먹으니 이것이 불이로다.

공주의 애절한 노래 소리를 아까부터 저만치 장막 뒤에서 듣고 있던 유리가 쟁반에 화채그릇을 받쳐 들고 조용히 들어온다. 공주는 그 인기척을 알았는지 소리를 멈추고 가야금만 탄다.

유리 (조심스럽게) 공주마마!

공주 유리냐?

유리 예, 시원한 석류 화채를 타 왔습니다. 공주마마.

공주 내 노래 들었느냐? 어떠하더냐?

유리 슬프게 들렸사옵니다.

공주 슬프게 들려?

유리 겉으로는 웃으시지만 마음속으로는 흐느끼는 소리 같았습니다.

공주 (쓸쓸하게 웃으며) 영리한 아이라 바로 맞혀내는구나.

공주가 가야금을 무릎에서 내려놓고 자리에서 일어선다. 그러고는 유리를 빤히 내려다본다.

공주 너 올해 나이가 몇 살이지?

유리 공주님 곁에서 그림자처럼 자라나온 소녀인데 어찌 공주마마의 심정을 모를 리가 있겠습니까.

공주 (옛날을 회상하며) 그래. 너는 나의 그림자였지. 아니다. 어쩌면 너와 나는 한 핏줄을 나눈 친동기간이었을지도 모를 일이다.

유리 과분한 말씀을 분명히 드리자면 소녀는 주워다 키운 천한 몸입니다. 공주님의 몸종인데 어찌 감히 공주님의… 천벌을 받겠습니다.

공주 유리아기야… 나는 그렇게 생각지 않아.

유리 예?

유리가 새삼 공주의 얼굴을 뚫어지게 눈여겨본다.

공주 유리아기야! 네 눈빛 속에 무슨 슬픈 빛깔이 깃든 것만 같구나. 무슨 근심거리라도 있느냐?

유리 (조용히) 슬퍼지기만 하옵니다.

공주 뭐라고?

유리 외롭습니다.

공주 무슨 소린지 나는…

유리 공주마마께서 하루하루 제 곁에서 멀어지는 것만 같사와 소녀의 마음이 허전하옵니다.

공주 유리아기?

유리 (창) 중천에 뜬 달은 물 위에서도 달이요, 들판을 불어가는 바람은 구중 궁궐에서도 바람이온데 공주마마 마음속에 그림자 하나 들어서면서부터 공주님은 얼굴에도 그늘이 깊어가요.

공주 (창) 네가 바로 보았구나! 그 그림자가 내 눈을 가리게 하는구나.

유리 (창) 해보다 밝던 그 눈빛에 이슬이 내리고.

공주 (창) 호수보다 조용한 가슴에 잔물결이 일어나니…

유리 (창) 우리 공주님 마음 변하셨나?

공주 (창) 눈을 감아도 보이는 그림자 있으니.

유리 (창) 우리 공주님 사랑을 하시나?

공주 (창) 잡을 수도 쫓을 수도 없을 그림자가 나를 울리는구나.

공주가 괴로워하며 얼굴을 가린다. 유리가 길게 한숨을 몰아쉬며 공주에게 위로의 말을 건넨다.

유리 공주마마께서는 수달님을 사모하시나요?

공주 (말없이 돌아본다)

유리 부마로… 작정하셨군요?

공주 (말을 못 한다)

유리 아무 말씀 없으신 건 승낙의 뜻이옵니까?

공주 유리아기야? 나도 모르겠다. 뭐가 뭔지 모르겠다. 이렇게 쉽사리 허물어지는 장벽이 여자의 마음인가 싶구나! 아… 남복 차림으로 억센 사내처럼 들판을 넘나들던 이 몸이 어느새 바지를 벗고 치마로 갈아입고, 손에는 활 대신 가야금을 뜯게 되니 그 무엇이 이토록 나를 변하게 함을 이제 비로소 알겠구나.

유리 공주마마! 그러나 소녀의 한 가지 소원만은 들어주십시오.

공주 무엇인고?

유리 (매달리듯) 설령 수달님과 혼사를 치르게 되신다 하더라도 소녀는

	언제까지나 언제까지나 공주마마 가까이서 모시게 해주십시오.
공주	이를 말이냐.
유리	정말이옵니까?
공주	정말이고말고. 약속해도 좋다.
유리	이 몸은 공주마마께서 가시는 길이라면 지옥의 길일지라도 따라 가렵니다. 그 짓만이 소녀를 지금까지 키워주고 보살펴주신 은 혜에 보답하는 길이라 여겨왔습니다.
공주	그렇지만 너도 언젠가는 좋은 배필 만나서 혼인을 해야 돼! 그게 바로 여자가 가는 길인데.
유리	소녀는 그렇게는 못 합니다.
공주	유리아기야! 넌 지금…
유리	공주마마! 용서하여주십시오. 지금까지 소녀 마음 한구석에 곱 다랗게 간직한 이 작은 꿈을 저바리지 말아주십시오… 소녀는 이 목숨 다하는 날까지 공주마마 곁에 있겠습니다.

유리가 그 이상 격정을 견디기 어려워 자리에서 일어나 급히 뛰어나간다. 공주는 끓어오르는 마음을 짓깨밀듯 두 눈을 지그시 감고 서 있다 말고 방안을 미칠 듯 서성거린다.

| 공주 | 오… 누가 이 터질 것 같은 가슴을… 이 미어질 것 같은 벅찬 가슴을… (공주가 화채그릇을 들고 마신다) |

이때 밖에서 시녀의 목소리가 들린다.

| 시녀 | (소리) 여왕마마께서 납시오. |
| 공주 | 어마마마께서 이 야심한 시각에? |

공주가 옷매무새를 고쳐 바로 선다. 이때 여왕마마가 임대두를 대동하고 들어선다.

여왕 공주! 아직 잠자리에는… 안 들어 있었구나.

공주 어마마마… 어인 일로 이 늦은 밤에…

여왕 할 얘기도 있어서… 거기 앉거라.

여왕과 공주가 마주 앉는다.

임대두가 약간 떨어진 자리에 선다.

여왕 듣자니 요즘은 사냥도 삼가고 있다던데 어디 몸이라도.

공주 아니옵니다. 보시다시피…

임대두 요즘은 내정이나 침실에서 주로 가야금을 뜯는 일로 소일하신다고 듣고 있습니다.

여왕 사실이냐?

공주 (고개만 숙인다)

임대두가 여왕에게 그것 보라는 듯 눈웃음을 보낸다.

여왕 어떻든 반가운 일이다.

공주 예? 무슨 말씀이신지?

여왕 그 수달이 마음에 들었다는 증좌가 아니겠느냐? 나는 공주가 하루속히 부마를 맞는 일만이 마음에 꼭 차 있어서… 안 그렇소? 대감…

임대두 (마지못해) 지당하신 말씀입니다.

여왕 그래서… (공주의 눈치를 보며) 실은 가까운 날을 정하여 서개무를 궁중에 불러들여서 혼사가 합당한지 아닌지 신령님의 뜻을 묻기로 했다. 공주의 생각은 어떠한고?

공주　서개무라면…

여왕　내가 어려운 일을 당했을 때마다 영험한 점괘와 예방으로 지혜롭게 재난을 막아내 준 무당이니라…

공주　소녀도 언젠가 그 무굿을 본 기억은 있습니다만…

여왕　그래서 나는 그 서개무의 의견에는 전적으로 믿는 버릇이 생겼느니라… 훗 호… 안 그렇소? 대감.

임대두　여왕마마께서 현명하시고 공정하신 처사를 내리셨습니다.

공주　어마마마.

여왕　말하여라.

공주　만약에 서개무의 입에서 혼사가 부당하다는 점괘가 나온다면…

여왕　단념하는 게지… 영험한 그 신통력에는 그 누구도 거역할 수 없느니라. 아니 거역하는 날에는 반드시 어떤 화를 입게 되느니라. 그러니 그렇게 알고 마음의 준비를 단단히 하거라. 알겠느냐?

공주 말없이 고개를 숙인다.

임대두　이건 어디까지나 공주마마의 행복과 우리 아수리국의 장래를 위한 길입니다. 마마… 그럼 이만…

임대두가 퇴장을 권하자 여왕도 동의한다.

여왕　공주! 내 말을 명심하거라. 공주는 아수리국의 생명이요 지주니라. 결코 작은 감정에 휩쓸리지도 말고 큰 풍파에 겁내서도 안 되니라. 알았지?

공주   명심하겠습니다.

여왕과 임대두가 퇴장.
공주는 문득 어떤 불길한 생각에 가슴이 설렌다.

공주   (혼잣소리로) 아무래도 믿어지지가 않아. 어째서 임대두 대감이
어마마마와 함께… 그런 일 같으면 어마마마 혼자서도… 이건
반드시 무슨 곡절이 숨어 있는 게 분명하다.

이때 창밖에서 바우가 반쯤 고개를 내민다. 그러고는 창문을 가볍게
두들긴다. 공주가 놀라며 돌아본다.

바우   (낮게) 공주님… 공주님.
공주   누구요?

바우가 상반신을 나타낸다. 그러고는 생긋 웃는다.

바우   소인입니다요…
공주   아… 바우.

공주가 창가로 급히 다가가서 창문을 열어준다.

공주   무슨 일인고?
바우   예 저… 우리 수달 도련님께서…
공주   어디 계시냐?
수달   여기 있습니다… 흠…

수달이 날렵하게 모습을 나타낸다.

공주   에그머니!

수달   헛허… 놀라실 것 없습니다.

공주   이런 시간에 누가 보면 어떻게 하시려고…

수달   서로 혼인을 언약한 처지에 만나는 것도 죄입니까?

공주   그 그렇지만…

수달   그럼 이대로 돌아가리까?

공주   아, 아니에요.

수달   그럼 들어갈까요?

공주   아, 아니에요.

수달   그럼 언제까지 이렇게 창밖에 세워두시렵니까? 그러다가 남의
       눈에라도 띄게 되면 그야말로 어떻게 하시려고…

공주   자, 잠깐만!

공주가 방안에 켜 있는 촛불등잔을 혹 불어서 꺼버린다. 그 순간 무대
는 파란 달빛이 가득 찬다. 공주가 급히 창가로 와서 창문을 열어준다.

공주   들어오세요.

수달   창문을 넘어오란 말인가요?

공주   어서요.

수달   그런 거죠.

수달이 창틀을 잡고 방안으로 뛰어내린다. 그 순간 공주의 몸과 맞부
딪치자 두 사람은 자기도 모르게 서로 껴안는다. 처음에는 놀라나 그
대로 떨어질 줄 모른다. 풀벌레 소리가 드높다.

사랑공주

수달   (낮게) 공주.

공주   수달 도련님.

두 사람은 오랜 침묵 속에서 서로의 눈만 들여다보다가 다시 뜨겁게
포옹을 한다.

암전

제7장

무대

궁궐 내, 후원. 해묵은 고목나무가 무대 중앙에 서 있다. 그 아래는 강신굿을 벌이기 위한 제단을 차리느라고 궁녀들이 바삐 드나들고 있다. 그 한 귀퉁이에 부여간과 공소균 두 사람이 무당 서개무를 사이에 두고 뭔가 은밀히 얘기를 하고 있다. 눈빛에 요기가 도는 노파무당이다.

부여간 그렇게 알고 우선 이걸 받게. (하며 품속에서 수주머니를 꺼내서 서개무의 손에 쥐여준다)

서개무 나으리 이것이 뭔데요?

공소균 임대두 대감께서 내리신 귀금보화일세.

서개무 그걸 왜 쇤네에게 주십니까요?

부여간 그걸 몰라서 묻나? (달래듯) 여보게 이것만으로 끝나는 게 아닐세.

공소균 말씀이 자네가 원하는 것이라면 무엇이든 다 들어준다고 그러셨다네.

서개무 무엇이든이라고요?

공소균 그렇다니까? 그러니 무굿이 끝나면… 여왕마마께 그렇게만 말씀드리게. 삼신당께서 내리신 점괘가 이러이러하다고 말일세. 알겠지?

서개무 그 그렇지만…

공소균 글쎄 걱정 없다니까. 임대두 대감은 장차 우리 아수리국의 국권을 쥘 어른이시라는 걸 잊었나?

서개무 그런 게 아니라… 쇤네는…

부여간 좋아. 그럼 이걸 받게나.

사비공주

그는 주머니에서 또 다른 주머니를 꺼내서 서개무의 손에 쥐여준다.

서개무 이건 또 뭡니까?

부여간 저 멀리 중국땅 곤륜산에서만 난다는 보석일세.

서개무 예? 곤륜산 보석이라굽쇼?

부여간 싫은가?

서개무 아 아니올시다. 그 그건 아니고요…

서개무는 주머니를 재빨리 품속에다 챙긴다. 부여간과 공소균이 회심의 미소를 내뱉는다.

서개무 그러니까 결국 쇤네더러 그 공주마마의 부맛감으로는 수달 도련님이 아니라 그 그…

부여간, 공소균 (동시에) 그렇지… 바로 그 점일세.

부여간 자네 말 한마디에 여러 사람의 사활이 걸려 있으니… 잘 좀 부탁하네. 이 일만 잘되면야 보화가 문제겠나?

서개무 (불쑥) 암자 한 채 지어주실래요?

공소균 암자?

서개무 나도 이제 늙어가니 푸닥거리하는 데도 지쳤습니다. 이제 암자 한 채만 있으면 거기서 조용히 여생을 보낼 수도 있고…

부여간 염려 말게. 암자 한 채 짓기는 냉수 마시길세. 그러니 자네만 믿네.

서개무 예. 그렇게 합죠.

부여간 서개무. 믿네.

이때 무대 우편에서 여왕의 행차를 알리는 주악이 울린다. 공주, 임대두, 유리, 수달, 바우 그리고 몇몇 조신들 거느리고 등장한다.

여왕 아직도 제단 차리는 게 멀었느냐?

시녀 다 되었습니다. 마마.

여왕 서개무는 어디 있는고?

서개무 여기 대령하였나이다. 마마.

여왕 그래. 오늘도 수고를 해줘야겠지만 그게 다 선왕을 위하고 우리
공주를 위하고 나아가 아수리국을 위한 길이 아니겠는가?

서개무 지당하신 말씀입니다.

임대두 자 그럼 어서 시작하도록.

서개무 예. 그렇게 하겠습니다.

이와 동시에 무당패들이 무굿판을 벌이기 시작한다. 서개무가 촛불을
켜고 절을 한다. 신대를 들고 축문을 올리며 굿판을 벌인다. 그 주변에
는 궁녀들까지 십여 명이 모여서 간절하게 손을 비빈다. 그 가운데
사라공주와 수달이 각자 마주 바라보는 위치에 앉는다. 서개무가 소지
를 허공으로 날린 다음 광란적인 강신무굿을 펼친다. 모두들 한동안
넋 나간 듯 바라보기도 하고 속죄하는 사람마냥 두 손을 싹싹 부비기
도 한다. 갑자기 어둠이 깔리고 뇌송소리가 울린다.
다음 순간 서개무는 신대를 쥐고 좌중을 한 바퀴 돌더니 사라공주와
수달 앞에서 멈춘다.

서개무 듣거라. 내 말을 듣거라. 하나는 불이요, 하나는 물이로다. 불과
물이 합하면 무엇이 될꼬? 재가 되고 연기 되어 구천으로 사라질
거니… 어허… 남는 게 없도다. 남는 게 없을 괘로다.

공주 남는 게 없다니?

수달　그렇다면 부마 간택이 이루어질 수 없다는 뜻이오?

서개무　이루고 안 이루고는 오직 용왕님의 뜻이요, 삼신당의 뜻일진대 그 누가 감히 가타부타 하는고!

여왕　(화를 내며) 그렇다면…

서개무　물과 불은 상극이니 처음부터 만나서도 아니 되고 어우러질 수도 없느니라. 그것은 모두가 없었던 것으로 지워버려야 할 괘이니라.

이 말과 함께 서개무는 다시 한 번 광적인 춤을 추더니 축 늘어지듯 바닥에 쓰러진다. 여왕은 여왕대로 그리고 사라공주와 수달은 그들대로 그리고 임대두, 부여간, 공소균 일당은 그들대로 각기 착잡한 표정이다.

여왕　듣거라. 자고로 우리나라 국법으로는 하늘이 허락지 않은 혼사를 이룰 수가 없게 되어 있었으니 오늘의 부마 간택은 없었던 것으로 정하겠노라!

좌중이 술렁거린다. 부여간과 공소균이 회심의 미소를 띈다. 그러나 임대두가 엄숙한 표정을 지으며 여왕에게 아뢴다.

임대두　아뢰옵기 황송하오나… (눈치를 살피듯) 공주마마의 가슴 깊이 품고 계신 뜻도 있으실 터인즉 한번 들어보시는 게 어떠하실지…

공주가 눈을 지그시 감고 있다.

여왕　공주는 듣거라. (측은해지며) 지금 가슴이 아리고 쓰릴 줄 아나

하늘의 뜻임을 어찌하겠는가.

공주는 대답이 없다.

임대두 그렇다면 (수달을 가리키며) 이자는 국법에 의하여 마땅히 처형되
어야 할 줄로 아뢰오.

여왕 (단호하게) 물론 국법은 그 누구도 어길 수 없느니라. 오늘 당장
에 투옥하되 보름 후 처형을 하도록 하라.

수달과 공주가 놀란다. 여왕이 퇴장하자 모두들 뒤따라 나간다. 무대
위에는 수달, 공주, 바우, 그리고 유리만 남는다.
모두가 저마다 착잡한 심정이다.

수달 (창) 하늘이 내린 계시, 그 누군들 거역할까마는 죄 없는 죄인으로
이 목숨 앗아가다니 어찌하리오.

공주 (창) 나비가 꽃을 찾는 것도 죄라면 죄요, 바람에 꽃잎 지는 것도
허물이 이내 가슴에 찬바람 불어가네.

유리 (창) 고정하시오, 공주마마. 공주마마가 하늘의 달이라면 수달님은
들판의 잡초. 달님이 잡초를 내려다봤지 쳐다볼 수는 없는 법.

바우 (창) 앗다. 그럼 보자 듣자 하니 맹랑하기가 맹감일세! 우리 도련님
어디가 모자라서 잡초이며 무엇이 안타까워 고개 부러지게 쳐다
보기냐.

유리 잡초가 아니면 자루 빠진 도끼냐?

바우 도끼치고도 금도끼다.

수달 바우야. 함부로 입을 놀리지 마라.

바우 그렇지만 이 가스나가 마구…

사린공주

수달	입조심하래두.
바우	알았어요. 도련, 아니 서방님.
수달	공주님. 그동안 신세 많이 졌소이다.
공주	(측은한 시선으로 돌아본다)
수달	(자조적으로) 숭어가 뛰니까 망둥이도 뛴다는 격으로 소인이 감히 부마 간택이라는 생각을 마음먹은 것부터가 잘못이었나 봅니다. 어리석은 자의 모자라는 생각을 용서하십시오.
공주	아 아닙니다. 오히려… 미 미안해서…
수달	(눈을 들여다보듯) 정말 그렇게 생각하십니까?
공주	예.
수달	공주마마의 마음 한구석에도 그런… 버들강아지 같은 보드랍고 탐스럽고 야들야들한 면이 있으리라고는 꿈에도 생각 못 했습니다.
공주	빛이 있는 반면에는 그림자가 있게 마련이라오.
수달	밤이 있으면 아침이 오게 마련이듯.
공주	그러나 그런 생각을 내가 왜… 왜… 그대를 알고 나서부터 비로소 느끼게 되었는지 그걸 알 수가 없구려.
수달	공주님! 진정이옵니까?
공주	이상 더 무엇을 말하리오. 지나간 다음에 오는 뉘우침은 여름날의 소나기보다도 더 허무한 것을… 아…
유리	공주마마.
공주	유리야. 가자. 가서 어마마마에게 내 마음을 솔직히 다 아뢰야겠다. 어서 가자.
유리	예. 그렇게 하셔요.

공주가 유리를 데리고 급히 퇴장. 수달은 어떤 충격을 받은 듯 망연한 표정이다.

차범석 전집 10

수달   공주… 공주… (입 안의 소리로)

바우   도련님. 도련님 걱정이나 하세요. 어떻게 하시려고…

수달   바우야. 나는 이제 성에서 빠져나가지 못하겠지만 너야 무슨 죄이겠니? 그러니 너는 하루속히 나가 아버님께 이 사실을 여쭙고 무슨 대책이라도 세우도록 하여라. 아마도 아버님께서는 우리가 집을 나간 뒤 걱정으로 날을 보내셨을 게다.

바우   예. 알겠습니다요. 도련님.

수달   아… 알다가도 모를 일이다. 내 마음에 이토록 잔물결 일 줄이야. 아… 공주.

암전

제8장

무대

옥중, 달빛이 흘러드는 토굴 속, 풀벌레소리가 비 오듯 한다. 옥리가 한구석에서 꾸벅꾸벅 졸고 있다. 토굴 안에는 수달이 웅크리고 앉아서 하염없는 상념에 잠기고 있다.

수달 (혼잣소리로) 아… 달도 밝구나. 나는 갇혀 있어도 달빛은 자유롭게 나를 찾아주니 이것도 한 가지 복이라면 복이겠지…
(창) 인간사는 강줄기요, 인명은 초로로다. 풀잎 위에 맺힌 이슬 땅 위에 떨어지면 그 이슬이 땅에 스며 물줄기를 이루니, 그 누군들 이슬을 값없다 할 것인가. 이 생명 세상에 태어날 때 부모님 은공이건만 나를 낳아주신 부모님은 어디메에 계신단 말인고.

이때 어둠 속에서 장옷을 쓴 유리가 사위를 경계하며 나온다. 멀리서 개가 짖는 소리, 이때 옥리가 문득 잠을 깬다. 유리를 보더니 섬짓 놀란다. 반사적으로 창을 들이댄다.

옥리 누, 누구여?
유리 쉿? 떠들지 말아요. 할아범… 나예요 나!

유리가 장옷을 벗으며 쌩긋 웃어 보인다.

옥리 아… 유리 아가씨가…
유리 수고도 많으셔라… 자 이거 받아요.

유리가 소맷자락에서 돈을 꺼내준다.

옥리 에그… 매번 이렇게 받기만 해서 어떻게 하누.

유리 어서 받아요… 뭘 어려워해요?

옥리 받는 게 어려운가? 은혜 갚을 일이 어려워서 그렇지. 헷헤…

유리 할아범은 이 돈 가지고 가서 약주나 드시면 돼요. 그것이 곧 은혜
　　　를 갚는 길인데… 자 어서요… (낮게) 공주님께서 저기 기다리고
　　　계셔요. 밤이슬을 오래 맞으시게 할 수 없잖아요? 흠…

옥리 그럼요. 그럼요. 훗흐.

옥리가 냉큼 돈을 받더니 품속에 챙긴다.

옥리 그 대신 첫닭이 울면… 돌아가셔야 해.

유리 알았어요… 어서… 가봐요.

유리가 옥리의 등을 밀다시피 하여 재촉한다. 옥리가 퇴장하자 유리가
무대 옆쪽으로 가서 낮게 부른다.

유리 마마… 공주마마… 이제 나오셔도 됩니다…

이윽고 역시 장옷으로 얼굴을 가린 공주가 황급히 나온다.

공주 애기는 잘되었느냐?

유리 두말하면 잔소리요, 세말하면 잡소리고, 호호…

공주 그럼 너는 저쪽으로 가서 망이나 잘 보아라…

유리 예… 공주마마께서도 너무 늦지 않도록 마음을 쓰셔야 합니다.

지난번처럼 또…

공주 알았으니 어서 가봐…

유리 예…

유리가 퇴장한다. 공주가 조심스럽게 토굴 쪽으로 다가간다. 수달은 어느새 잠이 들었다.

공주 (낮게) 수달님… 수달 도련님…

수달 (코를 곤다)

공주 (안타깝게) 저럴 수가… 이틀 후면 처형을 당하게 될 처지인데도 저렇게 무사태평으로 잠을 잘 수가… (전보다 크게) 수달님…

수달은 여전히 코를 곤다. 공주가 돌멩이를 집어 옥문살 사이로 수달의 뺨을 겨냥해서 던진다. 수달이 깜짝 놀라서 잠을 깬다.

수달 아얏! 누구야? 남 단잠 자는데 이렇게…

다음 순간 공주의 모습을 알아보자 옥문 가까이 바싹 몸을 가져다 댄다. 공주도 약속이나 하듯 가서 서로 살 사이로 손을 마주 쥔다. 감격의 눈물에 목이 멘다.

공주 수달님!

수달 공주님! 또 와주셨군요?

공주 하루도 안 보면 견딜 수 없는데 어찌하오.

수달 공주님!

공주 (창) 어허… 이것이 무슨 힘, 이것이 무슨 인연. 멀리할수록 가까워지고, 잊으려 할수록 생각게 하는 것을. 우리가 언제 만나 언제 알았다고 이토록 가슴이 저리도록 보고 싶을까! 수달님!

공주가 수달의 두 손을 모아 자기 뺨에 댄다.

수달 (창) 공주가 이 세상에 태어나지 말든지, 이 몸이 차라리 저승에 가 있든지 그러지 않고서는 떼지도 지우지도 못할 이 사이를, 그 무슨 힘으로 막을 수 있단 말이오!

공주 없고말고! 없고말고! 하늘이 두 쪽 나도 다시는 없을 것을! 이 세상에 태어나 처음으로 얻은 사랑인데 누가 그걸 막을 수 있단 말이오.

수달 사랑? 사랑이 무엇인데요?

공주 송두리째 주고 송두리째 얻는 것.

수달 나는 줄 것도 없고 받을 것도 없는 천하의 떠돌이꾼인데 어떻게 하죠?

공주 그날 처음 대하였을 때 수달님의 눈빛은 내 마음을 새까맣게 불사르고 말았다오! 아… 이 숯덩어리 같은 마음을 펴 보일 수는 없을까.

수달 나는 공주님을 사랑하게 되리라고는 꿈에도 생각 못 했는데 날이 가는 동안에 나도 모르게 공주님을… 아…

이번에는 수달이 공주의 두 손을 자기 뺨으로 가져다 댄다.

공주 (창) 이토록 부드러운 손이 이 세상 또 어디 있단 말인가. 강산이 변하여 바다가 되고 바다가 막혀서 산이 된다 하여도 이 손에 매달려 살고픈 것을!

사랑공주

수달　부질없는 말씀 마오! 나는 이제 이틀 후면 이슬처럼 사라질 몸! 부디 저를 놓아주시오!

하며 공주의 손을 떼려 한다. 그러나 공주가 막무가내로 잡아당긴다.

공주　조금만 더! 이대로 있게 해주시오, 아… 나는 이렇게 수달님의 손을 대하기 전 이 세상 남자 손 가운데서 돌아가신 아버님의 손뿐이었어요! 아버님은 나의 하늘이요 땅이요 생명이었지요! 그 아버님께서 황사국 싸움터에서 돌아오신 지 얼마 후 전승을 자축하는 자리에서 갑작스럽게 돌아가신 후 나는 세상 남자가 싫어졌답니다.

수달　(새로운 사실을 알게 된 놀라움에서) 자축연 자리에서 갑작스레?

공주　예… 그 누군가가 술잔에 독을 섞었으리라는 해괴한 소문도 들렸지만 아바마마께서는 가시고 말았다오. 그때부터 나의 마음속에는 남자가 미워지고 짐승 같기만 하고…

수달　공주!

공주　그런데 지금 이렇게 내 안에 있는 수달님은! 미워지지도 싫어지지도 않은! 아! 어쩌면 아버님처럼 미덥기만 하니. 오… 나는 어떻게… 어떻게… 흑…

수달　공주님! 실은 내게도 말 못 할 사정이 있었는데…

공주　다 말씀하셔요! 모든 것을 들려주세요! 수달님에 관한 얘기라면 다 알고 싶어요!

이때 멀리서 첫닭이 운다.

공주　아… 닭이 우네. 왜 하필이면 이렇게 빨리.

수달   좀 더 있으면 어때서.
공주   안 돼요! 위험해요.

이때 유리가 급히 등장한다.

유리   공주님! 공주님!
공주   알았다.
유리   어서 나오세요. 저기 사람이 와요.
공주   그래! (수달에게) 내일 밤 다시 오겠어요.
수달   내일 밤? 오실 수 있겠어요?
공주   꼭 올 거예요! 마지막 밤이 될지도 모르는데 왜 안 올 수가 있겠
      어요! 꼭 와요! 나는 한번 마음먹으면 해요!
수달   그럼 기다리겠습니다. 이승에서의 마지막 밤을 공주님께 바치겠
      습니다…
공주   그럼…

공주가 유리와 함께 퇴장.

수달   아… 내게 시간을 줄 사람은 없는가? 누구고 내게 하루만 더…
      아니 이틀만 더 보태줄 사람은 없는가 말이오! 아…

수달이 미친듯 옥문을 두들기면서 몸부림치다가 쓰러져 통곡한다. 먼
데서 닭이 운다.

암전

제9장

무대

성안, 내전.

여왕이 무대 우편에서 등장. 몹시 화가 난 표정이다. 그 뒤를 따라 사라공주가 나온다. 흥분된 모습이다.

공주   어마마마!

여왕   안 된다면 안 되는 법!

공주   (매달리듯) 들으셔야 해요.

여왕   (매섭게 쏘아보며) 그자를 풀어주자고? 흥. 가당치도 않은 말!

공주   어마마마! 그 사람에게 무슨 죄가 있기에…

여왕   있지. 있고말고.

공주   무슨 죄입니까? 어마마마! 그 죄상이 무엇인지 말씀해주셔요.

여왕   (화가 치밀어) 그걸 몰라서 묻는 건가? 공주. (당당하게) 국법을 어긴 죄니라.

공주 (창)   나라는 백성을 위해 있고 그 백성은 나라의 주인. 어마마마는 그 백성의 어른일 뿐 주인은 아니라오.

이때 우편에서 등장하던 임대두가 참견을 한다.

임대두 (창)   공주마마 무슨 말씀을. 물이 거꾸로 흐르고, 해가 서쪽에서 뜨고, 아궁이에서 연기 나고, 마른날 나막신 신는 격, 그런 말씀 거두시오. (여왕에게 절을 하고서) 여왕마마. 공주께서 심신이 허약해지신 모양이오니 어디고 조용한 곳으로 가서 정양케 하심이 어떠실는지요.

여왕　(공주에게) 공주는 듣거라. 선왕이 세우신 이 나라는 선왕의 것이
　　　자 곧 나의 것이니라. 그런데 백성이 나라의 주인이라니. 그런
　　　당치도 않은 말을 어디서 함부로…

임대두　아직 세상 물정에 어두워서 무심코 내뱉으신 말씀인 줄로 사료
　　　되오니 너무 괘념치 마시오. 여왕마마.

공주　(임대두를 쏘아보며) 세상 물정을 모른다고요? 그래 임대감은 세
　　　상 물정에 밝아서 그러시오?

임대두　아니 소신이 어떻다고 이러십니까?

공주　모든 음모를 샅샅이 알고 있소.

여왕　음모라니?

임대두　무 무슨 말씀을…

공주　서개무가 강신굿을 하기 전에 부여간과 공소균 두 사람으로부터
　　　곤륜산 보석을 받았다지요?

여왕　아니. 곤륜산 보석이라니?

임대두　소신은 모르는 일이오! 여왕마마. 이는 전혀 근거도 없는 그야말
　　　로 조작된 음모인 줄로 아뢰오.

공주　임대감께서 나와 수달님과의 혼인을 훼방 놓기위한 술책임은 훤
　　　히 알고 있거니와, 그렇다고 이 사라공주가 임대감을 지아비로
　　　모실 줄 아신다면 그야말로 천부당만부당한 일이오.

임대두　공주마마.

공주　수달님을 처형해야 한다는 법을 만드신 것도 바로 임대감의 발
　　　상이었다죠? 어마마마. 그렇지 않습니까?

여왕　그 그건 그렇지. 허지만 국법임에는 틀림없느니라.

공주　그러니 그 국법이 누구를 위하여 있는가 말입니다.
　　　(창) 국법은 만백성의 것. 만백성은 나라의 주인이라오.

161　　　　　　　　　　　　　　　　　　　　　사라공주

(대사로)	그러니 한 사람을 위해 있고, 한 사람의 욕심을 채우기 위해 있는 법은 사법이지 결코 국법이 될 수 없습니다.
여왕	음…
임대두	공주께서는 아직 국정에 관여할 나이가 못 됩니다. 그자는 국법에 의해 처단을 받아야 할 죄인입니다.
공주	(격정적으로) 그러니까 무슨 죄인지 그 죄상을 말하란 말씀이오. 음모죄? 반란죄? 살인죄? 파렴치죄? 무슨 죄목에 해당되는지 말씀해주시오.
여왕	공주. 왜 이렇게 흐트러진 모습인고? 체통을 잊었는고?
공주	어마마마. 악법을 시인하신다면 오늘 당장에 법을 버리셔야 합니다. 그것이 나라의 어른으로서 취할 태도입니다. 악법인 줄 알고도 눈을 감는 건 더욱 악법입니다.
여왕	공주.
공주	수달님은 우연히 부마 간택에 응한 것뿐입니다. 초야에 파묻혀 가무와 무예에 능한 점으로 봐서는 열두 사람 가운데서 으뜸이었고 그 인품 또한 나무랄 점이라고는 없었사옵니다. 그런데 그게 죄란 말씀입니까?
여왕	서개무가 점괘를 내렸지 않았느냐?
공주	그게 모두가 조작이요, 협작이요, 음모였다니까요.
임대두	말씀이 지나치십니다. 아무리 공주마마일지라도 국법에 거역하시는 언행은 삼가시오.
공주	임대감이야말로 국법에 위배된 짓을 하셨습니다.
임대두	그 증거가 무엇입니까?
공주	증거를 대란 말인가요?
임대두	그렇소. 일이 이쯤 되면 모함 이상의 무거운 죄목으로…
공주	나를 처형하시겠단 말씀인가요? 좋아요. 그렇다면 내일 밤 같은

시간 같은 장소에서 수달님과 함께 형을 받겠소.

여왕   공주가… 어떻게… 그 그런…

임대두   마마. (엎드리며 통곡에 가깝도록 울부짖으며) 억울합니다. 천번 만 번 억울하옵니다. 선왕 때부터 이 한 목숨을 초개와 같이 여기어 분골쇄신 충성을 바쳐온 소신을 이제 와서 역신으로 몰아대시 니… 이 임대두는 차라리 이 자리에서 칼을 물고 자결을 함이…

임대두가 허리에 찬 칼을 뽑는다.

여왕   아니 되오. 임대감! 칼을 거두시오.

공주   자결하고 안 하고는 임대감의 자의요. 그러나 정말 억울한 누명 인지 아닌지 따져야 합니다. 증인을 대리까?

여왕   증인?

공주   예. 지금 곧 불러오겠습니다. (무대 안쪽을 향하여 큰소리로) 유리. 유리! 어서 그자보고 들라 하여라.

여왕   아니. 대체 누구를…

공주   만나보시면 알 만한 사람입니다. 아 저기 나오고 있습니다.

이때 유리가 서개무를 데리고 나온다. 서개무는 전번과는 달리 풀이 죽었고 훨씬 늙고 무기력해 보인다. 임대두가 크게 당황하고 안절부절 못한다.

임대두   서개무. 자네가 어쩐 일로…

서개무   (말없이 돌아선다. 죄책감이 큰 모양이다)

공주   서개무가 제 입으로 자백을 토하였습니다. 임대감의 사주를 받 았으며 그 대가로 보수를 받고 거짓 점괘를 꾸며댔다고…

여왕 (놀라움과 분노에서) 서개무. 그 그게 사실이렷다! 응? 냉큼 말하지 못할까! 어서 말하게.

서개무 쇤네가 죽을죄를 지었습니다요. 그래서는 안 되는 일이라고 알면서도… 재물에 눈이 어두워서… 이렇게… (하며 품에서 수주머니를 꺼낸다. 임대두가 크게 놀란다)

여왕 그걸 누가 너한테…

서개무 (임대두 쪽을 힐끗 쳐다보며) 임대감의 분부이시라면서… 부여간 어른께서 그리고 훗날 쇤네가 살 수 있는 암자도 지어주겠다고 하면서…

여왕 저런 발칙한 것들!

임대두 여왕마마! 소신은 전혀 모르는 일입니다. 그 그건 부여간과 공소균이 소신을 모함하려는 저의가 분명합니다. 평소부터 더 큰 벼슬을 원하기에 좀 더 기다리라고 타일렀더니만 그게 불만이었는지 얼마 전부터 소신에게…

서개무 (태도가 돌변하여) 뭔 시루떡에다 쇠똥가루 뿌리는 소리 하는 기여!

임대두 뭐 뭐라고?

서개무 (창) 자고로 입은 삐뚤어졌어도 피리는 바로 불고, 눈은 멀었어도 망건은 바로 쓰고, 앉은뱅이일지라도 칙간은 찾아가고, 꼽사등일지라도 애기는 바로 낳는다고, 이 서개무라고 어찌 그 이치를 모르리까! 내일 죽어도 바른말을 해야 저승길에 가지. 뭐가 무섭다고 거짓말할까. 하늘이 깨지고 땅이 갈라진다 해도 지금 말씀은 진실입니다.

여왕 (임대두에게) 대감은 할 말 없소?

임대두 그건 어디까지나 저것들이 소신을 질시하고 모함하려는…

서개무 생사람 잡지 마시오! 일이 이렇게 되면 참새가 곧 죽어도 짹 한다고 나도 이제 이왕에 죽게 되었으니 다 털어놓고 홀가분하게 저승길 갈랍니다.

여왕   뭘 또 털어놓겠다고 그러는고?

서개무 선왕께서 왜 돌아가신지 아시오?

공주   아니. 난데없이 아바마마 얘기는…

서개무 공주님은 잘 모르실 거예요. 그때 세 살인가 네 살이었으니…

공주   그렇지만 아바마마의 모습은 어렴풋이나마 생각나오.

여왕   선왕께서는 전쟁터에서 돌아오신 직후라서 과로하신 데다가 급
       체로 인하여 토사곽란을 일으켜서…

임대두 그렇습니다. 선왕께서는 급체로 말미암아… 그만…

서개무 그건 사실이 아닙니다.

여왕   뭐라고?

서개무 그 그건… 타살이었습니다.

공주   타살이라니?

임대두 이 사람이 실성을 했나? 난데없이… 썩 나가지 못하겠느냐? 천
       한 것들이란 이래서 안 된다니까!

서개무 (다시 자세를 바로 세우며) 여왕마마. 그때도 쇤네가 거짓말을 했
       습니다.

여왕   거짓말이라니?

서개무 누군가가 술잔에 독약을 넣었습니다.

여왕   독약을?

서개무 그걸 급체라고, 꾸며댔습니다.

여왕   누가 그런…

서개무 그 그건 다름 아닌…

이때 무대 좌편에서 소란스런 소리가 나며 군졸이 뛰어든다.

군졸	아뢰오!
여왕	무슨 일이냐?
군졸	어떤 자가 월담하여 오는 걸 체포하여 끌고 왔습니다.
임대두	월담을 해? 어느 나라 첩자라더냐?
군졸	그건 잘 모르겠습니다. 저기 끌어내고 있습니다.

이때 좌편에서 임곡수가 포박을 당하여 군졸들에게 끌려오고 있다. 우편에서도 궁녀들이 수군거리며 나온다. 그 가운데 유리도 보인다. 임곡수를 꿇어앉힌 군졸이 저만큼 물러난다. 임대두가 임곡수를 심문하듯 훑어 내려본다.

임대두	어디서 온 놈이냐?
임곡수	(눈을 감고 있다)
임대두	뭘 하는 놈이냐?
임곡수	(여전히 앉아 있다)
임대두	백주에 성내에 뛰어드는 걸 보니 간땡이가 부어도 이만저만 부은 게 아닌가 보구나. 어서 본성을 대지 못하겠느냐?
임곡수	(눈을 조용히 뜨고 침착하게) 이름은 임곡수, 태생은 원래가 황사국 백성이오.
임대두	뭣이?
여왕	황사국이라면… 혹시.
임곡수	십오 년 전 아수리 국왕에 의하여 잿더미가 되어버린 바로 그 나라지요.
여왕	(불안감과 경계심에서) 그 황사국의 백성이 무슨 연유로 아수리국 성을 넘어왔단 말인가?
임곡수	(다시 눈을 감는다)

임대두   염탐꾼이냐? 아니면 무슨 원한을 품었기에 월담한 거냐?

임곡수   (조용히) 둘 다 아니오.

임대두   아니면?

임곡수   사람을 찾으려고 왔소.

여왕   사람을? (비웃듯) 아니 너 같은 촌부가 찾아 나설 사람이 이 성안에 있단 말인가?

임곡수   (당당하나 또릿하게) 있습니다.

여왕   누구냐?

임곡수   (주위를 휘둘러보더니) 수달이라고 얼마 전에 공주님 부마 간택에 응하겠다고 뛰어든 자가 있었을 겁니다.

공주   수달님을 아느냐?

임곡수   아다마다요. 소인의 아들이나 진배없습니다.

공주   진배가 없다니?

임곡수   어떤 어른의 분부를 받아 내 손으로 키워낸, 이를테면 양아들입니다.

여왕   어떤 어른? 분명히 그렇게 말했겠다?

임곡수   예.

여왕   그게 누구냐?

임대두   말하여라. 분명 그자가 시킨 일이겠지.

임곡수   아닙니다. 그러나 전혀 무관하지만도 않은 분입니다.

여왕   뭐라고?

임곡수   (고개를 바로 들어 또릿하게) 이미 돌아가신 황사국의 왕입니다.

모두들 술렁거린다.

공주   그렇다면 수달님은…

임곡수　이제 무엇을 감추겠습니까? 황사국의 왕자이십니다.

공주　왕자라고?

좌중이 다시 한 번 술렁인다. 유리가 공주에게 급히 다가간다.

유리　(좋아라 하며) 공주님! 들으셨습니까?

공주　분명히… 왕자님이라고 그랬지?

유리　예. 수달왕자님. 훗호… 그러기에 어쩐지 첫눈에도 예사롭지 않다고 느꼈습죠… 훗호…

공주　어마마마. 들으셨지요? 그분은 평범한 시골총각이 아니라 왕자님이시랍니다.

임대두　허지만 원수의 왕자가 아닙니까?

임곡수　원수? 그건 안 될 말이오.

임대두　안 되다니?

임곡수　평화롭게 살아가는 황사국을 하루아침에 말굽 아래 짓밟게 한 건 아수리국이니 우리의 원수는 아수리국이오.

여왕　음. 그래 어떻게 그걸 알고 들어왔느냐?

임곡수　내 아들 바우에게서 모든 얘기 다 들었습니다.

공주　바우가 영감의 아들이라고?

임곡수　그렇소. 바우는 내 친아들이오. 나는 수달왕자님의 신분을 입 밖에 내지 말라고 어려서부터 키워왔죠. 그러나 어느 때고… 때가 오면 황사국을 다시 일으키려고 와신상담 온갖 고난을 참고 견디어 나왔소. 그런데 지금 왕자님께서는 죄 없는 죄인의 몸이 되어 옥에 갇혀 내일이면 형장으로 끌려간다는 말을 듣고 부랴사랴 이렇게 뛰어왔습니다. (무릎을 꿇고) 여왕마마! 소인의 청을 들어주십시오. 지금은 이름 없는 촌부이나 그 몸에 흐르는 핏줄은 왕자의 신분이오. 그것도 이 나라 선왕에 의해 희생당한 억울한 피해자란 말이오. 여왕마마. 지난날의 죄를 은혜로 갚으십시오. 그것이 곧 다스리는 자의 도리이자, 긍지인 줄 압니다. 여왕마마.

여왕 (말없이 눈을 지그시 감고 있다)

공주 어마마마. 저 노인의 말대로 다스리는 자의 도리는 바로 그것이라야 해요.

임곡수 그리고 또 한 가지 소망은… 만나게 할 사람이 있습니다.

공주 만나게 하다니… 누가 누구를…

임곡수 수달왕자님에게는 어린 누이가 있었는데 그 누이를 눈앞에 두고도 모르고 계십니다.

임대두 이 노인이 점점 허튼소리만 지껄이는군… 어디에 그런 사람이 있단 말이냐?

임곡수가 주위를 돌아보더니 유리에게 시선을 꽂는다. 모두들 이심전심으로 유리에게로 시선이 집중된다.

유리 왜들 나만 보는 거예요? 내가 무슨 잘못을 저질렀기에.

임곡수 (자세를 고쳐 무릎을 꿇고) 공주님.

유리 뭐라고? 내가 공주라고? 홋호…

임곡수 그렇습니다. 공주님이시죠. 황사국의 공주님이자 수달왕자의 누이올시다.

유리 나는 선왕께서 전쟁터에서 주워다 키운 사고무친한 아이였다오.

임곡수 공주님. 그게 소인의 실수였습니다.

유리 실수?

임곡수 예. 황사국의 성이 낙성하던 날 상감마마께서는 수달왕자와 공주님을 저더러 보호하라시는 어명을 내리셨답니다. 그러나 어둠을 뚫고 산길을 오르다가 그만 공주님을 잃게 되었으니… 어찌 그게 소인의 실수가 아니었겠습니까. 공주님은 그때 두 살, 수달 왕자는 다섯 살이었습니다.

좌중이 다시 술렁인다.

여왕 그럼 무엇으로 공주라는 걸 입증할 수 있는가? 일방적인 말로만 가지고는… 그 누구도 믿으려 하지 않을 게야.

임곡수 증거가 있습니다.

임대두 증거?

임곡수 말씀드리기 죄송하오나 공주님 앞가슴 (자신의 가슴을 가리키며) 여기쯤에 콩알만 한 점박이가 있었습니다.

이때 공주와 유리는 커다란 충격과 놀라움에 어찌할 바를 모른다.

공주 유리아기야, 네 가슴의 점박이는 내가 잘 알지. 어려서부터 함께 목욕을 하면서 놀았는데 왜 모르겠느냐.

유리 (울음과 웃음이 뒤범벅되며) 이럴 수가, 이런 일이 세상에.

여왕 유리야, 정말 네 앞가슴에 점이 있느냐?

공주 어마마마, 그건 사실입니다. 제가 증명할 수 있습니다.

좌중이 다시 한 번 술렁이고 유리는 몸 둘 바를 모른다. 이 사이에 공주가 무슨 생각이 들었는지 무대 안쪽으로 퇴장.

임곡수 공주님… 이리 좀 가까이… 이렇게 묶여 있는 몸이라서, 공주님, 좀 더 가까이서 뵙고 싶습니다.

유리가 지남철에 끌려가듯 다가간다. 그러고는 임곡수의 뺨과 목과 가슴을 더듬어 내려간다. 그녀의 눈에서 눈물이 흘러내린다.

유리 (창) 어허… 이것이 꿈이냐, 생시이냐. 흘러간 세월은 다시 안 온다지만, 잊었던 옛 생각은, 언제라도 돌아오니, 내 핏줄이 여기 있고 내 이름을 다시 찾게 해준, 그대는 어디서 온 누구인고, 하늘 같고, 대지 같고, 목마른 나무에 내리는 빗물같은 사람아… 어허.

유리가 임곡수의 품에 안겨 통곡을 한다. 모두들 동정과 감격의 눈물을 흘린다. 이때 임대두가 슬그머니 퇴장한다.

여왕 그자의 포승을 냉큼 풀어주어라!

군졸이 임곡수의 포승을 풀어준다. 임곡수는 비로소 유리의 얼굴을 두 손으로 받쳐 들며 들여다본다.

임곡수 어디 다시 한 번 봅시다. 그 옛날의 그 모습이 어디쯤에 남아 있나 다시 한 번 찾아봅시다! 공주님!
유리 오!

뜨겁게 포옹한다.

유리 그럼 지금 옥중에 있는 그분이 틀림없는 오라버니? 믿을 수 있을까요.
임곡수 예, 나는 그동안 왕자님의 신분을 숨겨 나오면서 언제고 때가

오기를 기다리면서 오십 평생을 바쳐왔습니다.

유리　오! 하느님! 이것이 꿈이 아니기를!

이때 무대 안쪽에서 수달과 공주, 바우가 등장한다. 모두들 그에게로 시선이 쏠린다. "수달왕자다" 하는 소리가 군중 가운데서 퍼진다.

시녀　마마… 마마… 큰일 났습니다.

여왕　무슨 일이냐? 어서 말하여라.

시녀　임대두 대감께서… 대감께서…

여왕　어찌 되었느냐?

시녀　자결을 하셨습니다.

여왕　뭣이 자결을?

좌중이 크게 동요되어 안쪽으로 몰려간다. 그러나 수달과 유리는 정답게 포옹을 하고 있다. 공주는 그 모습을 저만치서 바라보고 있다. 여왕은 묵묵히, 그러나 고통스럽게 눈을 감는다. 수달이 유리를 본다.

수달　누가! 나를 찾아왔다고?

임곡수　예, 여기 있습니다.

수달　아버지! 난데없이 아들에게 공대말을 쓰시기예요, 헛허…

임곡수　소인은 아버지가 아니라 신하이옵니다. 그리고 (유리를 가리키며) 이분이 바로 황사국의 공주님이시자 누이올습니다.

수달　아니 그게 무슨 날벼락 같은? 유리아기씨가 나의 누이?

유리　오라버니!

수달　이게 어떻게 된 일인가!

유리　자초지종의 사연을 다 들었답니다. 몽매간에도 못 잊을 오라버니를 이렇게 찾았으니…

수달   (임곡수에게) 그게 정말이에요, 아버지?

임곡수   아버지가 아니라 왕자님의 신하이옵니다. 그리고 유리아기씨는
바로 공주님이시고요. 그러니 두 분께서는 정답게 손목을 잡고
춤이라도 추십시오.

수달   오! 네가! 네가! 내 누이?

제10장

무대

성문 밖.

곰보네가 술청에서 음식을 만들고 있다. 이때 성문에서 수달, 유리, 임곡수, 바우가 나온다. 그 뒤에 짐꾼들이 짐을 지고 따른다. 모두들 새 옷으로 갈아입어 한결 생기가 돈다.

곰보네 아이고! 손님들! 밤새 어디 갔다 이제 오시오? 나는 밥 지어놓고 밤늦게까지 기다렸는데 이제 와! 식은 밥을 누구더러 먹으라고…

바우 앗따! 그까짓 식은 밥이 문제인가, 밥값을 곱으로 치르면 될 게 아니오.

곰보네 뭣이 어째요? 아니 이 총각이 성안 구경하고 오더니만 보이는 게 없나 봐! 훗훗!! (유리를 보고) 아니 그런데 이 시악씨는 또 누구여?

수달 내 누이예요.

곰보네 총각 누이? 정말?

유리 예!

곰보네 아니 어디다가 숨겼다가 이제 데리고 나온 거요? 잉?

임곡수 말조심해요! 이분들이 보통 어른인 줄 알아!

곰보네 아니면 하늘에서 내려온 선녀란 말인가? 쯧쯧… 허기사 그러고 보니까 총각도 비단옷으로 갈아입었구먼! 성안에서 목 날릴 거라는 소문이던데 알고 보니 때 벗기고 광내고 왔구먼! 훗훗…

수달 주모! 그동안 신세 많이 졌소.

곰보네 예? 뭐라고! 인제 보니까 말씨까지도…

수달 머지않아 정식으로 사람을 보내어 그 치하의 뜻을 전할 테니 그 렇게 알고…

임곡수 왕자님! 이제 그만 떠나시도록…

곰보네 아니, 지금 뭐라고 했어요. 허긴 눈이 부리부리한 게 왕눈님이라 고 할 만도 하지, 헛허.

바우 왕눈님이 아니라 이 분은 왕자님이시란 말이여, 이 밥장수야.

곰보네 왕자님?

바우 그리고 이분은 공주님이시고.

곰보네 고, 공주님? 아니 지금이 어느 땐데 자다가 봉창 두들기는 거여? 뭐여?

임곡수 아무튼 어깨만 스쳐가는 것도 다 이승에서의 인연이라고 했거늘 주모 덕분에 우리 왕자님 공주님 찾게 됐으니 이 은혜는 기어코 갚으리다. 그런 줄 알고 소식 기다리오. 자, 그럼 떠나시죠.

임곡수가 길을 가리키자 일행은 떠난다. 곰보네는 귀신에게 홀린 사람 마냥 입을 떡 벌리고 있다. 마을 처녀들이 떼지어 나온다.

처녀 A 안녕하세요, 아줌마,

곰보네 (말이 없다)

처녀 B 뭘 그렇게 멍청하게 보고 계세요.

곰보네 너희들, 봤냐?

처녀 C 뭘 봐요?

곰보네 왕자님과 공주님.

처녀 D 왕자님은 못 봤지만 공주님은 봤지. 우리 사라공주는 여자가 아 니라 남자라던데.

사라공주

처녀 E 그래서 평생 가야 시집도 못 가고 사냥만 하다가 청춘을 다 보내시게 되었다던데.

곰보네 (소리를 지르며) 그 공주가 아니라 저기 가는 저 왕자와 공주 말이야.

일동 어디?

처녀들이 발꿈치를 돋우며 본다.

이때 멀리서 나팔소리에 이어 말발굽 소리가 들린다.

곰보네, 처녀 A 뭔 소리여?

처녀 B 사라공주께서 사냥 나가시나 봐.

곰보네 에그, 들짐승 사냥만 하면 뭘 한담, 처녀가 제때에 총각 사냥 잘해야지. 헹.

일동 예? 총각 사냥? 홋호…

처녀 A 얘들아, 여기서 우리 한판 놀다 가자.

일동 그러자.

이때 마을 총각들도 부녀자들도 합세하여 걸쭉한 뒤풀이 놀이가 벌어진다. 무대 안쪽에서 사냥복 차림의 공주가 쓸쓸하게 내려다보고 서 있다.

-막

견우와 직녀(6막 7장)

· **등장인물**

옥황상제

견우

직녀

소자

나리

여울

사슴

사냥꾼

수선녀

선녀 1, 2, 3

대신 1, 2, 3

그 밖에

· 전 6막 7장의 장면

　　서막 천궁

　　제1막

　　　제1장 금강산 만폭동 팔담 (낮)

　　　제2장 금강산 만폭동 팔담 (밤)

　　제2막 견우의 귀틀집

　　제3막 금강산 만폭동 팔담

　　제4막 천궁

　　제5막 견우의 귀틀집

막이 오르기 전에 먼저 서창(후창)이 나온다.

서창　금강산 금강산

　　　금강산 금강산

　　　이름이 좋아서 금강산이드냐

　　　경치가 좋아서 절경이드냐

　　　경치가 좋아서 금강이드냐

　　　봉오리마다 비단이오

　　　골짜기마다 구슬이니

　　　무릉도원이 여기일세

　　　릴릴 루 릴릴루리

서막

천궁(天宮).

아련한 운해(雲海) 위로 치솟은 천궁.

높고 낮은 기둥들과 신비스럽게 내려진 주렴들이 우아하다.

선녀들, 중앙에서 흥겹게 춤을 추고 있다.

선녀들　가세 가세 가세

금강산을 어서 가세

이름이 좋아서 금강산이드냐

경치가 좋아서 금강산이드냐

봉오리마다 비단이오

골짜기마다 구슬이니

무릉도원이 여기일세

릴릴 루 릴릴루리

가자 가자

금강산 가자

절경을 찾아서

금강산 가자

아 금강산을 어서 가자

에헤야 에헤야

에헤야 에헤야

멋대로들 놀아보세

후면 왼쪽에서 옥황상제 대신들을 데리고 등장한다. 예를 하며 좌우로 물러나는 선녀들. 옥황상제 중앙에 정좌하고 흐뭇이 선녀들을 내려본다.

옥황상제 오늘이 칠월 칠석, 너희들이 산을 찾아 물을 찾아 하계로 내려
　　　　가는 날이다. 금강산의 산이 좋고 팔담의 물이 좋으니 모두 내려
　　　　가 산과 물을 마음껏 즐겨보도록 하여라.

선녀들 망극하옵니다. 망극하옵니다.
　　　　옥황상제님 넓은 도량이 망극하옵니다.

옥황상제 하계에는 너희들이 아지 못하는 욕심이 있고 시기가 있고 탐욕
　　　　이 있으니 세인을 일체 가까이하지 말 것이며 오로지 산과 물만
　　　　즐기고 돌아오도록 하여라.

선녀들 예.

옥황상제 그러할려면 우선 세인의 눈에 띄지 않아야 할 것이니 어둡기를
　　　　기다려 하강하도록 하여라.

선녀들 예.

옥황상제 그러면 다녀들 오너라.

선녀들, 다시 흥겹게 춤을 추며 돌아선다.

선녀들 가세 가세 가세 (자진모리)
　　　　금강산을 어서 가세
　　　　이름이 좋아서 금강산이드냐
　　　　경치가 좋아서 금강산이드냐
　　　　봉오리마다 비단이오
　　　　골짜기마다 구슬이니
　　　　무릉도원이 여기일세
　　　　릴릴 루 릴릴루리

가자 가자
금강산 가자
절경을 찾아서
금강산 가자
아 금강산을 어서 가자
에헤야 데헤야
에헤야 데헤야
멋대로들 놀아보세

견우와 직녀

제1막

금강산(金剛山) 내금강(內金剛) 만폭팔담(萬瀑八潭).

멀리 높고 낮은 준봉들이 병풍처럼 둘러쳐 있고 그 사이로 기암을 뚫고 떨어지는 폭포의 경관이 장관이다. 그리고 후면으로 팔담의 물그림자가 어른거리고 있다. 주변에는 갖가지의 기화요초가 운치를 더해 준다.

제1장

화창한 긴 여름 낮. 여기저기서 들려오는 산새소리와 함께 피리소리 들려오며 소를 끈 견우와 피리를 부는 소자 오른쪽에서 등장한다.

견우, 소자   세상 팔방 다 돌아봐도

　　　　　이 팔담이 제일이다

　　　　　만이천봉 병풍처럼

　　　　　천지 사방 둘러 있고

　　　　　계곡 따라 흐르는 물

　　　　　맑기도 더욱 맑다

　　　　　비로봉 상상두에

　　　　　올라본 이 그 뉘신고?

　　　　　만폭동 팔담보다

　　　　　더 좋은 절경 또 있으랴

　　　　　자나 깨나 여기 사니

　　　　　이 팔자가 상팔자로다

견우　　좋기는 좋구나. 언제 와봐도 이 팔담은 천하의 절경이야.

소자　　절경은 절경이지. 이만한 절경은 세상에 또 없을 거야.

(그러나 우울하다)

견우   그런데 자네는 왜 그렇게 시무룩하지?

소자   경치가 아무리 절경이면 뭘 하나? 자네나 나나 평생 소를 먹이
든가 약초를 캐든가 나무를 하며 지내는 게 고작이니.

견우   사람 사는 게 다 그런 게 아니겠나?

소자   어째서 사람 사는 게 다 그렇겠어. 뭇짐승들도 다 짝이 있는데
우리만 짝이 없지 않나.

견우   하긴 그렇네.

소자   어와 이 몸이여

설고도 설운지고

인간 만사 설움 중에

이런 설움 또 있으랴

세상 사는 미물들도

음양배합 다 알건만

만물 중에 으뜸가는

사람 신세 이러할꼬?

꽃다운 처녀들은

이 신세를 알아주소

견우   넋두리 그만하고 일이나 하러 가세.

소자   에이구! 이 절경 속에서 노총각들만 살다니 절경이 아깝다 아까워.

견우와 소자 왼쪽으로 퇴장하려는데 사슴 절룩거리며 오른쪽에서 등
장한다.

사슴   견우님, 소자님, 절 좀 살려주세요.

소자   아니 넌 사슴이 아니냐?

견우	너 왜 이러느냐?
사슴	절 좀 숨겨주세요. 사냥꾼이 날 쫓아와요.
견우	사냥꾼이?
소자	너 다리를 다쳤구나?
사슴	사냥꾼이 쏜 화살이 스쳐 지나갔어요. 이제는 더 도망도 못 가겠으니 이대로 있다가는 사냥꾼에게 잡혀서 난 죽어요.
견우	괘씸한 사냥꾼이구나.
사슴	저는 어떡하면 좋죠? 어떡하면 좋아요?
소자	여기서 어물거리지 말고 멀리 도망이나 치거라.
견우	이 다리를 하고 어떻게 도망을 치겠나?
사슴	네, 저는 한 발도 더 갈 수가 없어요.
소자	그렇다고 너를 숨겨줬다간 사냥꾼한테 우리가 혼이 날걸. 사냥꾼 녀석은 아주 포악한 놈이라 자기를 속이면 가만두지 않을 거야.
견우	그건 상관없네. 이 어린 사슴을 그런 놈한테 내어줄 수는 없네. 이리 와라. 내가 너를 숨겨줄 테니…
사슴	고마워요, 고마워요.
견우	빨리 이리 오너라.

　　　견우, 사슴을 데리고 후면으로 가서 숨겨주고 나뭇가지를 덮는다.

견우	이만하면 됐겠지?
소자	자네 어쩔려구 그러나? 사냥꾼한테 큰 욕을 당할려구?
견우	욕을 당해두 내가 당할 테니 자네는 상관 말게.
소자	나는 여기를 피할 테니 자네 혼자 잘해보게. 사냥꾼이 무서워서 그대로 있을 수가 없어. (급히 왼쪽으로 퇴장한다)
견우	만폭동 어린 물이

어느 골로 든단 말고?

팔담 시냇길이

풍악으로 뻗어 있다

행장을 다 떨리고

만폭동 들어서니

은 같은 무지개

옥 같은 용의 꼬리

섯돌며 뿜는 소리

십리에 잦았구나

아이야, 여기가 어디뇨?

만폭동 팔담

예가 절경이노라

견우, 천연덕스럽게 앉아 피리를 불고 있는데, 오른쪽에서 사냥꾼 급히 등장한다.

사냥꾼 분명히 이리로 왔는데 어디로 갔지? (두리번거린다)

견우 어서 오시우.

사냥꾼 오, 이리로 지나가는 사슴 한 마리 못 봤소?

견우 사슴이오?

사냥꾼 그렇소.

견우 사슴이라?

사냥꾼 사지가 가늘고 길어서

날렵하게 산간을 달리고

골질로 된 멋진 뿔이

다섯 갈래로 돋아 있는

까만 눈의 사슴 한 마리

이리로 가는 걸 못 보았소?

견우 사슴이라?

사냥꾼 그 뿔로 말을 하면

영약 중의 영약이오

그 풍채로 말을 하면

귀골 중에 귀골이라

금강산 사슴 한 마리면

천량보다 더 귀하니

어서 어서 말해보오

사슴 한 마리 못 보았소?

견우 만폭팔담 절경 속에

한껏 취해 앉아 있는데

녹림간에 다니누니

뭇짐승과 뭇 새들이라

이런 무릉도원 절경 속에

사슴 한 마리 어이 찾소?

세상 영물 많다 해도

나는 그런 영물 모르겠소.

사냥꾼 뭣이 어째? 방금 이리로 지나갔을 텐데 못 보았단 말이오?

견우 방금 이리 지나간 것이

한둘인 줄 아시오?

범나비도 쌍쌍으로

방금 이리 지나갔고

파란 깃털 새들도

방금 이리 지나갔고

눈 빨간 토끼하며 여우, 늑대, 아기곰

모두 이리 지나갔소

사냥꾼   거짓말을 하면 명줄을 끊어놓겠소.

견우   내 명줄이 끊어져도 못 본 것은 못 본 것이오.

사냥꾼, 울화가 치미는 듯 불끈하며 왼쪽으로 퇴장한다.

견우   만폭동 내린 물이

어느 골로 든단 말고?

팔담 시냇물이

풍악으로 뻗어 있다

(멀리 보며 슬금슬금 후면으로 간다)

팔담 시냇물이

풍악으로 뻗어 있다

사슴아, 사슴아!

견우, 후면으로 가 나뭇가지를 걷고 사슴을 데리고 나온다.

견우   이젠 사냥꾼이 갔으니 안심해도 좋다.

사슴   이 은혜를 어찌 갚으면 좋겠습니까?

견우   그러면 내가 너를 사냥꾼한테 내어줄 줄 알았느냐? (사슴의 다리를 보고) 화살이 네 다리를 스쳐 지나갔다고 하더니 그게 아니로구나. 이 다리에서 피가 너무 많이 흐른다.

사슴   이제야 아픈 것을 알겠소이다.

견우   안 되겠다. 이대로 뒀다가는 네 다리가 온전치 못할 거야. 내 해독초를 뜯어와 네 다리를 치료해주마.

견우와 직녀

후면으로 간다. 견우, 해독초를 뜯어 갖고 온다.

견우 이리 오너라. 네 다리의 독기를 빼내지 못하면 평생 절름발이
신세를 면치 못한단다.

사슴 고마운 일이 한두 가지가 아니네요.

견우 금강산에서 같이 사는 사이에 이만한 일이야 대수냐.

견우, 해독초를 정성스레 사슴의 다리에 발라준다.

사슴 견우님, 고마워요. 정말로 고마워요.

견우 금강산이 절경인 만큼 험한 산이라 다리가 성치 못하면 살아가
기 힘들 것이니라.

사슴 그럼은요, 그럼은요.

견우 자, 다 되었다. 이대로 며칠만 있으면 나을 것이니라.

사슴 견우님.

견우 나와 네가 이 팔담가에
산 지가 어제 오늘 아니거늘
사냥꾼에 쫓기는 너를
어이 숨겨주지 않으며
화살 맞은 네 다리를
어이 고쳐주지 않으랴
아침이나 저녁이나
팔담가에 너를 만나
하루 인사 나누기가
하루 일 중에 하나라
네가 없으면 내가 허전하고

　　　　　내가 없으면 너 또한 그러리라

사슴　우리는 이웃이요
　　　　친구 중에 또 친구라
　　　　그 은혜 말하기
　　　　새삼 부질 없지만
　　　　이번 은혜 크고 높아
　　　　그대로는 못 견디겠소
　　　　견우님, 견우님, 청컨대
　　　　이 한 말씀만 들어주오

견우　어디 들어보자.

사슴　하늘에서 목숨 받아
　　　　이날까지 살았건만
　　　　두 번 목숨 주신 분은
　　　　바로 팔담 견우님이라
　　　　깊은 은혜 보답코자
　　　　이 말씀을 드리오니
　　　　견우님은 잘 들으시오
　　　　견우님은 잘 들으시오

견우　무슨 말을 잘 들으란 말이냐?

사슴　하늘에 천궁 있어
　　　　칠선녀가 사옵는데
　　　　해마다 칠월 칠석
　　　　은하수가 짙어지면
　　　　금강산 팔담으로
　　　　목욕을 하러 내려온다오
　　　　오늘이 바로 그날이니

　　　　　　　　　　　　　견우와 직녀

견우님은 바로 그 바위 뒤

몸을 숨기고 계시다가

날개옷 하나만 감추어두시면

승천 못한 선녀 남아

견우님과 백년해로

영원토록 누리리다

견우   아니, 그래도 된단 말이냐?

사슴   인연이 따로 없고

만남이 인연이니

팔담에서 맺은 연분

영원토록 가오리다

원앙으로 석삼년

깨가 쏟아지게 지나가면

슬하에는 자식들이

하나둘 생길 테니

세 자식을 보기 전엔

날개옷을 절대로

내어주지 마시오

견우   내가 애아버지가 된다구?

사슴   그보다 먼저 꽃다운 선녀의 낭군이 되시옵니다.

견우   오!

사슴   밤은 곧 옵니다. 이 밤에 그 긴 인연 맺어보도록 하시옵소서.

같은 곳, 그날 밤. 빈채 폭포의 소리와 짐승들의 울음소리만이 들려온다. 왼쪽에서 견우와 소자 조심스럽게 등장한다.

소자 아무도 없군. 내 그럴 줄 알았어. 선녀들이 이 밤에 목욕을 하러 내려오다니 말이 되는 소리야?

견우 사슴은 거짓말을 안 할 거야.

소자 그렇게 어린 녀석이 뭘 알겠어? 밤에는 무서워서 나타나지도 못했을걸.

갑자기 짐승들의 울음소리 거칠어진다.

소자 아이구 아무래두 여기에 있단 무슨 변을 당할지 모르겠어. 밤은 달라. 밤이 되면 짐승들이 더 사나워진다구. 다른 생각 말고 당장 여기서 내려가세.

견우 아니야. 난 여기에 있겠어.

소자 그럼 정말 여기에서 선녀를 맞기라도 하겠단 말인가?

견우 사슴의 말대로 오늘이 선녀들이 내려오는 날이라면…

소자 꿈꾸지 말라구. 선녀를 만날려면 꿈에서나 만나봐. 자네 말을 듣고 멍청하게 따라온 내가 바보같네.

견우 누가 바보인지는 두고 보세.

소자 그래, 두고 보자구. 내일 아침에 자네의 초라한 모습을 볼 생각을 하니까 벌써부터 웃음이 나는군.

견우 웃을래면 꿈속에서나 실컷 웃어두게.

소자 그래. 다 꿈속에서나 있을 일이라구. 나 먼저 내려가네. 자네두 무서우면 곧 뒤따라 내려오라구. (왼쪽으로 퇴장한다)

다시 짐승의 울음소리 높아지나 견우, 개의치 않고 오히려 의연해진다.

견우　녹음방초 우거지고
　　　기화요초 만만한데
　　　한낮 지나 한밤 되니
　　　그 운치 알 길 없구나
　　　오로지 들리느니
　　　팔담에 떨어지는 물소리뿐
　　　저 소리가 승천하여
　　　천궁 선녀께 들리는가?
　　　저 소리가 들리거든
　　　천궁 선녀 부디 부디
　　　이 금강산 팔담으로
　　　곱게 곱게 강림하소서
　　　듣기는 많이 들어
　　　흠모 많이 하였건만
　　　일찍이 선녀 모습
　　　단 한 번도 본 적 없어
　　　내 재조 편견하여
　　　재산 벼슬은 없어도
　　　연분 한번 맺어지면
　　　죽도록 살도록
　　　일편단심 바치리라
　　　어두운 밤하늘아
　　　어서 활짝 문이 열려
　　　하늘나라 공주님들이

이 팔담으로 내려오게 하여라

호리*가 점차 밝아지며 휘황찬란한 광채가 빛이 나고 우아한 풍악과
함께 일곱 선녀들 서서히 오른쪽 위에서 아래로 내려오기 시작한다.
이 광경을 보던 견우, 황홀하여 어쩔 줄 몰라 하다 급히 숲속으로 몸을
숨기고 선녀들의 하강하는 모습을 본다.

선녀들　은빛 같은 물줄기
　　　　옥 같은 용의 소리
　　　　섯돌며 뿜는 소리
　　　　천상까지 다다르니
　　　　들을 제는 우뢰더니
　　　　내려보니 옥이로다
　　　　비로봉 높아 높아
　　　　저 물 저리 맑았던가
　　　　만이천봉 구비 돌아
　　　　저 물 저리 맑았던가
　　　　비로봉 솟아 솟아
　　　　무슨 말을 사뢨던가?
　　　　천만겁이 지나도록
　　　　굽힐 줄을 모르더니
　　　　금강산 만폭동
　　　　만폭 팔담 아뢰었네
　　　　어와라 좋을시고

---

* 호리전트(horizont)

　　　　　　　　　　　　　　　　견우와 직녀

팔담물이 좋을시고
명경 같은 팔담 위에
또 한 하늘 담겨 있네
저 물 고이 떠서
한 손으로 쓸어보고
저 물 고이 떠서
한 뺨에도 비벼보고
저 물 고이 떠서
앞가슴도 적셔보고
은섬 같은 저 물속에
이 내 몸을 담그리라

선녀들 자지러지게 웃으며 차례차례 옷을 벗어놓기 시작한다. 숲속의 견우는 차마 더는 보지 못하겠다는 듯 두 손으로 눈을 가리며 뒤로 벌렁 나가 넘어진다. 옷을 벗은 선녀들 차례로 후면 팔담으로 가 몸을 담근다.
자지러지는 소리들.
어른거리는 물 그림자.
견우, 숲속에서 나와 이제는 반대 방향으로 몸을 돌려 신기한 듯 후면을 본다.
선녀들의 후창이 나온다.

선녀들 어와라 좋을시고
팔담물이 좋을시고
어와라 좋을시고
팔담물이 정말 좋을시고

천궁에는 없는 물이

지상에는 철철이네

들어올려도 흩어지고

잡을래도 잡히지 않고

이리 솔솔 저리 솔솔

내 허리를 간지르고

내 다리를 간지르고

내 겨드랑이를 간지르고

내 가슴도 간지르네

천상에 좋은 감촉

아무리 많다 해도

팔담의 옥수 같은

이 물만은 못하더라

어와라 좋을시고

팔담물이 좋을시고

어와라 좋을시고

팔담물이 정말 정말 좋을시고

선녀들의 물장난치는 소리 들린다. 웃고 떠드는 소리.

견우, 거의 넋이 다 빠진 듯 천천히 돌아선다.

견우   내 평생 이런 광경

       어느 적에 보았던고

       어와 조화옹이

       무슨 조화 부렸는고?

       선녀 같은 처녀란

견우와 직녀

말만 들어오다가
바로 바로 그 선녀를
내 눈앞에서 보았구나
부용을 꽂았는 듯
백옥을 묶었는 듯
저런 이런 우아한 자태
내 평생에는 처음이라
꿈이면 깨지 말고
생시면 죽지를 마라
저 선녀를 아내로 삼아
평생을 해로한다면
진시황이 부러우랴
아방궁이 부러우랴

견우, 두리번거리다 얼른 선녀의 날개옷 하나를 집어 품에 안는다.

견우   바로 이 날개옷 선녀가 내 짝이로다.

다시 선녀들의 후창 들려오자 견우 급히 몸을 숨긴다. 선녀들 후면에
서 차례로 다가와 날개옷을 입는다.

선녀들 어와라 좋을시고
팔담물이 좋을시고
어와라 좋을시고
팔담물이 정말 좋을시고
만동팔경 금강산에

이런 좋은 물이 있을 줄이야

어와라 좋을시고

금강산이 좋을시고

어와라 좋을시고

팔담물이 정말 좋을시고

옥경대 명경대

만폭동이 좋을시고

그 경치 수려하니

팔담물이 정말 좋을시고

금강산 비로봉에

우리 별궁 새로 짓고

한평생 두 평생

온 평생을 살고 지고

다른 선녀들은 모두 날개옷을 찾아 입는데 직녀만은 계속 두리번거리며 찾지를 못한다.

수선녀 직녀야, 너 왜 그러지?

직녀 내 날개옷이 없어졌어.

수선녀 뭐라구?

선녀들 뭐라구?

수선녀 아니 네 날개옷이 어딜 갔단 말이냐?

직녀 너희들하고 같이 분명히 여기에 벗어놨는데…

수선녀 그런데 네 날개옷만 없어졌단 말이냐?

직녀 그래.

수선녀 그럴 리가 있나. 다시 한 번 잘 찾아봐.

197   견우와 직녀

선녀1 그래, 우리도 같이 찾아보자.

선녀들 그래, 그래.

　선녀들, 모두 흩어져 이리저리 찾아본다. 그러나 아무도 직녀의 날개
옷을 찾아내지는 못한다.

선녀1 없다.

선녀2 없다.

선녀3 아무리 찾아봐도 없다.

직녀 그러면 난 어떻게 하지?

수선녀 이제는 빨리 천궁으로 돌아가야 할 텐데 큰일났구나.

선녀1 우린 빨리 천궁으로 돌아가야 한다구.

선녀2 그래, 이러고 더 있을 수가 없다구.

선녀3 그러면 직녀는 어떻게 하지? 날개옷이 없으면 천궁으로 올라가
지를 못할 텐데.

선녀2 그래두 할 수 없어. 직녀 때문에 우리가 다 안 갈 수는 없지 않니?

선녀1 안 가다니? 당장 올라가야 돼. 우리가 이렇게 오랫동안 옥황상
제님의 곁을 떠나 있은 적이 없지 않니.

선녀2 옥황상제님은 요샌 잠도 없으셔. 곧 깨어나서 우리를 찾으실 거야.

선녀들 그럼, 그렇구말구.

수선녀 직녀야, 할 수 없구나. 우리끼리만이라도 빨리 떠나야겠다. 너
하나 안 보이는 것은 문제가 아니지만 우리가 다 안 보인다면
옥황상제님은 분명히 대로하실 게야.

선녀1 그럼, 너 하나 안 보이는 것은 어쩌면 모르실지 몰라.

선녀2 하지만 우리가 다 안 보일 수는 없지.

선녀3 그렇구말구.

직녀   그래, 그건 너희들의 말이 맞는 것 같다. 내 걱정은 말고 어서
         너희들만이라도 떠나도록 해.

수선녀 직녀, 너는 정말로 착하구나. 너만 두고 우리끼리 떠나기는 안
         됐다만 지금 사정으로는 달리 도리가 없구나.

직녀   나 때문에 모두 천궁으로 돌아가는 것이 늦는다면 그건 말이 안 돼.
         어서 어서 떠나거라
         옥황상제 잠이 깨어
         너희들을 찾기 전에
         어서 어서 대령하거라
         방금 벗은 날개옷은
         바람결에 분명 날려
         어디엔가 있을 테니
         밤을 새워 찾아서도
         꼭 찾고야 말 터이니
         금강산 비로봉
         높은 봉을 훌쩍 넘어
         한시 바삐 천궁으로
         어서 어서 떠나거라

선녀들 천궁에서 같이 놀던
         우리 같은 선녀끼리
         하계에 내려와서
         이런 작별 하다니
         언제 누가 생각했나
         서운하고 안타깝다
         내 옷이 두 벌이면
         그냥 빌려주련마는

　　　　　날개옷은 오직 한 벌
　　　　　어쩔 도리 있겠느냐
　　　　　직녀야 낙심 말고
　　　　　날개옷을 속히 찾아
　　　　　우리 따라 천궁으로
　　　　　한시 바삐 오르거라.

직녀 　그래, 그래.

수선녀 직녀야, 무어라고 할 말이 없구나. 네가 종내 날개옷을 못 찾는
　　　　　다면 내가 달리 방도를 세워 너한테 알려주마.

직녀 　내 걱정은 더 말고 어서 떠나기나 하거라.

선녀들 직녀야.

직녀 　어서들 떠나래두.

　　　　　멀리서 닭 우는 소리 들려온다. 선녀들 놀란다.

직녀 　날이 새어 오고 있어. 어서들 가거라.

　　　　　선녀들 애석해하며 서서히 후면으로 나가 오른쪽으로 오르기 시작한다.

선녀들 간다 간다 우린 간다
　　　　　이런 우리 선녀들아
　　　　　이 이별을 어찌할꼬
　　　　　수려한 금강 만폭
　　　　　떠나기도 서운커늘
　　　　　찰랑이는 팔담 물을
　　　　　떠나기도 서운커늘

정든 친구 직녀 두고
떠나기도 서운커늘
동녘이 밝아오고
새벽닭이 울음 우니
간다 간다 우린 간다
금강산 비로봉 위로
우린 이제 승천한다.

선녀들 모두 오른쪽 위로 올라간다. 혼자 남은 직녀 갑자기 외롭고
오한을 느끼는 듯 쪼그리고 앉아 떨고 있다.

직녀   금강산 비로봉아
내 신세를 둘러보아라
나 천상 선녀로서
천상계를 다 지키고
우러러 옥황상제님께
지성 충성 다하였고
형제아우 선녀들과
우애 다해 지냈거늘
어이하여 나에게
이런 시련 나리느냐
천상에도 법이 있고
지상에도 법이 있거든
지상법 어떠하여
이런 시련 나리느냐
우러러 옥황상제님

나의 죄가 크다 하여도
두루 두루 관서하여 주소서
빌고 빌고 비나이다
관서하여* 주옵소서

후면에서 견우 슬그머니 등장한다. 짐짓 지나가는 듯하다 직녀를 보고
놀란다.

견우   아니 낭자는 어느 댁의 낭자이길래 이 이른 새벽에 여기엘 나와
       있소?

직녀는 더욱 놀란다.

견우   낭자!
직녀   아니옵니다.
견우   무슨 사연인지 어서 말이나 해보오.
직녀   말 못 할 사연이니 제발 묻지 마소서.
견우   무슨 말 못 할 사연이 있길래 아리따운 규수의 몸으로 동도 트지
       않은 새벽에 이 깊은 산속 팔담가에 나와 있단 말이오? 그 사연
       은 나중에 듣기로 하고 우선 내 집으로 가서 몸이나 녹이시오.
직녀   집으로 가다니요?
견우   이런 한데에서 새벽이슬을 맞으면 어떻게 되는지 아오? 오한이
       일고 목이 붓고 기침을 하고 잘못하다가는 목숨까지 잃게 된다
       오. 여러 말 말고 어서 나를 따라와요.

---

* 관면(寬免)하다와 같은 말: 죄나 허물 따위를 너그럽게 용서하다.

견우, 직녀의 손을 잡고 이끄니 직녀 야릇한 감촉으로 어쩔 줄 몰라
한다. 견우도 역시 황홀해진다.

견우　세상에 이럴 수가…

직녀　어머!

견우　내 나이 이십 평생
　　　이런 감촉 처음이네
　　　솜같이 부드럽고
　　　이슬같이 촉촉하고
　　　연시처럼 말랑말랑한
　　　이런 감촉 처음이네

직녀　어쩌면 이럴 수가
　　　어쩌면 이럴 수가
　　　싸늘하던 이 몸이
　　　이리 포근함은 웬일일까?
　　　친구들과 손을 잡고
　　　놀아본 일 많았건만
　　　이 손은 뉘 손이시오?
　　　어찌 그리 푸근하오?
　　　팔담가에 홀로 남아
　　　외롭기로 학 두루미라
　　　이 손 한번 잡히고 나니
　　　왠지 걱정 사라졌네

견우　낭자 낭자 이리 오오
　　　내 손 잡고 이리 오오
　　　천생이 양하고

지생이 음하니
음양이 화합함은
하늘이 내리신 도리라
하늘의 뜻대로
동고동락하여 보오

견우, 직녀를 안는다.

직녀   어머나!

제2막

견우의 귀틀집.

후면에 수려한 산세를 배경으로 아담한 귀틀집이 중앙에 자리를 잡았다.
귀틀집 한쪽에는 베틀이 놓여 있고, 방안과 부엌, 장독대 등이 적당히
자리잡아 그대로 행복한 한 가정을 엿보는 듯하다.

직녀, 베틀에 앉아서 베를 짜고 있고, 나리와 여울은 앞마당에서 놀고
있다.

동물들　철커덕 철커덕 베틀이야
직녀　이 베를 고이 짜서
　　　우리 나리 바지 해주고
동물들　철커덕 철커덕 베틀이야
직녀　이 베를 고이 짜서
　　　우리 여울이 적삼 해주고
동물들　철커덕 철커덕 베틀이야
직녀　이 베를 고이 짜서
　　　우리 아빠 두루마기 해주지
나리, 여울　철커덕 철커덕 베틀이야
　　　우리 엄마 잘도 짠다
　　　철커덕 철커덕 베틀이야
　　　우리 엄마 곱기도 하다
　　　철커덕 철커덕 베틀이야

오른쪽에서 사냥꾼과 소자 등장한다.

사냥꾼 오늘도 이 집에 베 짜는 소리는 여전하군.

나리 안녕하세요?

여울 안녕하세요?

소자 오, 너희들 잘 있었니?

직녀 어서 오시어요.

소자 견우는 어딜 갔소?

직녀 약초 캐러 나가셨어요.

사냥꾼 부지런두 하군.

소자 난 견우네 집에만 오면 부럽단 말이야. 달덩이 같은 아들딸에 선녀 같은 직녀가 값비싼 베를 매일처럼 철커덕 철커덕 짜주니 말이야.

사냥꾼 그 베는 돈을 주고도 살 수 없으니 나한테두 좀 짜주시우.

직녀 우리 식구 입을 옷감밖에는 짜지를 않습니다.

사냥꾼 쳇! 오늘도 또 퇴짜군.

소자 번번이 퇴짜를 맞으면서 부탁은 왜 자꾸 하시우.

사냥꾼 세상에 열 번 찍어 안 넘어가는 나무가 없다지 않나. 내 다시 한 번 부탁을 하겠네.

소자 마오 마오 그리 마오
　　　열 번 두 번 찍어도
　　　안 넘어가는 나무 여기 있소
　　　직녀님의 절개 곧아
　　　훼절키는 어려우니
　　　두 번 세 번 부탁해도
　　　본전도 못 찾으리다

사냥꾼 산골 사는 아낙으로
　　　돈을 만져 못 보았으니

큰돈으로 호사하면

생각 금방 달라질걸

직녀 직녀 팔담 직녀님

내 부탁 한 번 더 들어주오

베를 열 필 짜아주면

백냥 돈을 드릴 테니

백냥으로 호사하면

그 아니 좋겠소?

백냥이면 값진 보화

백냥이면 주단 비단

온몸에 휘감고서

번화한 대처 구경도

실컨 실컨 하오리다

직녀 금강산 팔담보다

더 좋은 대처 없으리다

사냥꾼 그러하면 백냥을 줘도 못 짜주겠단 말이오?

직녀 지아비 하신 말이

돈은 세상 요물이니

멀리하라 하셨소이다.

사냥꾼 돈이 요물이라니?

소자 (사냥꾼을 한쪽으로 끌고 가서) 이리 와요. 직녀는 돈이 뭔지 도시 모른다오.

사냥꾼 돈을 모른다니? 돈을 모르면 내가 어찌 직녀를 차지할 수가 있 겠느냐?

소자 직녀를 차지하다니요?

사냥꾼 내가 할 일 없이 이 팔담가엔 괜히 매일처럼 올라오는 줄 아느냐?

무슨 수를 써서든지 저 하늘에서 내려온 직녀를 내가 차지하고
야 말 테다.

소자　아니 되오, 아니 되오. 그것만은 아니 되오. 견우 직녀 사이만은
하늘이 무너져도 떼어놓지 못하리다.

사냥꾼　견우가 죽어도 떼어놓지를 못해?

소자　예?

사냥꾼　복에 겨운 그놈을 없애버릴 생각을 벌써 하였느니라.

소자　천벌을 받을 말씀 하지도 마시우. 설사 견우가 죽어도 직녀는
끝내 지아비를 그리며 수절할 것이오이다.

사냥꾼　내가 이간을 하면 그러하지도 않을걸.

소자　이간을 하다니요?

사냥꾼 소자를 밀어 제치고 직녀에게로 다가간다.

사냥꾼　좋소이다. 그러면 하늘나라에서 입고 내려온 그 날개옷이나 내
게 내어주구려. 내 한 번에 만냥을 드리리다.

직녀　그 무슨 말씀이신가요?

사냥꾼　견우가 그 옷을 몰래 감춰 승천하지 못하게 하였으니 어딘가 숨
겨놓았을 것이오.

직녀　네?

사냥꾼　그 옷을 내주고 만냥을 받는다면 세상에 온갖 부귀영화 한꺼번
에 누릴 테니 견우보고 그 옷을 내어달라고 하구려.

직녀　날개옷을…

사냥꾼　자, 우린 그만 가세. 그 흥정이 오늘은 이루어지지 않을 걸세.

사냥꾼, 오른쪽으로 퇴장하자 소자도 따라 퇴장한다.

직녀	내 날개옷을…
나리	사냥꾼 아저씨가 무슨 말을 했나요?
여울	날개옷을 숨기다니요?
직녀	아니다. 너희들은 알 거 없다.
나리	엄마는 하늘나라에서 내려왔나요?
여울	엄마는 날개옷만 있으면 하늘나라로 다시 올라갈 수 있나요?
직녀	아니다, 아니다.

직녀, 괴로워하는데 선녀들의 후창이 은은히 들려온다.

선녀들 금강산 절경이라도
하계에 솟은 산이로세
팔담물 맑다 해도
계곡에 흐르던 물이로세
천상에서 태어나
천상에서 살던 선녀
인세에 묻혀 사니
그 아니 측은한가
옥황상제님 말씀하시길
인세에 온갖 욕심
시기 탐욕 있다 하셨으니
곱디고운 우리 직녀
어이 인세에 살으랴
가련하다 가련하다
우리 직녀 가련하다

　　　　　　　　　　　　　　　　견우와 직녀

직녀 더욱 괴로워 어쩔 줄을 몰라 한다.

나리   엄마, 왜 그러셔요?
여울   엄마.

왼쪽에서 견우 등장한다.

견우   나리 여울아, 내가 돌아왔다.

그러나 아무도 반기지 않자 견우 이상해진다.

견우   아니 왜 그러느냐? 여보, 왜 그러오?
나리   사냥꾼 아저씨는 나쁜 아저씨예요.
여울   사냥꾼 아저씨가 다녀간 후에 엄마는 갑자기 슬퍼졌어요.
견우   사냥꾼 아저씨가 뭐라고 그랬길래?
여울   엄마보고 베를 짜달라고 그랬어요.
나리   엄마보고 날개옷을 팔라고 그랬어요.
견우   뭐라구?

소스라치게 놀라는 견우를 직녀 찬찬히 바라본다.

견우   날개옷을…
직녀   여보, 당신이 정말로 그 옷을 숨기셨소?

견우, 당황하여 어쩔 줄을 모른다. 직녀 비로소 모든 것을 확인한 듯
착잡해진다.

나리	엄마는 정말로 하늘나라에서 내려왔나요?
여울	아빠가 정말로 엄마의 날개옷을 숨겼나요?
견우	여보, 여보, 용서하오
	내 죄가 죽을죄요
	다리 다친 사슴이
	은혜 갚아 하는 말이
	날개옷 한 벌 훔쳐
	팔담 선녀 붙잡으면
	백년해로 한다 하여
	그리하였던 것이오
	내 죄가 죽을죄니
	나를 죽여도 한은 없소

직녀, 조용히 흐느낀다.

나리	엄마, 엄마, 울지 말아요.
여울	엄마, 엄마, 울지 말아요.
견우	내가 죽을죄를 지었소.
직녀	낭군님, 낭군님 아니옵니다
	낭군님의 간절한 소망
	어이 이제 탓하오리까
	낭군님의 소망으로
	나 하계 살게 되어
	낭군님의 사랑 얻고
	나리 여울 귀하디귀한
	두 자식도 얻었으니

무슨 한이 있겠소만
이제 그 날개옷으로
낭군님께 큰 화가
미칠 것이 틀림없으니
이제는 그만 날개옷을
나에게 내어주어
화를 물리침이 좋겠소이다

견우 화가 오다니?

직녀 욕심 많은 사냥꾼이
그 날개옷을 탐하니
그 옷을 없애버려
화를 면하도록 하옵소서

견우 날개옷을 어이 없앤단 말이오?

직녀 날개옷은 천상의 옷
하계에 있을 옷 아니오이다
그 옷을 첩에게 내어주면
천상으로 다시 보내오리다

견우 어찌 그리할 수가 있겠소?

직녀 어찌하건 염려 말고
어서 어서 내어주시오

견우 어쩔 줄을 모른다.

직녀 낭군님, 그 날개옷으로 인제 돌아올 화를 그대로 맞으시겠소이
까?

견우 아니오. 그리할 수는 없소.

직녀	그럼 어서 어서 내어주시오.
견우	(그래도 망설인다)
직녀	어서.
견우	(마침내 결심한 듯) 그러리다. (집안으로 들어간다)
나리	엄마, 그 날개옷으로 어떤 화가 오나요?
여울	엄마, 그 날개옷을 어쩌시려구요?
직녀	어떻든 그 옷은 이 하계에 둘 옷이 아니다.
나리	하늘나라는 어떤 덴가요?
여울	엄마는 왜 거기서 내려오셨나요?
직녀	너희들을 낳기 위해서 내려왔단다.
나리	정말요?
여울	하늘나라의 날개옷을 빨리 빨리 보고 싶네.

견우 안에서 날개옷을 들고 나온다.

나리	그게 날개옷인가요?
여울	빨리 좀 보여줘요, 빨리요.
견우	여보, 여기 있소.

견우 날개옷을 내주자 직녀 착잡히 옷을 받아 가만히 품에 안는다.
오른쪽에서 소자 급히 등장한다. 직녀 얼른 날개옷을 뒤로 감춘다.

소자	견우, 견우 여보게.
견우	왜 그러지?
소자	자네한테 급히 할 말이 있네.
견우	무슨 말?

소자　(둘러보고) 여기선 말하기 뭣하니 우리 뒷산으로 좀 가세.

견우　그래.

견우와 소자 오른쪽으로 퇴장한다.

나리　엄마, 그 날개옷 좀 보여주세요.

여울　그래요, 어서요, 빨리요.

직녀 천천히 날개옷을 펼쳐 본다. 탄성을 지르는 나리와 여울.

나리　야! 멋있다.

여울　어머나! 어쩌면 이렇게 고운 옷이 있지?

나리　정말 하늘의 옷이 다르구나.

여울　한번 입어봐요, 어서요. 빨리요.

직녀 감회가 깊은 듯 천천히 날개옷을 입는다. 그 우아함에 다시 탄성
을 지르는 나리와 여울.

나리　너무 너무 멋있어요.

여울　엄마는 진짜 선녀예요.

직녀의 시선 점차 위로 오르면 선녀들의 후창이 나온다.

선녀들　금강산 절경이라도

　　　　하계에 솟은 산이로세

　　　　팔담물 맑다 해도

계곡에 흐르던 물이로세
천상에서 태어나
천상에서 살던 선녀
인세에 묻혀 사니
그 아니 측은한가
인세에 묻힌 진애
이젠 모두 털어버리고
날개옷 입고 훠얼 훠얼
천궁으로 오르거라
어서 천궁으로 오르거라
직녀야, 직녀야, 직녀야

직녀 서서히 왼쪽으로 나간다.

나리 엄마, 왜 그러시어요?

여울 엄마, 왜 그러시어요?

직녀 나리야, 여울아.

나리 엄마, 가지 마셔요.

여울 엄마, 가지 마셔요.

나리, 여울 엄마, 가지 마오
우릴 두고 가지 마오
천상이 어디라고
우릴 두고 떠나려오
비로봉이 위 천길 만길
이제 엄마 떠나시면
우린 어이 살라고

견우와 직녀

홀쩍 떠나가시려오?

직녀 눈물 짓다 와락 나리와 여울을 포용한다.

직녀   가도 가도 내가 어이

너흴 두고 떠나겠냐

천궁길이 수만리라

이제 가면 못 볼 것을

어린 너희 남겨두고

내가 어이 떠나겠냐

낳은 정이 큰 정이니

너희 모두 같이 가자

천궁으로 올라가서

옥황상제님께 아뢴다면

인정 능히 아시어서

두루 거두어 주시리라

가자 가자 어서 가자

우리 천궁 같이 가자

여울   엄마 엄마 가지 마오

아빨 두고 가지 마오

우리 모두 천궁 가면

아빠 어찌 살리이까

나리   엄마 엄마 가지 마오

아빨 두고 가지 마오

착한 아빠 우릴 잃고

어찌 살라 하오시오

직녀 아빠는 원래 세인
하계에서 사실 것이고
이 어미는 원래 선녀
하늘에서 살아야 하니
너희도 같이 가서
천궁에서 같이 살자

직녀 나리와 여울을 각기 한 팔에 안고 후면 왼쪽으로 천천히 올라
간다.

나리 엄마!
여울 아빠!

신비스러운 음악과 환상적인 조명 속에 세 사람 모두 퇴장하면 잠시
사이 까마귀 까치 소리 들려온다.
사이, 오른쪽에서 견우와 소자 등장한다.

소자 그러하니 자네가 여기를 떠나서 사는 것이 좋을 것 같네.
견우 내가 이 팔담가를 떠나서 어디로 간단 말인가? (그러다 둘러보고
의아해 한다) 여보, 나리야, 여울아.
소자 아니 그새에 다들 어딜 갔지?

견우 급히 집안을 살펴보고 또 왼쪽으로 나가본다.

소자 이상하다, 이 저문 날에 다 어딜 갔담!

견우 왼쪽에서 힘없이 등장한다.

견우 　가지 마오, 가지 마오
　　　내 사랑 직녀 가지를 마오
　　　이 세상에 맺힌 인연을
　　　팔담가에 내버리고
　　　어이 떠나간단 말이오?
소자 　아니 자네 그게 무슨 소린가? 자네 안사람이 떠나가다니.
견우 　그럴 것이야. 직녀는 그럴 것이야.
소자 　그래, 직녀가 사냥꾼의 말을 족히 다 들었을 것이니 스스로 여기
　　　를 피했을런지도 모르지. 내 아랫고을로 내려가서 동네 사람들
　　　한테 모두 알리고 사람들을 시켜서 찾아 나서보도록 하겠네. 가
　　　도 아직 멀리는 가지 못했을 걸세. (급히 오른쪽으로 퇴장한다)

견우 소침하여 그대로 있다 천천히 무대 왼쪽으로 가 멀리 보고 다시
절망하여 천천히 중앙으로 나온다.

견우 　하늘 높이 우뚝 솟은
　　　천하절경 금강산은
　　　오색 구름이 넘나드는
　　　일만이천 봉우리
　　　무지개 뜨고 지는
　　　팔담가의 선녀들은 간 곳 없고
　　　흰 구름만 덮여 있네
　　　선녀들은 없건마는
　　　서약조차 없을쏜가

인생이 외롭다고
꿈마저 버릴쏘냐
나 죽어 백골이 되더라도
이 고장에서 기다리리라

견우 흐느끼고 있는데 왼쪽에서 사슴 등장한다. 견우를 보자 의아한
듯 다가간다.

사슴   아니 다 저문 이 저녁에 왜 혼자 울고 계시오?

견우   내 인생은 이젠 끝장이 났다.

사슴   끝장이 나다니요?

견우   내 아내가 두 아이를 데리고 하늘나라로 올라갔구나.

사슴   뭐라구요? 어찌 그럴 수가 있겠어요. 날개옷이라도 줬나요?

견우   그래, 줬다.

사슴   어째서 내 말을 안 들으셨어요? 아이가 셋이 되기 전에는 절대
로 날개옷을 내어줘서는 안 된다고 그랬잖아요.

견우   그럴 만한 사정이 있었다. 어떻든 나는 졸지에 처자를 한꺼번에
잃어버렸으니 장차 어이 살아간단 말이냐? 아이고! 내 신세야.
(통곡한다)

사슴   견우님, 견우님, 너무 서러워 마시어요. 하늘이 무너져도 솟아날
구멍은 있소이다.

견우   뭐라구? 어이 솟아날 구멍이 있단 말이냐?

사슴   하늘 천중 물이 없어
팔담물을 길어 쓰니
팔담물에 목욕한 선녀들이 많은지라
보름날 밤이 되면

             견우와 직녀

천궁에서 타래박 내려
팔담물을 퍼 올린다오
그때 잠시 기다렸다
타래박에 올라타면
천궁으로 올라가서
아내 직녀 두 자식
만나볼 수 있으리라

견우   그게 정말이냐? 그러면 당장 팔담으로 가서 타래박이 내려오기
를 기다리겠다.

사슴   아니오 아니오
지금은 때가 아니오이다
해가 져야 달이 뜨고
달이 떠도 보름달이니
조금만 기다리면
팔담 위에 휘영청
보름달이 뜨오리다

견우   보름달!

조명 서서히 어두워지며 후창이 나온다.

후창   달이 뜬다, 달이 뜬다
달마다 휘영청 보름달이 뜨네
여름 가고 가을 오면
제비떼도 돌아가건만
하늘 가신 우리 식솔은
온다 간다 말이 없네

중천에 뜬 저 달님아
이 내 마음 비추어라
우리 우리 있는 곳에
영락없이 밝혀다오

제3막

금강산 내금강 만폭팔담.
제1막과 같음.

빈채, 보름달만이 휘영청 떠 있다. 견우와 사슴 오른쪽에서 살며시 등
장한다. 뭇짐승들의 울음소리.

사슴 오늘이 바로 그날이오이다. 저 하늘에 뜬 보름달을 보셔요.
견우 그렇기는 하다만 어쩐지 으시시한 느낌이 드는구나.
사슴 그거는 밤이니까 그렇죠. 사람들이 다 잠이 들었을 때 천궁에서
      타래박을 내려보내서 팔담의 물을 길어 올린다오.
견우 천궁?
사슴 천궁이란 하늘의 궁
      옥황상제 거하시며
      삼라만상 온 우주를
      한꺼번에 관장하시니
      궁궐 중에 궁궐이요
      대궐 중에 대궐이요
      구름 위에 두둥실 떠
      풍백 우사 운사를
      한꺼번에 장령하시고
      인세 삼백육십여사도
      모두 주재하시니
      세상의 모든 이치가
      여기에서 비롯된 궁이오이다

견우	직녀 그리로 돌아가
	인세 도리 모두 잊고
	나리 여울이와 함께
	천상 궁궐 생활하리라
	그러나 내 아내는 내 아내
	내 자식은 내 자식
	인세에서 맺어진 인연
	깊은 줄을 알려주리라
	하늘이여
	옥황상제님이시여
	제발 부디 타래박을 내려서
	이 견우 승천하여
	아내 자식 상봉하고
	인세의 사랑 깊은 줄
	천궁에도 알리게 하여주소서

신비로운 가락과 함께 하늘에 서광 일며 황금줄에 매어달린 타래박이 위에서 서서히 내려온다.

사슴	타래박입니다, 타래박입니다. 타래박이 내려옵니다.

견우도 뒤돌아보고 황홀해진다.

견우	오, 정녕 그렇구나. 네 말이 맞았구나. 정말로 하늘에서 타래박이 내려왔구나.
사슴	어서 어서 저 박 타시오

어서 어서 저 박 타시오

저 박만 타오시면

두둥실 승천하여

생전 한 번 본 적 없던

천궁으로 올라가서

직녀아씨 만나뵙고

나리 여울 만나리다

견우　그래, 그래 어서 가자

하늘 천궁으로 어서 가자

우리의 백년 가연

저 박줄에 달렸구나

아내 찾아 자식 찾아

천궁까지 왔다 하면

천상의 옥황상제

그 소망도 아시리라

사슴　어서 어서 박줄 타시오

어서 어서 승천하시오

견우 급히 후면으로 가 박줄에 올라탄다. 타래박 서서히 올라간다.

견우　승천한다 승천한다

내가 이제 승천한다

직녀 직녀 내가 가오

나리 여울 내가 간다

어이 맺은 연분인데

생이별을 할 것인가?

224   차범석 전집 10

인세 삼백육십여사
옥황상제님께 달렸으니
천궁으로 찾아가서
이 사연 아뢰리라
승천한다 승천한다
내가 이제 승천한다

제4막

천궁(天宮).

신비스러운 구름 사이로 우뚝 솟은 천궁의 위용이 무대 전체를 압도한
다. 무대 중앙에 옥좌가 위치하고 있고 좌우로 역시 화려한 천궁의
장식들이 운치 있게 자리 잡았다.
화사하고 신비스러운 분위기 속에서 옥좌에 옥황상제 정좌하고 있고
좌우엔 대신들 그리고 그 앞에는 선녀들의 창과 무용이 현란하게 벌어
지고 있다.

선녀들　태평성대 천상천하
　　　　 매일 매일이 풍요롭구나
　　　　 일월이 생긴 후
　　　　 천지가 화합하니
　　　　 천상의 옥황상제
　　　　 만덕을 누리시어
　　　　 인세 삼백육십여사를
　　　　 한손으로 주재하시고
　　　　 풍백 우사 운사도
　　　　 한손으로 거느리시니
　　　　 하계의 인세는
　　　　 오늘도 순조롭다
　　　　 옥황상제 만덕을
　　　　 길이 길이 보존하세
　　　　 옥황상제 만덕을
　　　　 길이 길이 보존하세

선녀들 춤을 마치고 물러나면 옥황상제 서서히 나선다.

옥황상제 정녕 그러하다. 오늘도 하계는 태평성대로구나. 하지만 우리
천상이 심히 어려워졌으니 이 일을 어이할꼬? 내 밤새 이리저리
궁리하여보았으나 신통한 생각이 나지를 아니하였느니라. 내가
천궁에서 데리고 있던 선녀가 인세로 내려가서 두 아이를 낳아
가지고 돌아오다니.

대신 1 인세의 인간이 어이 천궁에 오르오리까? 직녀는 물론이옵고 두
아이마저 인세로 내치심이 도리일 듯 하옵니다.

대신 2 정녕 정녕 그러하오이다. 천상의 계율은 그지없이 지엄한데 하
계의 인간들이 어이 천상에서 거하리까? 이미 직녀 선녀가 아니
오니 같이 내치심이 마땅한 줄로 아뢰옵니다.

옥황상제 내 생각도 그러하나 직녀는 내가 총애하던 선녀라 날개옷을
잃은 것이 직녀의 탓만은 아니니 직녀를 내칠 수는 없느니라.

대신 1 그러면 인세의 두 아이만이라도 당장에 내치시옵소서.

대신 2 직녀도 마땅히 내치시어야 하옵니다.

옥황상제 그리하기에는 너무 가엾지 않은고, 어떻든 내칠 때는 내치더라
도 직녀와 두 아이를 다시 한 번 보도록 하자. 직녀와 두 아이를
대령시키거라.

(소리) 예-

직녀와 나리, 여울 왼쪽에서 등장한다. 옥황상제 앞으로 가 공손히 예
를 올린다.

옥황상제 직녀, 너 듣거라. 천상의 선녀로서 하계에 내려갔다 올라오지
못했음은 죽어 마땅한 죄렷다. 하물며 두 아이까지 낳았으니 너

를 어이하면 좋을꼬?

직녀   소녀의 죄 죽어 마땅하오니 이대로 죽여주옵소서.

옥황상제   너는 이미 천상의 선녀가 아니다. 너 하나 죽이는 것은 대수로울 것이 아니다. 네가 죽으면 저 두 아이는 어쩔꼬?

나리   옥황상제마마, 감히 아뢰옵니다. 어미 없이 저희가 어찌 태어날 수 있으며, 어미 없이 어찌 저희가 살 수가 있겠나이까? 저희도 함께 죽여주시옵소서.

여울   옥황상제마마, 저희는 죽고 사는 것을 모르옵니다. 죽건 살건 어미 곁에만 있게 하여주시옵소서, 엄마.

나리   엄마.

나리와 여울, 직녀에게 안긴다.

옥황상제   어쩌면 저렇게 귀여울 수가 있을꼬? 인세의 사람들이 평생을 기쁘게 사는 것도 저런 아이들이 있기 때문이렷다.

대신 1   하오나 인세의 사람은 이 천궁에 거할 수 없는 것이 하늘의 율법이옵니다.

대신 2   옥황상제께옵서는 저 아이들을 인세로 당장 내치라는 명을 내려주시옵소서.

옥황상제   과연 그리할 수가 있으랴. 직녀, 너 듣거라. 저 두 아이를 인세로 데려다줄 수가 있겠느냐?

직녀   옥황상제 높은 탑전에
감히 감히 아뢰옵니다
인세에 내려가 얻은 것은
천고무비의 인정이라
부부정이 으뜸이요

자식정이 또한 으뜸이라

이 정을 알고도

이제 와서 버린다면

목숨 이어 살아감이

참으로 부질없소이다

이제 자식을 내치라시면

차라리 죽어버리겠소이다

옥황상제 나도 그 심정은 알 만하다.

대신 1 마마, 하오나 천계의 계율을 깨치시겠나이까?

대신 2 이러한 일은 전에도 없었고 앞으로도 없어야 할 일이옵니다. 하계의 인간들이 올라와 천계를 어지럽힌다면 천계의 위엄이 사라질 것이옵니다.

옥황상제 선녀, 너희들의 생각은 어떠하냐?

수선녀 우리 선녀 한결같이

옥황상제님 마음이오이다

자식정 알지 못하고

천궁에서만 살아오다

비록 우리 자식 아니라도

나리 여울 재롱 보면

그 정이 으뜸이라

이제 두 아이 내치시면

우리 모두 서운키를

직녀와 다름없소이다

선녀들 옥황상제님 전에 아뢰옵니다

천제천궁 높은 곳에

선녀로만 지내오다

229   견우와 직녀

인세지정 알고 보니

그 또한 으뜸이라

나리 여울 두 아이

천궁에서 거한다면

천궁의 하루 하루가

한결 더 빛이 나고

보람있을 듯하오리다

부디 부디 두 아이를

내치지 마옵소서

수선녀 옥황상제님 슬하에

왕자 없고 공주 없으니

나리 왕자 여울 공주

그처럼 생각하옵시면

옥황상제님의 슬하도

분명히 빛이 날 것이오이다

대신 1 그것은 말도 안 되는 일이옵니다.

대신 2 인세의 아이들이 어찌 감히 옥황상제님의 왕자와 공주가 되겠나이까.

선녀들 마옵소서 마옵소서

내치지만 마옵소서

천상의 도리 지엄하나

인세의 도리 측은하니

두 아이 내치시면

인세의 정 천상계율

높낮이는 없소이다

마옵소서 마옵소서

내치지만 마옵소서

옥황상제 정녕 정녕 그러하다

천상계율 지엄키로

인세지정 버린다면

천상도리 그 아니다

이미 두 아이 승천하여

천궁으로 들었거늘

어이 다시 아득한 인세로

내려보냄이 도리냐

나리 여울아, 이리 오너라

이리 와 너희도 같이

이젠 우리 천궁 같이 살자

나리, 여울 옥황상제님!

직녀 황은이 망극하옵니다.

선녀들 경사, 경사

천궁 경사 이제 났네

하계에서 왕자 공주

한꺼번에 승천하셨네

풍백 우사 운사는

이 경사를 알리거라

풍백은 바람 일구고

운사는 구름을 띄우거라

경사, 경사

천궁 경사 이제 났네

마침내 옥황상제 나리와 여울을 양쪽에 안는다. 대신 3 오른쪽에서

견우와 직녀

등장한다.

대신 3 옥황상제마마.

옥황상제 어인 일이오?

대신 3 우리 천궁에 큰 변괴가 일어났소이다.

옥황상제 변괴라니?

대신 3 만폭동 팔담으로 물을 길러 내려보낸 타래박을 타고 하계의 인
간 하나가 우리 천계로 올라왔소이다.

옥황상제 뭐라구?

모두 놀란다.

옥황상제 고얀지고. 여기가 어디라고 하계의 인간이 감히 침범을 한단
말이고!

대신 1 직녀가 하계의 아이들을 데리고 올라왔기 때문이오이다.

대신 2 하계의 사람들이 올라오는 길을 열어주면 아니 되시옵니다.

옥황상제 물론 그러하오. 그 하계의 사람을 당장 이리 끌어오도록 하여라.

소리들 예이-

견우 오른쪽에서 사자들에게 끌려 나온다. 견우를 보자 놀라는 직녀.

직녀 여보!

나리 아빠!

여울 아빠!

옥황상제를 비롯해 모두 놀란다.

옥황상제 아니 그러하면 저자가 직녀를 붙잡아 아내로 삼아버린 그 무례
한 자란 말인고?

견우 그러하옵니다, 마마. 모든 것은 소인이 저지른 일이오니 소인을
죽여주옵소서. 단 아내와 자식에 대한 정은 어쩔 수 없사오니
아내와 자식의 손 한 번만 잡아보고 눈을 감게 된다면 아무 여한
이 없겠나이다.

대신 1 여기는 하계가 아니다.

대신 2 무엄하게 감히 옥황상제 앞에서…

수선녀 옥황상제님 전에 아뢰옵니다

천상 선녀로만 살아오며

인세 사정 몰랐사오나

직녀로 인해 또한 정을 알았으니

그것이 바로 사랑이더이다

옥황상제 사랑?

대신들 사랑?

옥황상제 사랑은 어떻게 생긴 것이냐?

수선녀 직녀에게 물으소서.

옥황상제 사랑이란 무엇이냐?

직녀 옥황상제님 전에 아뢰옵니다

첩이 인세에 묻혔던 것도

그 사랑 때문이옵고

두 자식을 갖게 된 것도

그 사랑 때문이옵고

이제 더 괴로움도

그 사랑 때문이옵니다

대신 1 사랑이 무엇이냐고 묻지 않으시냐?

대신 2 어서 낱낱이 아뢰도록 하여라.

직녀 사랑이란 정중한 으뜸이요

마음에 제일 소중한 것이오이다

사랑이란 돈도 아니고 물건도 아니고

명예도 아니요 욕심도 아니요

보이는 것도 아니옵니다

첫째 사랑은 남녀의 마음속에서 생기는 것이요

마음에서 마음으로 흐르는 것이오이다

둘째 사랑은 부모와 자식의 사랑이옵니다

부모의 사랑은 자기의 목숨보다

자식의 목숨을 더 소중히 하며

평생을 그렇게 살므로

자식은 자식을 낳고

자자손손이 이어지는 것이

인세상정이옵니다

옥황상제 그 사랑이 어찌 생겼느냐? 둥글더냐, 모지더냐?

직녀 둥글지도 모지지도 않소이다.

옥황상제 그러면 구름처럼 떠 있더냐? 안개처럼 가라앉더냐?

직녀 어떤 때는 구름 같고 어떤 때는 안개 같더이다.

옥황상제 사과처럼 빨갛더냐? 벼이삭처럼 누렇더냐?

직녀 색깔로는 말씀드릴 수 없사옵니다.

옥황상제 그러면 차더냐, 덥더냐?

직녀 그것만은 분명한 것이 따스하기 그지없사옵니다.

이제 제 남편과 아이들의 손을 잡아본다면 그러한 것을 느낄 것

이옵니다.

옥황상제 그러하면 저자는 손을 잡아보러 이 천상에까지 올라왔단 말이냐?

직녀   그러하다 할 수 있사옵니다.

수선녀 청컨대 그러한 소망만은 들어주시옵소서.

옥황상제 그것은 어려울 것이 없지. 그리하도록 하여라.

나리   아빠!

여울   아빠!

나리와 여울 견우에게로 뛰어가고 직녀도 견우에게로 간다. 비로소
상봉의 기쁨을 나누는 네 사람.

옥황상제 그만하면 되었느냐?

견우   마마, 소인은 이제 당장 죽어도 한이 없사옵니다.

옥황상제 나는 도대체 그 사랑이 무엇인지를 모르겠구나.

견우   옥황상제님 전에 아뢰옵니다
       인세 삼백육십여사
       아무리 주재하셔도
       사랑만은 주재 못 하시리다
       사랑은 하늘에서 내린 것이 아니옵고
       사람의 마음에서
       스스로 우러나온 것이오니
       소인이 직녀를 아내로 삼아
       해로한 것도
       그 사랑으로 인한 것이옵고
       천상의 계율도 어기며
       죽기로 승천한 것도
       그 사랑으로 인한 것이었소이다
       이제 소인의 한은 풀었사오니

견우와 직녀

처분대로 하여 주시옵소서

대신 1   저자를 당장 내치시어야 하옵니다.

대신 2   타래박줄에 매어 달아 금강산 팔담으로 보내시옵소서.

옥황상제   그 사랑의 사연이 어떠하건 천상의 계율은 지엄하다. 네 이제 처
자를 만나보아 한이 없다고 하니 당장 하계로 내려가도록 하여라.

나리   아빠, 가선 안 돼요.

여울   안 돼요, 아빠.

나리와 여울, 견우에게 매달려 울음을 터뜨린다.

직녀   마마, 다시 한 번 통촉하여 주시옵소서
부부의 이별은 참을 수 있으나
자식과의 생이별은 차마 볼 수 없소이다
이제 비록 헤어져도
한 해에 한 번씩만이라도
만날 수 있게 하여 주시옵소서

옥황상제   천상과 천하에 있으면서 어이 만날 수가 있겠느냐?

대신 1   천상의 문을 다시는 열어선 아니 되시옵니다.

대신 2   절대로 그리할 수는 없사옵니다.

나리   하지만 아빠가 보고 싶을 거예요.

여울   아빠가 보고 싶어요.

직녀   여보.

견우   우리의 인연이 그러하다면 어찌하겠소. 날마다 하늘을 우러러보
며 당신과 자식들이 잘 지내기를 기원하겠소.

옥황상제   그 정녕 심히 측은타
삼백육십여사

아무리 관장해도
사랑을 몰랐으니
그 아니 허황된가
이제 사랑 알았으니
이러한 처분 내리리다

모두 긴장한 가운데

옥황상제 너희 둘이 아무리 정분이 깊어졌다고 해도 하늘의 법은 하늘의 법. 천계의 계율을 어겼으니 벌을 받아 마땅하다. 직녀는 천궁에서 백 필의 베를 짜면서 속죄하고 견우는 하계로 내려가 백 마리의 소를 먹이면서 속죄하도록 하여라. 그리고 너희가 부부로서 두 자식까지 두었으니 해마다 한 번씩 칠월 칠석 은하수가 열리면 견우는 은하수 서쪽에서 직녀는 은하수 동쪽에서 서로 만나도록 하여라.

모두 황은이 망극하오이다.

제5막

견우의 귀틀집.
저녁과 밤.

빈채 저녁노을이 깔려 있다. 까마귀 소리 들려온다. 소를 이끈 견우와
소자 오른쪽에서 등장한다.

견우   불쌍하다 이내 신세
　　　　무슨 팔자 생이별인고?
　　　　인연이 이러하면
　　　　맺지나 말 것을
　　　　알뜰한 내 아내
　　　　소담스러운 두 자식
　　　　은하수 건너 두고
　　　　상봉하면 무얼 하나
　　　　봐도 보이지 않고
　　　　불러도 대답 없는
　　　　내 아내 내 자식이여
　　　　이제 인생 마쳤으니
　　　　차라리 저승으로 가
　　　　오랜 상봉 맺으리라
소자   여보게 견우 낙심 말게
　　　　세상만사 하늘에서
　　　　애초부터 정해진 걸
　　　　낙심하여 무얼 하나

백 마리 소 먹이며
속죄 속죄 계속하면
하늘에서 다시 한 번
직녀 하강시켜 줄 걸세

견우　직녀가 하강한들 사냥꾼놈이 있으면 이 팔담가에서 어이 살꼬?

소자　사냥꾼놈 불곰에게
가슴 맞아 죽었다네

견우　뭐라고?

소자　포악하고 탐욕스런
그런 놈은 죽어야지
하늘에서 괘씸하여
나린 천벌 그 아닌가

견우　사냥꾼이 죽다니?

소자　그러하니 이제는 직녀가 내려오기만 하면 되네.

견우　한번 승천한 직녀는 다시는 이 하계로 내려올 수가 없다네.

소자　그러면 자네가 다시 천궁으로 올라가면 될 것이 아닌가.

견우　다시는 그리할 수 없네.

소자　왜?

견우　쇠사슬도 벽도 아닌
그 무엇이 이 내 몸을
동여매니
갈 수도 없고 올 수도 없는 나
답답한 몸일세

소자　허! 생각할수록 안타까운 일이로군. 하여간 세월이 지나면 무슨
수가 생길지 모르니 좀 기다려보게.

견우　기다리지 않으면 내가 별수가 있겠나.

소자 끼니때 찾아 밥도 제대로 먹어야 하네. 몸을 보존해야 만나도 만날 게 아닌가.

견우 그래.

소자 나 그만 돌아가겠네. 내일 또 봄세.

(오른쪽으로 퇴장한다)

혼자 남은 견우 더욱 외로워진다. 힘없이 왼쪽으로 앉아 가만히 눈을 감는다.

견우 눈을 감고 있노라면
세월은 물처럼
흘러갈 줄 알았더니
바위처럼 굳어 굳어
야속할손 세월일세
은하수 구비구비
눈물 흘러내린 곳
은하수야, 너를 알랴
목메어 불러도
아무 대답이 없어
흘러 흘러 모르는 척
흘러만 가네

이 사이에 왼쪽에서 사슴 등장하여 이 소리를 듣고 있다.

사슴 견우님이 꿈을 꾸네
견우님이 잠들었네

견우님 견우님

견우님 듣조시오

직녀 아가씨의 소식을 전하오

직녀 아가씨의 소식을 전하오

견우 뭐라구? 직녀의 소식을 전한다구? 그래, 직녀는 요새 어떻게 지

내고 있느냐?

사슴 옥황상제님 엄한 명을

어이 거역하오리까?

날마다 날마다

베틀에 홀로 앉아

무수한 나날을

베만 짜며 지낸다오

왼쪽 후면 상단 위로 베를 짜는 직녀의 모습이 나타난다.

직녀 가도 가도 끝이 없는

은하수길로 베를 짜네

눈 아래 아련히

팔담 폭포 보이건만

언제 다시 하강하여

낭군님을 뵈오리까

천상 천하 길이 멀어

다시 갈 길 아득하네

견우님 견우님

내 사랑 견우님

월하에 맺은 우리 연분

거문고줄에 비하오리까

나 살아 천상 있고

낭군님 살아 팔담 있고

우리 마음 변치 않으면

은하수 깊은 물도

능히 건너 가오리다

견우   여보, 여보, 여보.

(그러나 직녀의 모습은 사라진다)

오매불망 그대 모습

한 날 한 시 안 잊었소

나리 여울 내 자식

어이 잊고 살겠소

그리다 그리다

못내 그리다

나 종내 피를 토하고

이 땅에서 죽으리라

사슴   아니옵니다 아니옵니다

견우님은 은하수 건너

직녀 나리 여울 만나리다

견우   어이 만날 수가 있단 말이냐?

사슴   지성이면 감천인데

간절한 그 정을

어이 몰라 주오리까

칠월 칠석 머지않아

은하수가 열릴테니

견우님은 낙심 말고

그날만 기다리옵소서

견우   내가 직녀와 나리, 여울일 만나?

사슴   그리할 수가 있으십니다.

견우   어이 그리할 수가 있단 말이냐?

사슴   구야 구야 가리 갈마구야

(까마귀와 까치의 소리가 들려온다)

까마귀 까치야

너흰 듣거라

땅을 걷는 짐승들은

차마 엄두 못 내지만

하늘 나는 너희들은

한번 함직 하지 않느냐

견우님의 충정을

너희들이 익히 안다면

한번 함직 하지 않느냐

(까마귀 까치들의 요란한 소리)

견우   오!

사슴   견우님, 견우님

염려 마셔요

까마귀 까치들은

능히 그 일을 해낼 것이옵니다

견우   꿈만 같은 일이로구나.

사슴   어서 어서 날이 가서

칠월 칠석 어서 와라

은하수 깊은 물 건널 다리

어서 놓자

    견우와 직녀

조명 서서히 어두워지면서 호리에 많은 별들이 뜨고 까마귀와 까치의
소리 요란해지며 후창이 나온다.

후창   어야라 차아
        어아야라 차아
        어야라차
        어야라차
        어야라 차차
        어야 차차
        어이야라아
        어야라
        어야라 차차
        어야라
        은하수 강변에
        다리를 놓세
        어야라차
        어야라차
        견우와 직녀가
        만날 다리를 놓세
        어이야라
        여야라
        어야라 차차
        어야라차
        은하수 강물이
        아무리 거센들
        황해 용왕이

방해를 한들
우리들의 힘에는
못 당한다네
어이야라
어이야라차
다 되어 가네
다 되어 가네
견우와 직녀가
만날 다리가
다 되었네
어이야라아
어야라
어야라 차차
어야라차
어이야라차차
어야라차
어야라 차차
어야라차
어야라차차
어야라차

그 사이에 후면 오른쪽 위에서 왼쪽 위로 오작교가 서서히 놓여진다.
왼쪽 후면 상단 위에 직녀가 나리, 여울을 데리고 나온다.

견우 여보!
직녀 여보!

나리	아빠!
여울	아빠!
직녀	이 다리가 어인 다리요?
견우	까마귀 까치가 우리의 상봉을 위해서 놓아준 오작교요.
직녀	오작교!
사슴	자, 어서 오작교를 건너가서 직녀님과 나리, 여울을 만나보시옵소서.
견우	그래.
나리	아빠, 어서 오시어요.
여울	아빠, 어서 오시어요.
견우	그래, 간다. 내가 간다.

견우, 후면으로 가 오작교를 천천히 건너가기 시작한다.

후창	간다 간다 천궁 간다
	오작교 건너 천궁 간다
	하늘이 멀고 멀어도
	오작교 건너 천궁 간다
	지성이면 감천이라
	지상에서 맺은 사랑
	천국인들 안 통하랴
	간다 간다 천궁 간다
	오작교 건너 천궁 간다
	인세의 사랑이 길고 길어
	천궁 간다 천궁 간다
	부디 부디 저 다리로

하늘과 땅이 화합하여
천궁 가고 인세 가고
마음대로 소통하소서
간다 간다 천궁 간다
오작교 건너 천궁 간다

견우	직녀, 나리야. 여울아.
직녀	여보!
나리	아빠!
여울	아빠!
직녀	어서 오셔요. 어서!

견우, 직녀와 나리 여울을 와락 포옹한다.

견우	만났구려. 우리가 이제야 비로소 만났구려.
직녀	꿈만 같아요. 이런 오작교가 놓여지다니요.
견우	다 당신이 인세에 있을 때 덕을 베푼 공덕이오.
직녀	오작교만 있다면 우리는 생이별을 하는 것이 아니겠지요.
견우	물론이지.
나리	나두 이 오작교를 건너서 아빠한테 갈 거예요.
여울	나두 그럴 거예요.
견우	그래, 모두 그럴 수 있다.
직녀	이 오작교가 놓여지는 것을 보고 옥황상제님께서도 감동하시어 당신을 만나보라고 하셨소이다.
견우	옥황상제님 감사 감사하옵니다 옥황상제님 감사하오

견우와 직녀

직녀　　견우님, 내 님이여

　　　　옥황님의 넓은 은덕

　　　　길이 길이 빛내주소

　　　　금강산 팔담에서

　　　　맺고 이은 우리 연분

　　　　하늘과 땅으로

　　　　비록 갈라졌어도

　　　　오작교가 있는 한

　　　　영원토록 이어지리라

견우　　물론 그러하오

　　　　오작교를 지어준

　　　　까마귀 까치 고맙다

　　　　우리 장래 염려해준

　　　　사슴 아기 고맙구나

　　　　이것이 모두가

　　　　금강산의 한 식구인지라

　　　　우리 다 같이

　　　　금강산을 찬양하세

　　　　좌우에서 선녀들 춤추며 나와 노래한다.

모두　　하늘과 땅이 화합을 하니

　　　　이런 경사가 어디 있을쏜가

　　　　음양의 이치가

　　　　여기에 있으리

　　　　만물이 화합하니

어찌 아니 기쁠쏜가
경사로다
경사로다
하늘과 땅의 경사로다
세상 만물 화합하여
길이 길이 무궁하세
영원토록 무궁하세

-막

〈창작 오페라〉

백록담(白鹿潭, 전 9장)*

작의

제주도의 이국적인 풍광이나 생활풍습은 한국이면서 한국이 아닌 또 하나의 독특한 틀 속에서 오랜 세월 잉태되었다. 그리하여 수많은 전설과 민화 그리고 신화도 전해지고 있다.

그런 많은 자료 가운데서 가장 제주도의 특성을 지니면서 한국적인 보편성을 잘 나타낸 점은 제주 여성의 삶이다. 삼다(三多)의 조건 가운데 여성이 끼어있다는 한 가지 사실만으로도 쉽게 알 수가 있다. 그것은 제주 여성이 지니는 강인한 정신력과 도덕성이다. 온갖 고난과 압력에 저항해 나온 힘이 바로 제주 여성일진대 그것은 제주의 문화는 물론 정치, 경제사의 밑바탕에 뚜렷이 깔려 있음을 쉽게 알 수가 있다. 이 작품은 그러한 제주 여성에 관한 이야기 가운데서 비교적 사실에 밀착된 근거 아래 전해진 홍윤애의 생애를 참고로 하되 작가의 상상력과 극적인 구조 및 인물은 새로 설정하여 창작한 작품임을 밝혀둔다.

특히 오페라는 음악을 주종으로 하되 연극적 요소를 필연적으로 수반해야 하는 극형식이기 때문에 사실 그것만으로는 소기의 목적을 이룰 수 없다. 특히 음악적 요인에 있어서 남성(男聲) 여성(女聲) 독창, 중창, 합창 등 다양하고도 조화로움을 이루기 위해서는 무엇보다도 인물의

---

* 차범석 대본·작사

성격 설정이 필요하며 그것은 허구성(虛構性)을 요구한다. 뿐만 아니라 관객과의 극적인 공감대를 형성시키기 위하여는 역사적인 사실을 넘어서서 또 하나의 창작적인 허구가 필수조건이다. 게다가 제주의 고유문화가 유배문화와 밀접한 관계가 있다. 몽고나 일본의 외침 아래 저항과 투쟁의 역사 속에서 여인들의 강인한 투쟁력과 생활력도 무시할 수 없다.

그러므로 이 작품은 실존했던 홍윤애의 전기라기보다는 제주 여성의 영원하고도 숭고한 여인상을 보편화시킴으로써 자라나는 2세들에게 또 하나의 각성과 자존심을 재확인시키려는 데도 그 주제의식이 설정되었음을 밝혀둔다.

그러나 이 작품은 계몽주의적이거나 목적극을 염두에 둔 게 아니다. 처절한 인생항로를 이겨내는 한 여인의 삶을 통하여 그것이 사회에 공헌한 바를 재인식시킴으로써 제주도민의 자존심과 그 독자성을 부각시키려는 데 의미를 부여한 것이다.

그리고 인물의 성명이나 환경은 작가의 의도에 따라 새로운 인물창조를 꾀하였으며 특정한 개인이나 그 인맥을 부각시킴으로써 오히려 누가 되기를 겸허하게 피하려는 의도도 밝히는 바이다.

제목 백록담(白鹿潭)은 하나의 상징(象徵)이다. 다시 말해서 수 천 만년을 두고 지켜나온 제주도의 중심부에 자리하면서 도민들에게 신성한 성역으로 인식되었고 그곳에서 구원과 위경감마저 느끼는 차원에서는 하나의 신앙일 수도 있다. 그리고 그곳은 온갖 속세적인 욕구를 떠나 인간의 영원성을 상징하는 고귀하고도 신비스러움마저 느끼게 된다. 그러므로 우리들의 이상향으로 상징되는 백록담은 우리들의 영원한 동경과 흠모와 신앙임을 확인하는데 그 의미가 있다.

줄거리

대정현에 있는 속칭 고사리마을은 아침부터 무겁고 침통한 분위기에 쌓여 있다. 한성으로부터 한 죄인이 이곳으로 유배된다는 소문과 함께 그가 기거할 적소 주변에는 군졸들이 바쁘게 드나들었다.

그 죄인은 문길상(文吉相)으로 27세. 얼마 전 대과에 급제하여 화려한 관직이 기다려지는 유능한 청년이다. 그리고 그 아버지도 호조참판을 지냈고 할아버지는 이조참판을 지낸 노론파(老論派) 가문이다.

그러나 조정에서는 정조(正祖)가 왕위에 오르자 사도세자를 추종하는 노론시파(老論時派)와 이를 반대하는 노론벽파(老論僻派) 사이에 치열한 암투가 벌어졌다. 문길상은 노론의 정통을 계승하는 벽파 집안이었으니 정조(正祖)의 세력에서 모면할 길이 없었다.

제주의 가을은 바람이 강했다. 단신 이역천리 제주도로 유배당한 청년 문길상의 심정은 착잡했다.

날마다 대하는 거라고는 바람과 파도소리와 그리고 철새 우는 소리뿐 사람 그림자라고는 볼 수도 없는 적막과 고독의 연속이었다. 적소 주변에는 대나무 칸막이로 막혀 있고 타인의 출입금지는 상상도 못할 일이다.

젊은 문길상은 권력의 잔인함과 허무함을 뼈저리게 느끼면서도 한양 땅에 남겨둔 가족 생각에 피가 마르고 애가 타는 나날이었다.

그러던 어느 날 울타리 밑에 놓여 있는 대나무 도시락을 발견하자 문길상은 고마움보다 의아심이 앞선다. 제주도에 자기를 알아줄 사람이 있을 리도 만무하거니와 죄인에게 무턱대고 물건을 건네거나 도움을 주는 자는 위법처단된다는 것도 주지된 사실이다.

도시락에는 보리밥에 미역절임과 자리젓이 찬으로 들어있었다. 누가 그런 짓을 했는지 알 길조차 없으니 궁금증과 불안은 더해만 갔다.

그러나 얼마 후 알아냈다. 이곳에서 떨어진 고사리마을에 사는 구슬이라는 처녀의 소행이었다.

구슬이는 용모도 단정하고 아름다웠지만 그 언행이 당당하고도 진취적인 점이 곧 사람을 끌었다.

두 사람은 사람의 눈을 피해 야음을 타서 밀회를 거듭했다. 빨래도 해주고 음식도 가지고 왔다.

젊은 문길상은 조금씩 마음이 이끌렸지만 자신이 죄인이라는 사실을 알고도 그렇게 행동할 수 있는 구슬이가 고맙다기보다는 의아스러웠다. 구슬이는 비로소 자신의 신분을 밝혔다.

구슬이도 알고 보니 유배인 최진사의 3대째 후손이며 그 아버지도 아이들에게 글을 가르치며 살다가 세상을 뜬 은사의 집안임을 알 수 있었다.

두 사람은 모두가 정치의 희생양이다. 권력의 억압으로 핍박받는 처지이고 보면 동정심은 당연했고 어느덧 사랑의 감정까지 고개를 쳐들게 되었으니 어찌 보면 자연스러운 운명적인 만남이었다.

두 사람의 사랑은 날이 갈수록 영글어가고 행복감에 젖어있었다. 그리고 언제이고 자유의 몸이 되면 떳떳하게 부부가 되어 한성으로 돌아가 육례를 갖출 것을 굳게 맹세하였다.

그러나 구슬이의 모친 이 씨와 오래비 덕쇠는 반대였다. 죄인에게 시집을 간다는 것은 상상도 못할 일이었다. 그래도 구슬이는 막무가내였고 언젠가는 밝은 날이 오리라 믿었다.

그러던 어느 날 예상치도 않았던 사태가 벌어졌다. 신임 제주목사가 부임한다는 소식이다. 안종철(安鍾哲)이었다. 그는 문길상하고는 원수지간의 노론시파의 후예이고 오래 전부터 적대관계로 원한이 뿌리 깊게 얽혀있다는 사실은 문길상 자신도 익히 알고 있었다. 구슬이의 경악과 문길상의 불안은 컸다. 그리고 그 예상은 들어맞았다.

제주목사 안종철은 사람을 시켜 문길상의 동향을 조사하며 그가 죄인의 신분으로 구슬이와 부부 아닌 부부의 관계를 유지하고 있음을 트집 잡아 국문을 하기 시작했다. 법적인 근거는 없지만 두 사람에게 번갈아가며 가해진 학대, 수모, 처벌······.

그것은 도저히 참을 수 없는 치욕이요 형벌이었다. 더구나 아름다운 구슬이에 대한 안 목사의 야욕은 처음에는 회유와 공갈로 나오더니 드디어 마각을 드러내며 고문까지 가했다.

그러나 구슬이는 완강하게 거부하며 논리와 순리를 바탕으로 항거하니 안 목사도 어찌할 도리가 없었다. 안 목사는 자기의 심복인 이방 정일교(鄭日敎)를 시켜 온갖 수작과 협박과 수모까지 가하자 두 사람은 그 이상 버틸 수가 없었다.

게다가 심한 고문으로 몸에 병까지 난 문길상은 구슬이에 대한 죄책감에 못이겨 자결을 시도하나 구슬이에게 발각이 난다. 문길상은 구슬이에게 인연을 끊자고 제의하나 구슬이는 그럴수록 더 의지가 굳어지고 어떠한 고난이나 압력도 우리 사이를 갈라놓지 못하리라고 불같이 절규한다.

그날 밤 구슬이는 야심한 밤에 신당에서 치성을 드리다가 잠이 든다. 그리고 꿈속에서 말로만 들었던 설문대할망을 만난다. 구슬이는 절실하게 구원을 청하자 설문대할망은 이렇게 계시를 내린다.

"백록담으로 피신하라. 그곳은 인간의 힘이 닿지 않는 곳이니 그 누구도 너희들 두 사람을 해치지 못하리라."

구슬이는 문길상을 설득시킨다. 그러나 완강하게 반대한다. 그 이상 구슬이를 괴롭힐 수도 없거니와 그 이상 불행하게 할 수는 없기 때문이다. 그러나 구슬이의 확고한 의지는 그게 아니었다. 살아남아서 옳은 것과 옳지 않은 것을 분명하게 갈라놔야 한다는 것이다. 부당한 압력 앞에 이대로 눌려서 사는 것은 제주도민의 정체가 아니라며 우리들의 구세주이자 창조신인 설문대할망의 계시는 꼭 실현되리라고. 두 사람은 드디어 탈출을 결행한다. 그것은 진정한 자유와 해방을 갈구하는 처절한 실천이자 권력에 시달려 살아나온 사람들에 대한 선언이었다.

백록담은 아름다웠다. 그러나 그곳까지 가는 길은 험하고도 고통스러운 길이었다. 그러면서도 그곳에 가면 얻을 수 있는 자유와 평화와 화합이야말로 모든 사람의 소망이 아니겠는가.

두 사람은 몇 날 며칠 한라산을 더듬었다. 옷은 찢기고 살은 찍히고 피로와 추위를 못이겨 쓰러진 문길상을 등에 업고 고개를 넘는 구슬이의 행동은 문자 그대로 초인간적인 자기와의 투쟁이었다. 그런 순간 두 사람은 발을 헛딛고 골짜구니로 굴러 떨어진다.

의식이 돌아왔을 때까지 두 사람은 며칠을 잠에 곯아떨어졌다. 그것은 무당 삼신할망의 덕이었다. 백록담의 성역을 지키기 위해 그것을 보람으로 산다는 무당은 어찌 보면 설문대할망이 내려보낸 구원의 손이라고 여겼다.

무당은 두 사람에게 약초인 시러미 열매를 다려 마시고 그 열매를 먹으라고 했다. 그것은 암고란으로 백록담 일대에서만 볼 수 있는 영약임을 알게 되자 두 사람은 새삼 감격하고 설문대할망의 은총 앞에 감격의 눈물을 흘릴 뿐이다.

(이하 생략)

※ 등장인물과 사건 내용은 집필 과정에서 다소 변경될 수도 있음.

• 등장인물

구슬이 주인공

어머니

문길상(文吉相) 구슬이의 남편. 유배인

안종철(安鐘哲) 제주목사

덕쇠 구슬이의 오래비

이방

무당

설문대할망(소리만)

정조

안일구 안종철의 아버지. 노론시파

문태훈 문길상의 아버지. 노론벽파

조신들 갑, 을, 병 노론시파 사람들

그밖에 비바리들 5, 6명

마을사람들 다수

형리

포도대장

포졸 갑, 을

• 때

1780년 전후

• 곳

제주 대정면 고사리 마을

조정

백록담

서곡

주제곡 〈백록담〉

-정지용 시 〈백록담〉에서

귀신도 쓸쓸하여 살지 않는
도체비꽃도 혼자 무서워
파랗게 질린다 백록담아

백골이 된 자작나무에
또 다른 백골이 정답게 기대어
밀어를 나눈다 백록담아

영겁을 두고 시간조차 머물어
포도빛 물만 고인 해발 육천척
바람소리 새소리 물소리도 정다워라

아, 천지개벽의 아픈 상처인가
설문대할망의 젖줄 사랑인가
사슴, 노루, 산돼지, 고라니 모색은 달라도
평화와 자유의 물 마시고 살찌우니

아, 백록담은 영원한 우리의 어머니
아, 백록담은 생명의 젖줄
엄고란 붉은 열매는 생명의 신비
탐라의 꿈과 사랑의 요람 백록담이여

백록담

제1장

서곡에 이어 합창곡 함께 흐르다가 무대가 밝아진다.

대정면 고사리 마을. 무대 우편은 키가 낮은 관목림이 우거지고 그 사이에 고사리며 떡갈나무가 우거진 언덕이다. 그 길을 내려서면 질펀한 평지 위에 유배인 문길상이 거처하는 적소. 땅에 엎드리듯 세워진 허술한 민가이다.

그 언덕과 적소 사이로 멀리 수평선과 망망대해가 끝없이 내려다 보여 황량하고 처절한 분위기가 감돈다.

초가 둘레에는 형식적이지만 대나무와 칡덩쿨로 얽어맨 울타리가 에워싸여서 그 누구도 함부로 출입할 수 없는 유배인의 적소임을 말해 준다.

그리고 역시 대나무로 짠 형식적인 출입문이 반쯤 열려 있다.

멀리서 파도소리가 밀려왔다간 멀어진다. 바람이 제법 센 듯 해면은 하얀 파도가 이따금씩 이빨을 드러낸다.

불안과 초조의 음악으로 변하면서 무대 여기저기서 마을 사람들이 삼삼오오 무리지어 등장한다. 그들의 표정은 머지않아 닥쳐올 어떤 충격적인 사태에 대한 궁금증과 긴장으로 설레인다.

마을사람 A　(레시타티브) 유배인은 누구?

마을사람 B　호조판서를 지낸 벼슬아치의 자제 문길상.

일동　문길상?

마을사람 B　스물일곱 대과 급제한 노론벽파 사대부집 자제?

일동　노른벽파? 노론벽파?

마을사람 C　노론시파의 원수?

일동   노론시파의 원수?

모두들 새삼 놀란 듯 웅성거린다.

합창 〈원악도(遠惡島)〉

마을사람 A   또 한 사람 작살나는구나.
         쓸 만한 재목감은 다 베고 무지래기 잔가지만 남는 세상.
마을사람 B   죽음은 죽음을 부르고 원수가 또 원수를 갚고
일동   언제까지 이렇게 살아야 하나
         언제까지 이렇게 살아야 하나
마을사람 A   원악도(遠惡島)라 불리우는 악명 높은 우리 섬
         귀양살이 죄인만 오고
         섬 밖으로 나가는 사람은 없으니
일동   원악도가 웬수일세
         원악도가 웬수일세

마을 사람들이 자조(自嘲)와 자학(自虐)의 감정으로 번져간다. 이때 멀
리서 취타소리가 들려온다. 마을사람들이 긴장하며 언덕 위로 몰려가
바다 쪽으로 아랫길을 내려다본다. 바람이 전보다 세게 불어온다.

합창 〈불청객(不請客)〉

마을사람들   기다리는 사람 없어도
여성   반갑지 않은 길손은 또 오는가
         하늬바람 타고 오나

거친 물살에 떠밀려오나

남성   무슨 죄를 지었기에 수육천리에 아… 귀양살이 선비만 오고 떠나가는 사람은 없으니

남성, 여성   원악도가 웬수일세

원악도가 웬수일세

이윽고 포도대장을 앞세우고 포졸 갑, 을과 들 것 위에 유배인 문길상을 태워 바다 쪽에서 올라온다. 문길상은 포박을 당한 채로 들것에 앉아 있다. 상투는 흘러내리고 옷도 남루하다. 여러 날을 배에서 시달린 탓으로 피곤하고 초췌한 빛이 역력하다. 그러나 날카로운 눈빛과 창백한 표정은 보기에도 선비다운 의연함과 품위가 있어 예사롭지 않은 위인임을 말해준다. 포졸들이 적소 쪽문 앞에다 들것을 내려놓는다.

포도대장   풀어줘라.

포졸들이 문길상의 포승을 풀어준다. 문길상이 가벼운 현기증을 느낀 듯 잠시 눈을 감는다. 호기심에서 다가가려 하다가 두렵게 지켜본다. 들 것 위에는 보따리가 하나 달랑 놓여 있다.

포도대장 (레시타티브)

죄인 문길상은 듣거라.

문길상이 땅바닥에 무릎을 꿇는다. 마을 사람들이 술렁댄다.

포도대장   모반역도 문길상은 이 집 밖으로 나갈 수 없고 그 누구와도 접촉을 금하니 양식이나 물품을 제공한 자는 유배인과 마찬가지

로 엄벌에 처할 것인즉 명심하렸다.

마을사람들이 공포에 떨며 일제히 머리를 떨군다. 포도대장이 포졸들에게 몇 마디 지시를 내린 다음 왔던 길로 퇴장한다.
포졸 갑이 대나무 쪽문을 열고 옷보따리를 내던지고는 집안으로 들어가라고 지시한다.
문길상이 말없이 먼 바다만 하염없이 바라본다. 그 모습이 마냥 처량하다. 포졸 을이 갑에게 가자고 눈짓을 보낸다. 두 사람이 들것을 들고 퇴장한다. 마을 사람 하나가 문길상에게 다가서려고 하자 다른 한 사람이 거칠게 막는다.

어느 덧 무대는 어두워진다. 마을 사람들이 뿔뿔이 헤어져 퇴장한다. 세차게 불어온 바람에 문길상의 머리카락이며 옷자락이 나부낀다. 갑자기 엄습해오는 고독감과 처절함에 문길상은 갑자기 바다를 향하여 혼신의 힘을 다하여 고함을 지른다. 피를 토할 것 같은 울부짖음이다.

문길상   으악… 으악… 으악…

고함소리가 파도소리에 휘말려 몇 리 달아난다. 문길상은 자신의 감정과 몸무게를 지탱 못한 채 땅바닥에 허물어지듯 주저앉는다.

아리아 〈바다여 말해다오〉

문길상   하늘이여 대답하오
         바다여 말해다오
         여기가 어디메오

극락인가 지옥인가

극락이면 보살이 인도하고
지옥이면 잡귀가 기다리거늘
기다리는 건 바다와 하늘
들리는 건 바람과 파도소리
아… 극락보다 더 먼 원악도여
지옥보다 험한 탐라도에
나는 어찌 살란 말인가.
하늘이여 파도여
나는 어찌 하란 말인가

문길상은 대나무 울타리를 부여잡고 통곡한다.
이때 우측 숲에서 구슬이가 조심스럽게 고개를 내민다. 등에는 물허벅
을 담은 구덕을 짊어졌다. 소박한 감옷 차림이 차라리 청순하고 향기
롭다. 문길상의 애통하는 모습에 충격을 받은 듯 얼굴이 흐려진다.

아리아 〈차라리 조개가 되어〉

구슬이 아… 저 울음 소리는
슬픔도 분노도 아닌
타오르는 불기둥이
무너지는 소리
어둠을 삼켜먹는 불길의 소리
살 속 깊이 박힌 탱자나무 가시
뽑을수록 파고드는 아픔일테라

아… 차라리 조개처럼
입을 다물어라.
조개처럼 입을 다물어라.

구슬이 소리에 문득 정신이 든 듯 문길상이 두리번거린다. 구슬이가
바위 그늘에 몸을 감춘다.
두 사람의 이중창.

문길상 그 누군가 나를 부르는 소리
바람도 아닌 파도도 아닌
아슬한 꿈길에서 부르는 소리
구슬이 아… 차라리 바위가 되어
영원히 변치 않은 바위가 되어
영겁의 침묵으로 가라앉으리
문길상 누군가 내 옆에 있어서
목마른 마음을 적시어 준다면
그 누군가가 나를 부른다면

두 사람은 서로가 이끌리듯 가까이 간다. 눈에서 눈으로 전해지는 마
력 앞에서 두 사람은 황홀한 표정이다. 다음 순간 구슬이가 쏜살같이
산길을 내려간다. 혼자 남은 문길상은 헛것을 본 듯 멍하니 서 있다.

암전

제2장

구슬이의 집. 전형적인 제주 특유의 민가. 마루를 사이에 두고 두 개의 방이 있는 일자집. 부엌에 이어 우영(텃밭)이 있다. 배추며 부추가 파릇파릇 자라고 있다.

동리 아낙네들이 마당에 모여 앉아서 담소 반 노래 반으로 즐기고 있다. 흥이 돋구어지자 허벅 장단에 맞춰 춤을 추기 시작한다.

민요 〈이어도〉
-민요 〈이어도 사나〉를 편곡한 합창곡이다.

이때 행길 쪽에서 덕쇠가 등장. 개가죽 옷을 걸치고 어깨엔 활을 지녔다. 손에 죽은 토끼가 두어 마리 들렸다. 사냥에서 돌아오는 모양이다. 외모가 거칠고 무뚝뚝한 인상이다. 그의 마음속에 품고 있는 어떤 불안의 탓이라. 그의 눈에는 핏발이 서 있어 약간 술에 취한 듯 행동이 거칠다.

덕쇠가 들어서자 아낙네들이 춤과 노래를 멈추고 경계하는 눈빛이다. 덕쇠는 그들의 표정에는 막무가내다. 그는 정지(부엌) 앞에 있는 물 항아리에서 냉수를 한 바가지 떠서 꿀꺽꿀꺽 소리 내어 마신다. 아낙네들이 겁먹은 듯 지켜본다. 덕쇠가 바가지를 내동댕이친다. 그리고 아낙네들을 노려본다.

덕쇠　뭘 봐. 보긴… 엥? (제주 사투리로)

아낙네들이 겁에 질려 피한다.

솔로 〈종놈의 노래〉

덕쇠   사람 구경도 못한 등신들아.
　　　　백년 가도 종놈의 자슥은 종놈이지.
　　　　핫하… 헛허…
　　　　먹고 자고 싸고 먹고 섬구석에서 쳐박혀 살았으니
　　　　세상 구경 한 번 못한 산 귀신들아!
　　　　핫하… 헛허…
　　　　미역 캐서 죽 쒀 먹이고
　　　　전복 캐서 아전에게 바치고
　　　　허구 헌 날 밟히고 빼앗기며
　　　　눈물조차 말라버린 등신들아!
　　　　핫하… 핫하…
　　　　소 돼지보다도 못한 목숨
　　　　살았다고 말하기 부끄럽다
　　　　죽었다고 말하기 억울한 목숨
　　　　백년 살아도 종놈의 자슥은 종놈!
　　　　핫하… 핫하…

덕쇠가 잡은 토끼를 휘두르며 아낙네들을 위협하자 아낙들이 질겁을
하고 비명을 지르며 도망친다. 덕쇠가 그들을 뒤쫓아 나가려는데 덕쇠
어머니가 불쑥 막아선다.
물질(잠수)에서 돌아오는 길이다. 해녀복 차림에 물질 도구를 한짐졌다.
눈빛이 날카롭고 의지가 강한 여장부다.

어머니 (날카롭게 제주 사투리로) 느 이레 오라! 가를 말이 싯저(할 말 있다).

어머니가 툇마루로 가서 물질 장비며 소라 전복이 담긴 구덕을 바닥에 부려놓는다. 덕쇠는 약간 기가 죽은 듯 마루 끝에 앉는다.

어머니 (엄하나 침착하게) 느 아방이 종이었나? (사이) 최씨 가문이 종이 었나? 말하기라! (윽박지르며) 말하기라!

덕쇠 (주눅이 들며) 아, 아니오…

어머니 삼대조 최승교 진사의 후손이라는 걸 잊었나? 이 몹쓸 놈! (뺨을 후려친다)

솔로 〈조상의 얼굴에 침 뱉는 자〉

조상의 음덕을 저바리는 자
인두꺼비를 쓴 짐승
조상의 얼굴에 침 뱉는 자
망아지 새끼보다 못한 놈

호랑이는 제 아무리 배 곯아도
풀을 먹지 않는 법이거늘
네가 우리 가문을 종으로 보다니
자존심도 뱀도 없는가.

세상을 잘못 만나
유배 온 지 반 백년을
허리는 휘고 손톱이 닳도록
살아남은 우리가 종인가

266

일하기 싫으면 썩 나가라
살고 싶으면 일하는 것
그것만이 이 섬에서 살아남는 길
그것만이 섬의 규율을 지키는 길

조상의 얼굴에 침 뱉은 자는
망아지 새끼보다 못한 놈
일하기 싫으면 썩 나가라

섬에서 살기 싫은 자는
뭍으로 가면 되니 썩 나가라

어머니가 벌떡 일어나 바가지로 물을 퍼서 덕쇠에게 끼얹는다. 그러나
덕쇠는 돌처럼 쭈그리고만 있다. 얼마 전부터 돌담장 너머로 사람을
지켜보고 있던 구슬이가 덕쇠에게로 다가간다. 구덕 안에 채소며 콩대
가 담겨 있다.

솔로 〈그 얼굴에 햇살이〉

구슬이 한라산 봉우리아 흰 눈 쌓이고
마른 감 잎새에 서리 내려도
봄은 기다리며 살아 왔지요

돌아갈 기약은 없지만
언젠가는 돌아갈 삶이기에
온갖 시름 뿌리치며 살아왔지요

유배인의 후손이 죄인인가요
권력을 휘두른 자의 죄이지
우리는 떳떳한 최씨 가문의 후손

바늘 구멍만 있어도
빛은 찾아오는 것을
그 얼굴에 웃음을
그 얼굴에 웃음을

구슬이 다정스럽게 덕쇠의 어깨에 손을 얹으려 하자 덕쇠는 거칠게
그 손을 털고 나가버린다. 분노에 차 있던 어머니는 울음보를 터뜨린
다. 구슬이가 위로한다.

2중창 〈빛은 언제나〉

어머니　천한 사람에게는
　　　　복도 귀하구나
구슬이　우리는 웃는 낯으로 살아요
어머니　젊어서는 남편복
　　　　늙어서는 자식 복이라던데
구슬이　구름에 가려진 달빛일 뿐
어머니　썰물 뒤엔 밀물이 밀려오듯
　　　　언제나 우리에게 빛은 비추나
구슬이　아… 찬란한 햇살이여
어머니　언제 또 다시 비추나
구슬이　누가 버린 형벌인가

바다도 하늘도 말이 없는
이 답답한 가슴을
활짝 열어줄 빛이여 오라

암전

백록담

제3장

중간막 앞. 무대는 암흑 속에 묻혀 있다. 다만 두 줄기 조명이 국문을 받고 있는 영의정 문태훈(문길상의 아버지)과 그를 반대하는 승지 안일구(안종철 목사의 아버지)를 포함한 몇 사람의 조신들을 비춘다. 중앙 단상엔 천정에서 내려진 발 저편에 왕(정조)이 앉아 있으나 얼굴은 선명치가 않다.

이 장면은 꿈속에서 이루어지기 때문에 조명도 흐리고 환상적이다.

조신들　우의정 문태훈은
　　　　　용서 못할 역적
　　　　　노론벽파 문태훈을
　　　　　즉각 사형에 처하시오.

안일구　(레시타티브) 우의정 문태훈은 전하의 왕위 계승을 극력 방해한 노론벽파의 주모자인즉 마땅히 사형에 처하시오.

조신들　문태훈의 아들 문길상도 극형에 처하셔야 하오.

안일구　노론시파의 장래를 위하여 노론벽파의 삼족을 멸하게 하소서.

조신들　역적 문태훈 부자를 엄벌에 처하소서.

문태훈　전하 소신의 자식 길상은 이번 거사와는 무관한 처지. 죽음만은 면케 하소서.

안일구　아니됩니다. 노론시파를 반석 위에 앉게 하기 위하여는 노론벽파의 삼족을 멸하게 하소서.

조선들　역적에게 형벌을
　　　　　역적 일가에게 형벌을

조신들이 극성스럽게 옥박지르자 문태훈도 혼신의 힘을 쏟아 전하에
게 매달린다.

문태훈 상감마마… 소신의 자식에게만은 관용을… 길상은 아무 죄가 없
으니… 상감마마! 굽어 살피소서.

정조 (목소리만) 듣거라. 우의정 문태훈을 위시한 모반 역도 일당에게
는 즉각 사약을 내리되 문태훈의 아들 문길상은 관직을 삭탈하
고 멀리 유배시키도록 하라.

일동 성은이 망극하오이다!

문태훈 (발악하듯) 아니 되오! 아니 되오! 길상아! 길상아!

이 말과 함께 무대가 급히 암흑 속으로 묻히며 어둠 속에서 문길상의
절규 소리가 들린다.

문길상 (소리) 아버님! 아니됩니다. 그렇게 가시면 아니됩니다! 아버님!

암전

제4장

어둠 속에서 거센 파도소리가 드높아지다가 사라진다. 무대가 밝아진
다. 중간막이 오르면서 문길상의 집으로 바뀐다. 달빛이 밝다. 마루에
서 자고 있던 문길상이 악몽에 시달리는 듯 신음하다가 벌떡 일어나
앉아 주변을 두리번거리다 이윽고 길게 한숨을 몰아쉰다.
길상은 달을 쳐다본다. 풀벌레 소리가 처량하다. 악몽을 씻어버리듯
길게 숨을 몰아쉰다.

아리아 〈탐라섬의 노래〉

문길상 탐라에는 계절도 없네
바람과 햇볕과 바다뿐
탐라에는 계절도 없네
하늘과 오름과 먼 바다 앞
꽃피고 새우는 소리도 지겨워
그것은 더할 수 없는 형벌
외로움이라는 이름의 형벌
털수록 쌓여만 가는 낙엽인가
아무도 붙드는 이 없고
텅 비어 있는 공간인데
갈수록 조여대는 사슬 있어
아… 그것은 외로움이라는
이름의 형벌인가

마음만 있다면 뛰어들 수 있는
끝없는 바다가 두렵네
비어있어 더 외로운 바다
비어있어 더 슬픈 바다
나는 어찌하란 말인가

문길상이 돌아앉아 단소를 불기 시작한다. 이때 수건을 쓴 구슬이가
조심스럽게 등장. 손에 보자기를 들었다. 주위를 살핀 후 보자기를 문
틈바구니 사이로 밀어넣자 툭 하고 소리 내며 뜰 안으로 떨어진다.
그 소리에 구슬이가 놀라 몸을 감춘다. 문길상이 일어난다. 구슬이는
땅바닥에 엎드리듯 몸을 움츠린다. 문길상이 마루에서 내려와서 두리
번거리다가 다음 순간 보자기를 발견한다.

문길상 아니…

그는 보자기를 집어 들고 주위를 둘러보나 아무도 없다. 문길상이 보
자기를 펴본다. 말끔하게 지은 남자 윗저고리다.

문길상 누가 이런 것을…

그는 옷을 펴보다 말고 어떤 예감이 마음에 짚인 듯 사위를 휘둘러
본다.

솔로 〈어둠 속의 빛이여〉

문길상 어둠은 눈을 가려도

소리는 못 가리는 법
손으로 두 눈을 가려도
가슴만은 가릴 수 없는 법
거기 누가 있소?
얼굴을 보이기 싫으면
목소리만이라도 들려주오
거기 누가 있소?

문길상이 두리번거린다. 풀섶에 숨어 있던 구슬이가 일어서 수줍은
듯 쳐다본다. 두 사람의 시선은 금세 뜨겁게 교차된다.

문길상 달은 중천에 떴으니
　　　 그대는 분명 달은 아니겠죠.
　　　 차라리 호수였던들
　　　 그대는 달이 될 수 있으련만
　　　 아… 그대가 서 있는 그 곳은
　　　 동쪽도 서쪽도 아니니
　　　 어느 나라 어느 곳인가요?
구슬이 (레시타티브) 여기는 오대산(五大山)에 둘러싸인 탐라섬.
문길상 (레시타티브) 오대산?

2중창 〈설문대할망의 노래〉

구슬이 가운데에 한라산
　　　 성산면에 청산
　　　 표선면에 영주산

안덕면에 산방산

구자면에 두럭산

문길상 그토록 많은 산 가운데

내가 숨어서 살 산 하나 없어

구슬이 산이 있는 곳이면 누구나 살 수 있다오

문길상 날짐승 들짐승은 살 수 있어도

사람은 산에서는 못 살아

구슬이 살 수 있소 살 수 있소

설문대할망이 계시니 걱정 없소

문길상 (레시타티브) 설 문 대 할 망?

구슬이, 문길상 설문대할망은 생명의 근원

설문대할망은 사랑의 뿌리

설문대할망은 구원의 손길

제주도의 어머니

제주도의 지킴이

설문대할망이 계시기에

우리는 살아왔소

우리는 살고 있소

어떠한 고난도 이겨냈소

두 사람은 어느덧 가까이서 마주 선다. 이미 두 사람의 마음이 굳게
맺혀진 증거라도 되는 듯 표정은 마냥 밝다.

암전

제5장

구슬이의 집 앞. 석양 때.

마당 한 가운데 널따란 남방애를 가운데 놓고 비바리들이 방아를 찧고
있다. 두 사람은 물허벅 장단을 치고 있다. 명랑하고 소박한 노래가
제법 유머러스하며 구성지다.

비바리들의 합창 〈방아야, 방아야〉

방아 방아 무슨 방아
시어멍(시어머니의 사투리) 눈치 보다가
손등 찧는 헛방아

방아 방아 무슨 방아
님 생각에 눈물 짜는 방아

방아 방아 무슨 방아
시아방에겐 쌀보리
시누이에겐 좁쌀 방아

내가 먹자고 찧은 방아냐
다 잘 살자고 찧은 방아지
이것 저것 다 찧어봐도
밤 방아만 못하구나
밤이슬에도 님 생각

달빛 속에도 님의 얼굴

날 새기 전에 뚝딱 방아야

핫하… 헛허

비바리들이 자지러지게 웃는다. 이때 구슬이와 그 어머니가 들어선다. 들일을 하다온 어머니는 몹시 화가 난 표정이다. 구슬이는 구덕을 내려놓는다. 빨래와 막깨*가 엿보인다. 구슬이는 죄 지은 사람처럼 저만치 서 있다.

어머니	못 해! 그렇게는 못하지. 두 눈에 흙덮기 전에 그렇게는 못한다.
구슬이	어멍!
어머니	까마귀 까욱하니 참새도 쪼쪼한다는 옛 속담도 모르나?
구슬이	어멍. 그게 아니오.
어머니	하필이면 죄인에게 정을 주다니. 냉수 마시고 정신 차려.
못한다!	안 돼!

화가 머리끝까지 난 어머니가 방문을 거칠게 열고 들어간다. 구슬이가 구덕을 내려놓는다. 묵직한 막깨가 바닥에 쿵하고 떨어진다. 비바리들은 심상치 않은 분위기에 눈치를 채린 듯 서로 손짓을 하며 퇴장한다. 무대에 구슬이만 남는다.

아리아 〈간절한 소망을〉

구슬이 답답한 내 마음을

---

* 제주도 특유의 빨래방망이.

그 누구에게 호소할까
저 바다는 알아주겠지
깊고 넓은 바다는
말 한마디 없어도
깊은 속사정 알겠지
죄 없는 죄인을 위한
나의 간절한 소망이
잘못이라면 말해다오

그는 외로운 사람
갇혀 사는 사람의 아픔에
이끌리는 내 마음이사
나도 모르는 수수께끼

재 속에 묻힌 숯불인가
자꾸만 되살아나는 불꽃은
나도 모르는 수수께끼

아 답답한 내 마음을
그 누구에게 호소하나

구슬이가 기둥에 기대어 운다.

암전

제6장

문길상의 집. 만천의 별이 쏟아질 것 같은 아름다운 밤하늘. 문길상이 단소를 불고 있다. 옷차림도 전보다 깨끗하다. 단소를 불다 말고 눕는다. 누군가를 기다리는 조바심이 첫눈으로도 곧 알 수 있다.

이때 구슬이가 반찬이 든 대로 엮은 차롱착*을 들고 조심스럽게 대나무 문을 밀치고 들어선다. 발자욱 소리를 죽이며 살금살금 걸어가는 모습이 장난기가 있어 귀엽다. 가까이 가 잠시 기색을 살피더니 살그머니 돌아선다.

솔로 〈님의 얼굴〉

구슬이　잠드신 님의 얼굴
　　　　옥보다 더 흰 살결
　　　　그늘에서 자라난
　　　　옥잠화에 비할까

　　　　끓어오른 마음의 불
　　　　미쳐 다 태우지 못해
　　　　차라리 흰 재가 되어
　　　　잠드신 님의 얼굴

　　　　구만리 먼 바닷길에
　　　　한과 눈물 다 버리고

---

* 채롱의 제주 방언.

279　　　　　　　　　　　　　　　　　　　　　　　　백록담

밤하늘의 별과 함께
고운 꿈이라도 꾸소서

구슬이 조용히 돌아서 나오려는데 문길상이 누운 채 한 손을 펴 내민다.

솔로 〈달빛보다 촛불이〉

문길상 눈은 감아도 마음의 창에는
촛불이… 가득 찼네
밤하늘 뭇 별들이
달빛보다 더 밝으니
잠은 멀리 달아나고
그대 모습만 가까워지네

문길상이 어서 가까이 오라고 손짓을 한다. 새삼 감동이 된 구슬이가 자석 끌려가듯 마루 쪽으로 간다. 문길상이 자리에서 일어나 앉는다. 문길상이 구슬이의 손을 잡아 이끈다. 두 사람이 자연스럽게 나란히 앉는다.

2중창 〈우리들의 만남은〉

문길상 처음 만났을 때
우리는 낯설지가 않았소
두 번째 만났을 때
우리는 가까워지길 바랬소
그리고 나서는 날마다 기다려졌소
구슬이 전생에 어디선가 만난 사람

280

눈과 눈으로만 말해도

서로의 마음은 물속처럼 환했소

그것은 사람의 힘이 아닌

더 높은 곳에서 내리신 운명

문길상 그러나 우리는 맺을 수 없는 남남

이승과 저승보다 더 높은 벽

우리의 만남은 법으로 막혀 있어

넘을 수도 부술 수도 없는

높고 높은 벽이라오

구슬이 제 아무리 높다 해도

한라산 상봉보다 높을까

오르고 또 오르면

상상봉은 거기 있으니

우리는 쉬지 말고 오르는 길뿐

구슬이가 문길상의 품에 얼굴을 파묻는다.

문길상 (레시타티브) 이러시면 안 되오. 낭자. 이러시면 우리는 중죄를 범
하게 되오.

구슬이 누가 뭐라 해도 나는 서방님 곁에 있기로 마음 굳혔소!

문길상 (크게 놀라며)

아, 믿을 수 없네. 그 한마디 말

아, 그 마음을 어찌 나더러 믿으라고

죄인을 용서할 분은 오직 한 분

전하께서 사면이 내릴 때까지는

나는 죄인인 것을

구슬이 이미 서방님을 위하여

모든 것을 바치기로 작심한

저의 마음을 받아주소서

해당화가 붉다한들

내 마음보다는 못하리라

파도가 세다한들

내 마음보다는 못하리라

여자의 붉은 마음을

막아설 힘은 없으리라

이중창 〈우리의 사랑은 영원하리〉

문길상 죄인을 감싸주는

그대의 마음 짚을 길 없네

구슬이 법보다 더 무거운

사랑의 무게를 아시나요

문길상, 구슬이 용두암에 부서지는 파도도

우리 사랑을 깨부수지 못해

한라산 짙은 안개도

우리 사랑을 가릴 수 없어

신령님께서 점지하신

우리 사랑은 영원하리라

두 사람은 비로소 뜨겁게 포옹을 한다. 막이 서서히 내린다.

-인터미션(intermission)-

제7장

전 막부터 1년 후. 낮.
동헌 앞마당. 무대 중앙에서 관기들이 춤을 추고 주위에서 민중들의
노래가 한창이다. 새로 부임한 안종철 목사의 첫 등청을 환영하는 가
무이다. 주변에 일반 사람들도 에워싸듯 서서 노래를 부른다.

남녀합창 〈신관 사또 납신다〉

신관 사또 납신다
안종철 목사 납신다
메마른 땅에 단비 내리듯
만경창파에 고기 떼 몰려오듯
안종철 목사 납신다
신관 사또 납신다

더도 말고 덜도 말고
설문대할망의 영험함과
백주 할망의 보살핌으로
천세만세 인도하소서
산중에는 영초 불로초
오름마다 말목장
바다에는 황금어장이니
무릉도원이 부럽지 않네
영주섬이 바로 도원이니

경사로세 지화자 좋다

……

노래가 끝날 무렵 제주목사 안종철이 동원 대청에 등단한다. 용모가
탐욕스럽고 오만하다. 그의 지시에 따라 관기들이 인사를 하고 물러
난다.

안종철 (대사) 본관의 취임을 이토록 환대해주니 기쁘기 그지 없소. 제
주는 자고로 삼다도라 일컬어왔고 그 중에서도 여자가 많다고
들었는데 사실인가? 이방.

이방 그러하옵니다 사또.

안종철 그럼 쓸 만한 제주미색을 하루속히 보고 싶군! 이방. 헛허… 핫
하…

이방 예. 분부대로 하겠나이다, 사또.

안종철 그건 그렇고… (사방위 휘둘러보며) 본관이 만나겠다는 자는 어디
있는고?

이방 예. 예. 아까부터 대령하고 있습니다. (형리에게) 여봐라. 냉큼
현신하라신다.

모두들 긴장한 시선으로 웅성거린다. 이윽고 우측에서 두 사람의 포졸
의 인도를 받으며 문길상이 등장한다. 전보다 허약해 보인다. 문길상
은 고개를 떨어뜨린 채 단상 앞 땅바닥에 무릎을 꿇는다. 안종철은
매섭게 쏘아본다. 말이 없다. 무거운 침묵.

안종철 고개를 들거라.

문길상이 서서히 고개를 든다. 그러나 무표정하다.

안종철 내가 누군지 아느냐?

문길상 (여전히 말이 없다)

안종철 흠… 모를 테지. 벌써 2년이 흘렀으니까. 그러나 나는 너를 잘

안다. (경멸과 위협에 찬 표정이다)

(레시타티브)

너의 아비는 문태훈

노론벽파의 일당

정조 시해 모역 사건의 주모자.

(대사로) 틀림없지?

문길상 (심한 충격을 받으며) 아…

안종철 내 선친은 안일구

노론시파로 너희 집안과는 오랜 적수

문길상 안일구라? 선친에게 역적의 누명을 씌운 안일구가 바로… 사또의?

솔로 〈운명의 수레바퀴〉

아, 믿을 수 없는 운명의 장난

아, 얄궂은 운명의 수레바퀴여.

안종철 사람의 운명은 뜬구름 같은 것

어디서 와서 어디로 가는지

금세 있다가도 형체도 없이 사라지니

그리고 그것들은 다시 만나게 되니

운명의 수레바퀴는 끊임없이 도는 것

문길상 아버지에게 역적의 죄목을 씌운 자의 아들이

이제 나에겐 무엇을 안기려나

안종철 나는 너를 찾았다

우리는 영원한 원수

노론벽파의 씨가 남아 있는 한

노론시파는 편할 수 없다

우리는 영원한 원수 핫하…

문길상 하느님. 산신령님. 용왕님

이런 형벌이 어디 있습니까.

대물림으로 내리는 형벌이라면

차라리 내 스스로

목숨을 끊어 이 치욕에서

벗어나리다. 치욕에서 벗어나리다.

문길상이 분노와 굴욕에 떨며 자리에서 일어나 뛰어가려는데 군중 속
에서 구슬이가 뛰쳐나와 막아선다. 좌중이 소연해진다. 구슬이가 필
사적으로 매달린다. 구슬이 머리는 쪽을 지은 모습으로 변하여 처녀의
티를 벗었다.

구슬이 안 되오, 그건 안 되오.

참으셔요. 참는 게 사는 길.

참으셔요, 서방님.

안종철 (벌떡 일어나며) 서방님이라고? 지금 분명히 서방님이라고 했지?

이방.

이방 예, 그렇게 들렸습니다, 사또.

구슬이가 대청 앞마당에 무릎을 꿇는다. 애절하게 용서를 비는 구슬이

가 처참하다.

구슬이 사또 어른 용서하옵소서.

　　　　쇤네에게는 하늘같은 서방님

　　　　부친의 모역죄에 연루된

　　　　그 죄는 씻을 수 없겠지만

　　　　천생이 착하고 어질어

　　　　법 없이도 살 수 있는 선비라오.

안종철 (호령을 하며) 이년! 그 아가리를 찢기 전에 엎드려 듣거라!

구슬이 무, 무삼 말쌈을…

안종철 (마루에서 내려오며) 국법을 어긴 유배인의 주제에 아녀자를 농락

　　　　한 죄는 어디다 두고 법 없이도 살 수 있다니. 그 법은 어느 나라

　　　　법인고?

　　　　(대사) 죄인 문길상은 이실직고 마땅하렸다!

좌중이 술렁인다. 문길상이 대답하려 하자 구슬이가 가로막는다.

솔로 〈사랑이 죄라면〉

구슬이 그 범법은 쇤네의 죄

　　　　서방님의 농락이 아니오

　　　　쇤네의 탓이오

　　　　차라리 쇤네에게

　　　　중벌을 내리소서

　　　　우리의 사랑이 죄라면

어떤 벌이라도 받으리라

사랑이 죄라면

칼을 물고 죽으리라

그러나 죄인 아닌 죄인에게

사랑을 바칠 자유조차 막는다면

그건 숨통을 억누르는 포악

왜 사랑했는가 묻지 마오

백록담의 푸른 물빛을 캐묻지 마오

태초부터 푸른빛은 영원히 푸르다오

안종철 발칙한 년! 여봐라, 저 두 놈을 당장 형틀에 묶어 곤장 300대를 쳐라!

이 말이 떨어지기가 무섭게 장내는 어수선해지고 형리들이 형틀을 들고 나온다. 군중들은 공포와 불안에 떤다.

군중들의 합창 〈무슨 변이 터졌나?〉

무슨 변이 터졌네

신관 사또 성화났네

무슨 변이 나겠네

백성 다스리기보다

혈세 챙기기 일수고

선정 베풀기 보다

주색잡기가 능사이니

무슨 변이 나겠네

무슨 변이 터졌네

합창이 계속되는 동안 무대에 두 개의 장틀이 옮겨진다. 두 형틀은 마주 바라보게 놓였다. 형리들이 문길상과 구슬이를 형틀에 앉히고 묶는다. 땅바닥 수십 개의 장살이 쌓인다. 군중들이 경악과 동정과 불안으로 떤다. 두 사람은 흘러내리는 눈물을 삼키다가 구슬이가 고개를 번쩍 쳐들고 안종철을 날카롭게 쏘아본다.

구슬이 인간사에 천륜이 있듯

법에도 법도가 있다 했소

죄없는 민초에게

이처럼 남형을 가하다니

어느 나라 법이오

누구를 위한 법인가요

안종철 유배인 적소에 함부로 드나든 죄

아직도 옳다 하는가

하물며 처녀의 몸으로 통정까지 한 죄

삼강오륜을 어긴 죄를 모르는가

구슬이 비록 육례를 갖추지 못했지만

우리는 떳떳한 부부

엄연한 유부녀를

사랑했다는 이유만으로

처단하려는 그 속셈

불빛보다 더 훤하오

안종철 (부들부들 떨며) 저, 저년을 곤장 30대를 쳐라.

이방 예… 형리 곤장 30대를 치라신다.

형리들이 기다렸다는 듯 곤장을 집어들고 두 사람을 내리친다. 무거운 비명과 함께 무대는 암흑으로 변하며 두 줄기 빛이 구슬이와 문길상만을 비춘다. 곤장을 내리치는 날카로운 소리가 들린다.

문길상 부인, 고집을 푸시오.

나는 죽어도 부인은 살아야 하오.

구슬이 이 몸 백 번 죽어도

사또에게 굽히지 않겠소

차라리 이렇게 서방님과

마주 앉아 저승길 가고 싶소.

문길상 이렇게 죽을 수는 없소.

구슬이 우리가 쌓은 탑을

이렇게 허무하게 허물 수 없소.

그것도 원치 않은 힘에 의해

모래섬처럼 허물을 수야.

아… 살아서도 가시밭길

죽는 길도 가시밭길

우리의 사랑이 죄라면

죄 아닌 사람이

어디 있나요

아… 나는 살고 싶소

나는 살아야 해.

암전

제8장

전 장부터 5일 후 밤 구슬이의 집.

정지 앞에서 어머니가 약을 다리고 있다.

부채질 하다 빨간 불꽃이 꽃처럼 피어오른다.

방에서 여자의 앓는 소리가 가냘프게 흘러나오다가 뚝 그치더니 그릇 깨지는 소리가 난다. 어머니가 불안하게 쳐다보는데 구슬이가 비틀거리며 어떤 환상을 쫓듯이 나온다.

어머니 (제주말로) 왜 나오니? 칙간에 가려고?

구슬이 (헛소리 하듯) 어디로 갑니까? 그곳이 어디입니까?

아직도 구슬이가 허공을 쳐다보며 헤매인다. 아직도 핏자욱이 남은 옷을 추스리는 손이 떨린다. 얼굴에도 상처가 남았다.

솔로 〈나를 부르는 소리〉

구슬이 그 분의 목소리. 그 분의 목소리가 나를 오라고 해요.

어머니 그 분의 목소리?

구슬이 설문대할망께서

이 몸을 오라고 해요

문서방을 구할 수 있다면

어머니 잠꼬대 같은 소리! 안 된다

구슬이 어멍! 막지 말아요.

내 갈 길 내가 가는 거예요.

죽음과 삶의 갈림길에서
내가 가야 할 길은 오직 하나
문서방을 구하는 길이오.

어머니 미친 것! 아직도 문서방이냐?

구슬이가 갑자기 헛것이라도 본 듯 뜰 한 가운데 엎드리며 큰 절을 한다. 그리고 허공을 향해 절실하게 손을 비빈다.

〈아, 설문대할망!〉

구슬이 설문대할망, 말씀해 주셔요.
갈 사람은 가고
남을 사람 남는 법
가엾은 그를 구할 길을
인도해 주셔요.
우리 두 사람의 목숨을 살려주오.
설문대할망!

다음 순간 무대가 갑자기 어둠에 쌓이면서 광풍이 휘몰아친다. 바람에 물건이 깨진다. 무대 후면에 한 줄기 눈부신 빛이 하늘에서 내리비친다. 그리고 괴물처럼 장대한 치맛자락이 하늘에서 내려오른다. 매우 환상적이고도 위엄이 있는 음향이 함께 흐른다. 치맛자락이 바람에 나부낀다. 구슬이가 고개를 쳐든다.

구슬이 아, 설문대할망! 굽어 살피소서.

이때 아슬한 허공으로부터 설문대할망의 신비롭고도 위엄 있고 자비
스런 목소리가 울려퍼진다.

〈그 누가 길을 막는가〉

설문대할망　사람마다 갈 길이 다르나니
　　　　　그 누군들 그 길을 막을 소냐
　　　　　바다로 갈 사람
　　　　　오름을 찾을 사람
　　　　　뭍으로 갈 사람
구슬이　저희는 어디로 가야 합니까?
설문대할망　산으로 가라. 한라산으로 가라.
구슬이　한라산도 높고 넓습니다.
　　　　어디로 가야 합니까.
설문대할망　백록담으로 가라.
구슬이　백록담?

솔로 〈백록담의 노래〉

설문대할망　영겁을 주고
　　　　　성스러움을 간직한 곳
　　　　　그 누구도 침범할 수 없는 곳
　　　　　그리고 암고란의 붉은 열매는
　　　　　희귀한 영약이니
　　　　　백록담에 가면 구원의 손이 기다리라
　　　　　백록담으로 가라

백록담으로 가라

설문대할망의 목소리가 차츰 멀어진다. 치맛자락이 서서히 허공으로
올라가면서 다시 세찬 광풍이 휘몰아치고 간다. 무대가 다시 밝아진
다. 생기가 돈 구슬이가 소리친다.

구슬이 　가자, 백록담으로
　　　　어머니의 품 백록담으로
　　　　우리가 살아남을 곳
　　　　우리가 숨어살 보금자리
　　　　아, 설문대할망의 은혜
　　　　죽어간 자에게 새생명을
　　　　아, 설문대할망의 지혜
　　　　갇힌 자에게 떨리는 자유의 길
　　　　아, 우리는 그 길을 가리라.

　　　　암전

제9장

한라산 깊은 원시림. 대낮에도 햇볕이 잘 안 드는 곳. 이름 모를 새 우는 소리에 소름이 끼친다. 그 밑에 숨어사는 듯 웅크리고 있는 무당의 집. 문길상과 구슬이가 두 사람 모두 남루한 옷에 피로가 겹쳐 기진맥진의 상태이다.

구슬이   서방님! 기운을 내세요.
문길상   이상 더는 못 가겠소.
구슬이   기운을 내세요. 조금만 더…
문길상   한 발자욱도 갈 수 없소.

문길상이 절망적으로 쓰러진다. 구슬이가 의연하게 내려다본다. 슬픔을 삼키며 굳은 결의를 나타낸다.

이중창 〈인생은 가시밭길〉

구슬이   인생은 가시밭길
　　　　 지금까지 왔던 길도
　　　　 이제부터 가야 할 길도
　　　　 험한 길인 것을
　　　　 여기서 주저앉으면
　　　　 만사가 끝이 나는 것을
문길상   시작도 끝도 없는 인생
　　　　 한 번은 죽어야 할 몸

당신을 고생시킬 바엔

차라리 여기서 죽겠소

나는 여기 있겠으니

당신이나 어서 가시오

구슬이 부부는 일심동체

날으는 기러기도 짝이 있는데

서방님을 남겨두고 못 가오

처음 우리가 맹세한 말 잊었는가

구슬이, 문길상 용두암에 부서지는 파도도

우리 사랑을 깨부수지 못해

한라산 짙은 안개도

우리 사랑을 가릴 수 없어

신령님께서 점지하신

우리 사랑은 영원하리라

두 사람이 뜨겁게 포옹하는 순간 문길상은 실신한 듯 축 늘어진다.
구슬이가 크게 놀라 당황한다.

구슬이 정신 차리시오 서방님

힘을 내세요 서방님

억압과 죽음을 피해

여기까지 온 우리의 믿음

이렇게 허망하게 허물을 순 없소

힘을 내시오, 서방님!

그러나 문길상은 대답이 없다. 겁에 질린 구슬이가 사방을 향하여 필사적으로 외친다.

구슬이   (대사) 사람 살려요! 거기 누구 없소? 사람을 살려주시오.

바위틈의 작은 암자의 문이 열리며 무당이 나온다. 작은 키에 백발이
나 언동은 건강하다.

무당   누가 이렇게 떠들어? 백록담 산신령께서 노염을 타시겠다.
구슬이   (매달리며) 사람을 살려주오.
무당   (두 사람을 번갈아보더니) 설문대할망께서 보낸 사람이오?
구슬이   아니 그걸 어떻게
무당   흠… 아다마다

〈백록담의 지킴이〉

설문대할망의 제주의 어머니
나는 백록담의 지킴이
할망의 말씀은 하늘의 말씀
할망의 뜻 우리 모두의 뜻
내가 조석으로 공들이는 건
설문대할망에게 바치는 치성이니
그 뉘라서 그 믿음을 버릴까
구슬이 죽어가는 사람 있소
죄 없는 죄인이오
그에게 모든 걸 바친
저의 간청 들어주오

설문대할망의 자비로
우리 서방님 살려주오

무당은 문길상의 얼굴을 들여다보고 맥을 짚어본다.

무당 (대수롭지 않게) 시러미 열매 먹으면 된다.

구슬이 시러미? 그게 뭐요?

무당 암고란 열매다.

구슬이 암고란? (사이) 맞다. 설문대할망이 말씀하신 암고란.

무당 설문대할망을 만났어?

구슬이 예.

무당 언제.

구슬이 정확히 생각은 안 나지만 그분의 목소리는 들었어요.

무당 홋호… 제주 사람치고 설문대할망의 은혜 안 입은 사람 없다.
홋호… 나도 그 덕에 살고 있다. 잠깐 기다려. (쌈지 안에서 뭔가
를 꺼내고 있다. 그 순간 안개가 자욱하게 낀다. 시야를 가린다)

구슬이 웬 안개가 이렇게…

무당 안개가 아니라 설문대할망의 한숨이다. 인간사가 걱정되어 내뱉
는 입김이다.

구슬이 예?

무당이 약봉지에서 시러미를 한 줌 꺼낸다.

무당 먹여. 시러미 열매다. 입에 털어놓고 댁의 침으로 녹여.

구슬이 예?

구슬이가 문길상의 입에다 약가루를 털어 넣고 입에다 입을 댄다. 그 모습을 지켜보는 무당의 얼굴에 미소. 이 사이에 문길상의 의식이 돌아온다.

문길상　부인… 여기가.

구슬이　백록담.

문길상　아, 백록담… 아… 아름답고나…

구슬이　정신이 드셨소. 이제는 살았소. (무당에게) 고맙습니다.

　　　　백록담에 오면

　　　　모두가 하나가 된다

　　　　하늘과 땅과 사람과 짐승이

　　　　생명과 육체가 하나가 되어

　　　　넘치지도 모자라지도 않은

　　　　백록담이 억만년을 두고

　　　　마르지 않았으니

　　　　그 누가 이곳을 침범할까.

문길상　백록담 푸른 물을 보고 싶소. 어디로 가면 됩니까?

무당　성급하구나.

구슬이　보고싶어요. 설대문 할망의 힘을 보고 싶어요.

무당　그럼 따라와. 저 능선 너머가 바로 백록담이니까.

세 사람이 일어나 산을 향해 걸어간다. 이 사이에 주제곡 〈백록담〉의 합창이 유연하고도 엄숙하게 흘러나온다.
구슬이와 문길상은 철 없는 아이처럼 춤추듯이 올라간다.
어느덧 무대는 어두워지고 배경에 웅대한 백록담의 설경사진이 가득 찬다. 장엄하다. 능선에 오른 두 사람이 열광적으로 고함을 지르다가

감격의 눈물을 흘린다. 무당이 저만치서 두 사람을 조용히 지켜보는
가운데 합창곡은 흘러간다.

-조용히 막이 내린다.

〈뮤지컬〉

처용(전 10장)*

- **등장인물**

  처용

  처용의 모친

  헌강왕(신라 49대 왕)

  공주

  왕비

  육손

  이슬

  보살여래

  일관

  왕무당

  동리아낙 : 굴화네, 치소네, 마실네, 처랑네, 낙수네, 읍소네, 치랑
  　　　　　네, 음네네, 실읍네 외

  마을사람 : 치소, 치구, 치랑 외

  무사

  군사 갑, 을

  신하들 : 각간, 사공, 상대등, 이찬 등 다수

---

* 차범석 대본 · 작사

　　　　　　　　　　　　　　　　　　　처용

궁녀들

관기들

교꾼 1, 2, 3, 4

그 밖의 많은 사람들

• 때

신라 49대 헌강왕 때

• 곳

개운포, 서라벌

뮤지컬넘버

-서막-

1) 서곡   2) 우리에게 빛을(합창)

-제1장-

3) 비나이다(합창)   4) 적막강산(독창)   5) 처용의 춤(음악)

6) 용신에게 바치는 노래(합창)

-제2장-

7) 서라벌의 꿈(독창, 합창)   8) 오! 용신이여(독창)

9) 아, 그대 있음에(독창, 합창)

-제3장-

10) 바람의 아들에게(독창)   11) 사랑은 눈으로(독창)

12) 사람도 가지가지(삼중창)

-제4장-

13) 관기들의 춤(음악)   14) 은장도의 노래(독창)

15) 태화강 강가에서(독창)   16) 처용은 영원한 별(이중창)

-제5장-

17) 탑돌이 가세(합창)   18) 운명을 바꾸자(이중창)

-제6장-

19) 탑돌이(음악)   20) 물빛처럼 바람처럼

21) 공주의 춤(음악)　　　　　22) 꿈꾸는 자여!(독창)

23) 인생은 기다림(독창)　　　　24) 육손의 변신(음악)

－제7장－

25) 알 수 없는 당신의 마음(이중창)　　　26) 적막강산(독창)

－제8장－

27) 베틀노래(독창, 중창)　　　28) 그것은 꿈(이중창)

29) 그것은 눈으로 말해요(독창)

－제9장－

30) 사랑과 미움(독창)　　　　31) 공주와 육손의 사랑의 춤(음악)

32) 처용의 노래(독창)　　　　33) 처용가(독창, 합창)

34) 사랑의 굴레(공주, 육손, 합창)

－제10장－

35) 인생의 굴레(이중창, 합창)　　36) 돌아가리라(독창)

37) 그것은 오직 사랑, 적막강산(독창)

서막(序幕)

서곡, 천지를 뒤흔드는 천둥소리.

동물들의 포효와도 같은 울부짖음.

그리고 암벽에 부딪혀 깨지는 풍광소리는 하늘과 땅을 갈라놓게 하는 발악과 억압이라 해도 좋다.

서곡이 끝나며 무대는 암흑 속에서 잠시 침묵을 지킨다. 어디선가 쿵쿵거리는 소리가 땅 밑 깊은 곳에서 들려온다. 그것은 음악이 아니라 생명력의 박동이다. 아니다. 어쩌면 버티려고 애쓰다가 무너져 내리는 소리이자 절망을 눈앞에 둔 공포의 깊이일 게다.

마을 사람들이 더러는 힘있게 더러는 힘없이 지친 듯 삼삼오오 짝지어 나오며 춤을 춘다.

(합창곡이 시작된다)

이상 더 지탱할 수 없는 커다란 힘(자연)의 위협 앞에서 기도하고 애걸하다가 마침내는 좌절과 절망의 나락으로 빠져 들어가는 처절한 몸짓이다.

⟨우리에게 빛을⟩

합창　　하늘이 노하셨나
　　　　땅이 성나셨나
　　　　한달 보름 모진 비바람에

　　　　전생에 무슨 죄 지었나
　　　　가난이 무슨 죄던가
　　　　비바람아 멎어다오

　　　　죽지 못해 살아온

억새풀 같은 목숨들
가난하지만
법 없이도
살아갈 착한 풀잎들
아~ 아~
우리에게 빛을
아~ 아~
우리에게 빛을 다오.

노래와 춤이 끝나갈 무렵 군중들의 간절한 기도에 응답이라도 하듯 파도소리, 바람소리가 한층 드높아지다가 이윽고 무거운 침묵. 무대가 뿌옇게 밝아온다. 그러나 빛이 아니다.

안개가 끼기 시작한다. 안개는 삽시간에 쓰러진 마을 사람들의 형체를 알아볼 수 없을 만큼 짙게 뒤덮는다. 그것은 또 다른 공포이자 위협이다. 무대 전체가 짙은 안개로 자욱하여 한치 앞을 내다보기가 힘들다. 침묵이 흐른다.

쓰러져 있던 마을 사람들이 하나 둘 잠에서 깨어나듯 꿈틀거린다. 그들은 허우적거리듯 우왕좌왕하다 갈 바를 못 찾는다.

치소   낮이가, 밤이가?

마실네 안개다.

처랑   밤이다.

마실네 (아까보다 크게) 안개아이가!

처랑   (우기듯) 밤이다!

처소   (긴 한숨) 에그- 하늘도 무심하지~ 한 달 보름동안 퍼붓던 그 비바람은 어디 가고 인자 무슨 놈의 안개? (허공을 향해 외치며) 이

놈들아! 차라리 불기둥을 펴봐라! 내 평생에~ 이런 재앙은 처음 아이가! (하늘을 쳐다보며) 이건 안개도 아이고~ 밤도 아이다~ 세상이 다 끝났다는 불길한 징조다.

마을사람들　(두려움에 웅성거리며) 그럼 우린 다 죽는거가?

이때 말굽 멎는 소리가 가까이서 들린다. 위압적인 모습의 군사 갑, 을이 급히 들어선다.
마을 사람들이 겁을 먹고 한 귀퉁이로 피해간다. 군사 갑이 군중을 위압하듯 버티고 선다.

군사 갑　(레시타티브) 듣거라. (사이) 대왕마마의 하명이시다.

마을 사람들이 무슨 영문인 줄 몰라 어리둥절하며 땅바닥에 무릎을 꿇는다.

군사 을　심상치 않은 요즘의 날씨가 무슨 연유에서 온 변괴인지 그 원인을 바로 밝혀내는 자에겐 나라에서 후한 상을 내리신다는 하명이다.

군사 갑　무당이든 지관이든, 점복가이든 빠짐없이 참여하여 그 원인을 밝히라는 왕명이시다!

군중들이 웅성거리기 시작한다.

군사 갑　재해를 막는 자에겐 큰 포상이 내릴 것이다.

군사들이 퇴장한다. 마을 사람들은 지금까지 억눌린 상태에서 풀려나

　　　　　　　　　　　　　　처용

자 아직도 믿기지 않는 듯 서로 웅성거린다. 무대가 전환한다.

-암전

제1장

해묵은 당산나무 아래 제청이 차려있다. 주변에 마을 사람들이 에워싸듯 앉아 있다. 일관을 비롯한 신하들의 모습도 보인다.

무대 배경으로 납(鑞)빛 바다가 잔뜩 찌푸리고 있다. 하늘은 아직도 짙은 안개 속에 갇혀 있고 제단에 켜 있는 크고 작은 촛불도 이슬을 머금고 흐리다. 파도소리가 아슬하게 들려온다. 무대 전체가 잿빛으로 싸여있어 음침하고 싸늘하다.

왕무당을 중심으로 소무와 박수무당이 좌우에 늘어선 가운데 굿판이 한창이다. 마을 사람들도 간간히 손을 비비고 고개를 떨구어 축원하는 모습이 자못 을씨년스럽다. 주문을 읊조리며 춤을 춘다.

〈비나이다〉

합창   비나이다 비나이다

산신님께 비나이다

지신님께 비나이다

헐벗고 주린 백성

가진 거라고는 정성뿐

드릴 거라고는 지성뿐

더도 말고 덜도 말고

천지간에 밝은 빛 내리소서

어둠일랑 걷어주소서

불쌍한 백성 가엾게 여겨

산신님께서 보살피시고

지신님께서 굽어보시고

더도 말고 덜도 말고

처용

천지간에 밝은 빛 내리소서
어둠일랑 걷어주소서
비나이다 비나이다…
산신님께 비나이다…
지신님께 비나이다…

마을 사람들도 거의 광신자처럼 열띤 동작으로 변해가며 군무를 춘다.
이때 무대 한쪽에서 한 총각이 등장한다. 등에 괴나리봇짐 하나 달랑
지고 있을 뿐 가진 거라고는 없다. 그러나 훤칠한 키에 떡 벌어진 어깨
에 이목구비가 또렷한 용모가 범상치 않아 한눈에도 호감이 간다. 처
용이다. 언덕진 곳에서 노래를 부르며 등장한다. 세속을 초월한 듯 밝
고 투명하다.

〈적막강산〉

처용   적막강산
무주공산
바람도 비도 햇빛도
없는 이 강산

뉘라서 쉬어가고
뉘라서 놀다 갈까
임자 없는 나룻배야
강심을 무심타 마라

바람이 없는데
돛이 절로 움직일까

주인 없는 강산에
달만 뜨면 뭘 하나
적막강산
무주공산…

처용의 의젓하고도 사람을 압도하는 듯한 태도에 모두들 어리둥절해
서 서로들 쳐다만 본다.

왕무당 이놈! 여기가 어디라고 함부로 주둥아리를 놀리느냐? 떠돌이 주
　　제에 뭐… 적막강산?

처용 (바로 받아넘기며) 무주공산. 헛허… 그렇지! 이건 주인 없는 빈산
　　이지! 헛허…….

왕무당 열린 입이라고 함부로 놀리다간 제 명에 살지 못할 거다! 함부로
　　나서다간 낭패를 볼 것이야!

처용 (덩실 덩실 춤을 추며 가락에 맞춰) 산엔 산신님이, 땅엔 지신님이
　　주인이니 바다는 해신이 계신다는 이치도 모르오? 헛허… 얼쑤….

마을사람들 해신님?

처용 (계속 춤을 추며) 해신은 용왕님이시다. 우리 고을로 말할 것 같으
　　면 삼면이 바다라서 산 좋고 물 맑으니 모두가 우리들의 주인!
　　해신인 용왕님 덕이시다 이거요? 내 말이 틀렸소?

마실네 옳지! 용왕님이 맞다. (옆 사람에게) 안 그런가?

처용 (춤을 멈추고) 그런데 (왕무당에게) 아까부터 당신네들은 진짜 주
　　인인 해신님을 제쳐두고 산신님, 지신님만 불러대니 도대체 누
　　구한테 제를 올린단 말이오? (술항아리에서 곡주를 퍼서 마신다)

왕무당 그, 그건… 저…….

처용 나도 한 번 판을 벌여볼까 했더니만… 무주공산에 달을 찾는 꼴

이니… 헛허… 곡주 잘 마셨소! 윽… 헛허…. (하며 돌아서 나가려
는데 군중 속에서 무사가 불쑥 나온다)

무사　잠깐. (모두들 긴장한다)

처용　저 말씀이요?

무사　어디 사는 무당이냐?

처용　무당은 아니지만 어려서부터 소리하고 춤추기를 좋아했지요…
헛허…….

무사　이름이 뭐냐?

처용　처용이오.

무사　처용? (마을 사람들도 웅성거린다)

처용　집안 내력에 무당이 있었는지도 모르겠지만…….

무사　재주가 있으면 한 판 놀아보거라. 성사만 된다면 대왕마마께서
후한 상이 내릴 테고…….

마실네　잘생긴 청년이 재주가 있어 보이는데, 한 번 판을 벌리보소. 선
무당이라도 좋으니 이 땅에 빛만 나오게 해주소. 이 어둠의 재
앙을 물리칠 수만 있으모 우리도 마 정성껏 축원 할낌더. 어서
요!

치랑네　생긴 건 멀쩡하게 생겼는데… 믿는 구석이라도 있는교. 아니모
술 한사발 얻어 묵자고 수작부릴꺼 같으모 육손이 한테나 가보소!

사람들과 군사들이 웃는다. 그 웃음은 조소 같기도 하다. 처용은 약간
화가 났다.

처용　좋소…. (악사들을 향해) 쳐라!

애절한 살풀이 가락이 구음으로 시작되자 처용은 왕무당 허리에 감은

명주수건을 쓱 풀어 쥐고 춤을 추기 시작한다.

마을 사람들이 차츰 신이 난 듯 추임새를 연호한다.

이윽고 처용의 춤은 휘모리장단에 맞춰 아주 단조로운 춤동작으로 반복된다. 그것은 춤이라기보다 하나의 율동이다.

마을 청년들이 하나 둘 자리에서 일어나더니 군무로 변한다.

(이 대목의 춤은 전통적인 춤사위가 아닌 현대기법에 따라 안무되어야 한다)

춤이 절정에 도달했을 때 천둥소리가 귀창을 찢을 듯 울리고 먹구름이 하늘을 뒤덮자 무대가 금세 어둠으로 싸인다.

군중들이 불안하여 서로 엉킨다.

이때 포효소리도 같고 파도소리도 같고 괴상한 음향이 울린다. 군중들이 언덕 쪽으로 몰려간다.

치소   바다가 열린다!

굴화댁 파도가 중천으로 솟구친다.

치랑   용이다!

일동   용이다! 용왕님이다!

이와 동시에 먹구름이 쫙 갈라지며 그 사이에서 용의 모습이 고개를 돌린다.

일동   악- 용왕님이시다!

모두들 땅바닥에 엎드린다. 회오리바람과 함께 용은 모습을 감춘다.

무대가 암흑 속에 묻힌다.

그 순간 멀리 구름 사이에서 한줄기 햇빛이 비추기 시작한다. 찬란한 황금빛이다.

처용 빛이다! 빛이다! 천지 간에 헐벗고 굶주린 백성들을 위해 용왕님이 빛을 주셨다.

이 말에 모두들 고개를 쳐든다.
바다 쪽이 서서히 밝아지고 오색찬란한 구름 꽃이 무대 가득히 핀다.
마을사람들은 열광적으로 해를 향하여 재배 삼배를 하다 말고 자연스럽게 춤으로 변한다. 그것은 희망과 소생의 기쁨이다. 마을사람들이 합창을 한다. 처용의 얼굴에도 황홀한 웃음이 꽃처럼 피어난다.

〈용신에게 바치는 노래〉

합창 용왕님이 오셨다
용왕님이 웃으셨다
우리의 소원풀이
우리의 원한풀이
하나 남은 용왕님이
천년 만년 지켜주시리라
우리는 바다의 겨레
바다는 해신의 그늘
해신이 계신 이상
우리 삶은 반석이다

열광적인 춤과 노래와 함께 무대가 급히 회전을 한다.
군사들 급보를 전하러 간다.
-암전

314

제2장

동해바다가 내려다 보이는 개운포(開雲浦) 언덕.

그 아래로 경사진 내리막길과 질펀한 공터가 펼쳐있다.

눈부신 태양과 그 햇빛을 반사하는 바다의 풍경이 전 막의 분위기와는

정반대로 밝아서 가히 황홀한 풍경이다.

언덕 위에 임시로 설치한 차일과 헌강왕의 교의, 그리고 간소한 주안

상이 놓여있다.

헌강왕은 거나하게 취기가 도는 듯 상체를 좌우로 서서히 흔들다 말고

일어나서 먼 바다를 내려다본다.

〈서라벌의 꿈〉(이중창)

헌강왕 만갈래 근본 모여드는 개운포에서

하늘로 타오르는 국운을 노래하니

용왕님 해신님 선왕들이여

서라벌 천년 사직 열어주소서

국운이 하늘에 닿아 서라벌이 영원토록 하소서

신하들 천년 사직 이루는 역사 험난해도

만백성 근심걱정 밤을 지새워도

대왕마마의 꿈은 서라벌의 꿈

대왕마마의 꿈은 천년 사직의 꿈

헌강왕 동해용왕이여 암흑천지 불 밝히는

한줄기 밝은 빛 서라벌에 주소서

그대 처용 동해용왕 밝은 빛이라면

그대 등불 삼아 천년 사직 불 밝히고

만백성 고달픔 희망으로 노래하리라

처용

그대는 빛인가 서라벌 천년 사직의 빛인가

신하들 대왕마마의 희망은 서라벌의 희망

대왕마마께서 기원하신다.

천년 사직 불 밝히어 영원토록 영원토록

서라벌의 국운 하늘로 치솟는다.

헌강왕 (앉으며) 자 일관은 아까 그 얘기를 계속하오. (술잔을 입으로 가져
간다)

일관 (읍을 하고) 예… (목청을 가다듬고 나서) 그러자 낭랑한 목청에 구
성진 가락은 마치 노송을 불고 가는 바람인가 싶고, 힘차게 뻗은
팔과 내딛는 걸음걸이는 창공을 나르는 매와 같아서… (그의 언
행은 매우 희극적이다)

헌강왕 그 얘기는 아까 했지 않소? 그 다음 어떻게 되었는지 소상히 말
하오.

일관 예, 예… 춤과 노래가 절정에 달하는 순간.

〈오 용신이여!〉

일관 천지개벽 바다 요동치고

암흑 속에 불기둥 치솟고

검은 구름 두 갈래로 쫙 갈라지고

오색찬란한 빛의 용신 나오시는데

그 모습 석화같은 형형한 눈빛에

암흑천지 물리치는 뜨거운 불길 뿜어내고

오색찬란한 빛 개운포 비추니

천지 간에 어둠 사라지고

광명천지 황금빛 세상 환해지니

남녀노소 우마 가축들이 용신에게 함께 절했습니다.

일관   그리고는 용신은 하늘을 향해 크게 요동치며 사라졌습니다.

헌강왕   (깊이 감복하며) 허허 용신의 덕으로 이 땅이 이렇게 평화롭고 풍
        요로울 수 있었음을 우리가 깨닫지 못한 탓이야. 그래서 재앙을
        내리신 것이었네.

일관   대왕마마! 신의 소견으로는 서라벌의 빛을 되찾은 이곳에다 용신
        의 덕을 기리는 큼직한 사찰을 성주하심이 좋을까 하옵니다만….

헌강왕   사찰을?

일관   예. 개운포가 있는 이 고을은 앞에는 동해바다가 열려 있고 뒤쪽
        으로 문수산이 병풍처럼 둘러있어 이 일대가 절터로서는 명당
        중의 명당이옵니다. 동해바다가 잘 보이는 곳에 사찰을 성주하
        오면 대왕마마의 덕 또한 후대에 널리 전해질 것이옵니다.

헌강왕   (혼잣소리로) 음… 망망대해를 앞에 두고… 뒤로는 문수산이라…
        그럼 절 명칭은 망해사라고 하면 좋겠군. 어떻소? 일관.

일관   망해사? 바라볼 망… 바다 해… 헷헤… 과연 풍류와 지덕이 남
        다르신 대왕마마의 혜안에는 그저 그저…. (연거푸 절을 한다)

헌강왕   그럼 용신의 노여움을 풀어드리며, 신라왕조의 무궁함을 빌기
        위하여 동해바다가 잘 보이는 문수산에 망해사를 짓도록 하라.

일동   성은이 망극하옵니다.

헌강왕   그리고 이번 재앙을 막은 그 처용이란 자에게 약속한 포상을 내
        리고 그 공을 널리 알리도록 하라.

일관   (아래쪽 무사에게) 처용은 어찌 되었느냐?

무사   아뢰옵기 황송하오나 그 처용이란 자는 이미 개운포를 떠나고
        없습니다.

일관   그게 무슨 말이냐?

무사　굿판이 끝나자 말 한마디 없이 그냥…….

일관　(화를 내며) 방자한 놈! 감히 제 놈이… 여봐라. 처용을 당장 끌어
　　　오라고 일러라. 대왕마마의 부르심을 감히 거역한 불충부터 물
　　　어야겠다.

헌강왕　하하하… 일관 그만 두시오. (마음에 뭔가 짚인 듯) 처용이란 젊은
　　　이의 성품이 범상치 않구나! 여봐라! 내 친히 처용을 만날 것이
　　　니 나라 방방곡곡을 뒤져서라도 꼭 찾아오너라. 내 그 기개와
　　　도량을 지닌 젊은이를 가까이서 보고 싶구나.

일동　성은이 망극하오이다!

〈아, 그대 있음에〉

헌강왕　망망대해를 앞에 두어도
　　　첩첩 심산을 뒤에 두어도
　　　내 마음은 흔들리지 않네
　　　그대 있음에 두려움도 사라지고
　　　그대 있음에 불안도 사라지니

합창　아… 한밤의 달이런가
　　　처용은 서라벌의 별일지니

헌강왕　몸은 땅 위에 서 있건만
　　　그 뜻은 구름 위에 별일래라
　　　몸에는 지닌 것 하나 없어도
　　　욕심은 솜털보다 더 가벼운
　　　그대의 씩씩한 모습이여

합창　아… 영원한 등불인가
　　　처용은 서라벌의 달일지니

헌강왕　영취산 정기와 이슬로 자란

한 그루 낙락장송 우뚝 서 있으니
세상의 어지러움 겁나지 않고
속세의 험한 길도 두렵지 않아
그대는 관풍 앞에서도 흔들리지 않은

합창 아… 영원한 태양인가
처용은 서라벌의 지킴일지니

관기들이 춤을 춘다. 그것은 매우 활기 있고 약동적인 춤이며, 신라인
의 풍류와 기상이 넘치는 춤이다.
헌강왕의 표정도 밝다.
-암전

제3장

초가집들이 옹기종기 모여있는 마을 그 한 귀퉁이에 처용의 초가삼간
이 있다. 그 앞은 넓은 마당이다. 새가 울고 산들바람이 스쳐가는 마을
이 가난하지만 평화스러운 분위기임을 금세 느낄 수 있다. 방문 아래
큼직한 남자 신이 놓여 있다.

부엌 쪽에서 처용 모가 바가지를 들고 나온다. 어딘가 쓸쓸한 표정이
다. 까치가 울며 퍼드득 날아간다.

처용모 까치야! 고맙다… 니 덕에 온다 간다 기별도 없이… 훌쩍 떠났던
우리 처용이가 불쑥 돌아왔다 아이가! 훗흐… 그 자슥은 바람이
제. 영락없는 바람의 자슥이제. 삼신할매가 그렇게 점지하시기
에 바람처럼 살아왔다 아이가. 훗흐… (금세 표정이 어두워지며 손
에 든 바가지에서 보리쌀을 떠서 손가락 사이로 흘려 보낸다)

〈바람의 아들에게〉

처용모 너를 낳던 날
밤새 바람소리에
나의 신음소리도 안 들렸다
식은 땀, 진통도
바람소리가 삼켜버렸지
자식을 낳는 여자의 아픔이사
바람도 알지 못할 거야
네가 자라 세상에 눈 떴을 때
너는 바람 따라 떠났지
에미의 마음도 모르는 채

바람처럼 떠돌았지

그러나 에미는 안다

바람의 아들의 그 마음을

에미는 안다

바람의 아들에게도

꿈이 있을 테니까

처용 모가 나무절구통에다 보리를 쏟아 붓고는 절구질을 한다.
이때 이슬이가 대바구니에 물건을 담아들고 사람의 눈을 피하듯
뜰 안에 들어선다. 처용 모는 여전히 절구질만 한다.
이슬이가 성큼 다가서며 미소 짓는다. 처용 모가 알아보고 일손을 놓
는다.

처용모 이슬이 언제 왔노? 봄바람에 춤추는 갯버들 같네… 흠…….

이슬 처용이가 왔다카던데……. (토방 아래 신을 넘나 본다)

처용모 (다시 방아를 찧는다) 석 달만에 왔다 아이가. 헛허…….

이슬이가 가지고 온 바구니를 내민다.

처용모 (바구니를 받으며) 이게 뭐꼬? (보자기를 제치며) 에그… 이게 웬
파전에다… 도토리묵에다… 흰 쌀밥까지?

이슬 (말을 잇지 못하고 웃는다)

처용모 그렇잖아도 오랜만에 돌아온 자슥한테 끓여줄 곡식도 없어 겨우
보리쌀 구하다가… 이렇게… (울먹이며) 이게 에미 노릇인지…
뭔지… 전생에 무슨 죄가 있어가 이래 쪼그랑 바가지 신세인
지…

이슬	인자 처용이가 돌아왔으니 걱정없겠네요. 흠…
처용모	며칠이라도 있다가 가모 좋겠는데… 언제 또 훌쩍 떠나갈지…
이슬	홀어머니 혼자 두고 어떻게 가겠는교…
처용모	언제는 나 데불고 갔나?
이슬	그러니까 인자 마음잡고 홀어머니도 모실꺼고… 또…
처용모	…….
이슬	(수줍어서) 모르겠심더… 흠…

이때 방문이 휙 열리며 처용이가 상반신을 내민다. 윗도리를 홀랑 벗었다.

처용	(눈을 비비며) 어머니! 냉수 좀…
이슬	에그머니… (시선을 돌린다)
처용	이슬이 언제 왔노? 헛허…
처용모	저고리 입어라… 남사스럽게 처자 앞에서…
처용	(가슴을 문지르며) 이슬이는 우리 집 식구 아이가… 이슬아! 내말 맞제! 하하…
처용모	에그… 나이만 묵었지 아직도 코흘리개 아이가!
처용	핫하…
처용모	훗흐… (하며 부엌 쪽으로 가며) 어서 세수하고 밥 묵자. 이슬이가 반찬 가져왔다 아이가! 집 떠나모 누가 따뜻한 밥 주겠나. 갈 때 가더라도 밥은 묵고 가야제! (부엌 쪽으로 퇴장)

처용이 윗저고리를 입으며 방에서 나온다. 이슬이가 안절부절 못한다. 처용이 세숫대야에 물을 떠서 세수를 한다. 이슬이가 잽싸게 못에 걸린 수건을 들고 그에게 다가가 내민다.

처용	고맙다. 우리 어머니한테 늘 마음 써준다는 이야기 들었다. 내가 꿩이라도 한 마리 잡아주까!
이슬	괜찮다. 처용이 어머니는 내 어머니나 마찬가지 아이가.
처용	그렇게까지 생각해주니 고맙데이. 이런 고운 마음 누가 빨리 알 아줘서 좋은 인연 만나야 될 낀데.
이슬	(토라지며) 됐다! 시끄럽다!
처용	이슬아!
이슬	니 마음 다 안다. 이리저리 돌아다니면서 예쁜 처자도 많이 만나 겠제. 흥!
처용	이슬아!
이슬	(코에 코를 대듯 바싹 다가서며) 니 내 좋아하나? 싫어하나?
처용	뭐… 뭐라고?
이슬	올 가을에는 혼인시켜준다 카더라!
처용	누가?
이슬	누군 누구. 처용이 어머니지.
처용	뭐?
이슬	내 마음은 처용이 니 뿐이다. 그러니 만약에 니 마음 변하모 내 가만 안 있을끼다! 알겠제? 안 그래도 육손이 때문에 속상하는 데…
처용	이슬아. 너 참말로…

이슬, 애절한 눈빛으로 처용을 바라보며 노래한다.

〈사랑은 눈으로〉

이슬	눈을 보면 알아요 눈으로만 말해도 알아요

노을이 붉어지면
내 눈도 붉게 타오르고
호수 위에 단풍잎 하나에도
물그림자가 흔들려요
아… 사랑은 눈으로 해요
눈만 보면 알아요
청자빛 하늘 아래서면
그대 눈은 비취빛으로
말없이 토하는 입김도
나에게는 불볕같아
밤과 낮이 뒤바뀌는
우리 마음은 가을나그네
아… 사랑은 눈으로 해요
눈만 보면 알아요
먼 산 아지랑이 속에서도
가물거리는 건 사랑의 눈
사랑은 눈을 보면 알아요
사랑은 눈으로 느껴요

이슬, 부엌 쪽으로 나간다. 순간 울타리 밖에서 불쑥 고개를 쳐드는 사람이 있다. 육손이다. 얼굴은 붉으죽죽하고 주먹코에 실눈꼬리가 아래로 쳐져 있어 얼핏 보기엔 흉물스러우나 어딘지 장난꾸러기 같은 유머러스한 면도 보인다. 육손은 다음 순간 장난기가 일어난다. (그는 탈바가지를 쓴다)

육손   (관객 쪽을 향해) 보셨죠? 처용이가 잘 생겼다고 이쁜 이슬이가 저렇게 좋아한다 아인교! 근데 내사 얼굴이 이래가 이슬이는 내한테 눈길 한번 안 줌더! 어디 이슬이만 그라는교? 동네 아낙들도 내를 용금소 이무기 보듯 괴물 취급한다 아인교! 흥, 이슬이든 동네 아낙들이든 언젠가는 육손이 니 잘못 봤다, 미안하데이 하고 내한테 손을 싹싹 빌면서 내 눈길을 기다리는 그런 날이 있을낌더. 내사 그래되모 소원이 없겠는데. 근데… 그런 날이 언제 올란지… 벅수골 무당이 내한테도 그럴싸한 재주가 있다 하던데… 육손이가 손을 펴보인다. 손가락이 여섯이다.

육손   잘 봤지요? 삼신할매가 내한테 장난을 쳤는지 재주를 주었는지 모르겠지만 내한테 손가락을 하나 더 줬다 아인교! 헷헤… 사람은 저마다 타고난 팔자가 있다 카던데 내사 지금은 이래 살아도 앞으로는 희망이 있심더. 내사 이쁜 여자도 만날낌더! 이쁜 이슬이가 내 좋다 하고 동네 아낙들도 내만 보모 육손나으리 오셨는교 하면서 절을 꾸벅하는 날이 올낌더. 내 말 맞지요!

　　〈사람도 가지가지〉(이중창)
육손   사람도 가지가지 운명도 가지가지
　　　　서로가 좋아진 걸 누구를 탓할까
　　　　키 큰 남자는 키 작은 여자
　　　　깡마른 여자는 배불뚝이 남자
　　　　동갑내기 장사는 본전차지가 인생
이슬   사람팔자 시간문제 산 팔자 물 팔자
　　　　비 오는 날 꽃신 신고 개인 날 나막신 신고
　　　　토시 끼고 게 구멍 쑤셔도
　　　　탓할 사람 없는 인생

325　　　　　　　　　　　　　　　　　　　　　　　처용

자기 잘난 맛에 사는 세상

처용   들판에 부는 바람 부는 방향도 제멋대로

가다가 쉬는 사람 쉬었다 가는 사람

가고 오는 길은 제각각이지만

마지막 돌아갈 곳은 북망산 골짜기니

먼저 갔다고 슬퍼 말고

늦게 간다고 자랑 마라

처용, 노래를 부르며 집 뒤편으로 간다.

서라벌 무사와 군사 갑, 을이 들어선다. 서로 뭐라고 수군덕거린다.

부엌에서 처용 모가 나온다.

군사 갑   여기가 처용의 집이요?

처용모   예? 예…

무사   처용인 어디 있소? (세 사람 불안하게 쳐다본다)

처용모   어디서… 오셨는데…

무사   처용을 급히 데려오라는 왕명이요!

처용모   (입이 떡 벌어지며) 와, 왕명? 우리 처용이가… 무슨 죄를 지었다

고…

군사 갑   어디 갔소? (방 쪽으로 가려 하자 방문 앞을 막아선다)

처용모   (필사적으로) 우리 처용이… 없소! 먼, 먼 길 떠난 지가… 처용이

없심더. 처용인 없심더. 집에 없심더!

군사 갑   (방문을 열어보며 처용을 찾는다) 이 자가 어딜 간 게야.

처용모   에구 다행이다. 증말로 다행이다. 용왕님. 삼신 할머님 고맙심더…

무사   당신이 처용이 어머니요?

처용모   예… 내가…. 처용이는 내 자식임더.

무사 　잘됐군… 그럼 당신이 처용이가 있는 곳으로 길을 안내하시오!

처용모 　내사 우리 처용이 있는 곳을 모름더.

군사 을 　에미가 자식이 어디 있는지도 모른다는 게 말이 되나? 어서 처
　　　　용이가 있는 곳으로 갑시다.

무사들 처용의 어머니를 데려가려 한다.
겁에 질려 보고만 있던 이슬이 무사들을 막아선다.

이슬 　안됨더! 우리 어머니를 와 잡아가는교! 안됨더.

무사 　잡아가는 게 아니라 처용이를 찾으러 가는 걸세. 어서 비켜라!

이슬 　안됨더! 처용이가 무슨 죄를 지었다고…

군사 을 　아니 이것이…

군사 을, 이슬을 밀친다. 이슬 넘어간다.
이슬, 무사들을 붙잡는다.

처용모 　이슬아! 이슬아! 이슬이가 무신 죄가 있다고… 내가 가모 된다
　　　　아인교. 내가 갈 테니 제발 그만하소. 이슬아! 이슬아!

무사 　오늘 해지기 전에 처용을 데리고 서라벌로 돌아가야 하니 어서
　　　　앞장서시오. 자, 어서들 가세.

군사들 처용의 어머니를 데리고 가려 한다.
이때 집 뒤편에서 처용이 뛰어 나온다.

처용 　아니 이게 무슨 짓들이요! 어머니! 무슨 일이…

군사 갑 　처용인가? 틀림없지?

327　　　　　　　　　　　　　　　　　　　　　　처용

처용   예? … 예.

군사 을   그럼 가자.

처용   가다뇨?

무사   서라벌로 같이 가야 되겠네!

처용모   우리 처용이가… 무슨 죄를 지었다고… 안됩더! 내가, 내가 가겠
심더! (매달린다)

이슬   (처용에게) 무슨 일 있나? 응? 무슨 잘못했나?

처용   (태연하게) 잘못? 내게 잘못 있다면 바람처럼 구름처럼 떠돌아다
니는 죄 말고 뭐가 있나? 하하하…

처용모   처용아! 안 된다!

처용   어머니 별일 아닐낌더. 걱정 말고 있으소! 잠시 갔다 올 테니. (무
사들에게) 갑시다!

처용모   처용아! (땅바닥에 쓰러진다. 처용이가 부축한다) 안 된다… (울타리
너머를 향해 절규한다) 동네 사람들아! 내 아들 좀 살려주소!

처용   염려마소. 누가 죄인이라 하던교? 오라고 하니 가는 것 뿐인데…
(무사에게) 자, 갑시다.

이슬이가 다가간다.

처용   이슬아… 괜찮을끼다! 어머니가 많이 놀라신거 같은데… 내 별
탈없이 돌아올테니 우리 어머니하고 같이 있어라. 응?

이슬   걱정마… 내가… 내가… (말문이 막힌다)

무사, 군사들과 나간다.
마을사람들 웅성거린다.
그 가운데 육손이도 보인다.

시무룩한 표정이다.

-암전

제4장

서라벌 궁 안. 정면 높은 계단 위에 헌강왕의 옥좌가 마련되어 있다.
층계마다 조신들이 늘어서 있다.

옥좌에 헌강왕과 왕비가 나란히 그리고 공주도 자리하여 장내는 권위
와 영화를 더욱 자랑하듯 미의 극치를 이루었다. 관기들의 화려한 춤
이 익어간다.

헌강왕의 표정은 더없이 밝다. 춤 역시 호화롭고 경사를 한층 더 빛내
주는 것 같다. 계단 맨 아래층에 처용이 서 있다.

헌강왕 처용은… 좀 더 가까이 올라와 고개를 들거라.

처용이 서너 계단 올라와 정좌한다. 헌강왕이 왕비에게 시선을 던진
다. 왕비도 만족한 듯 공주에게 시선을 돌린다. 공주도 수줍음 가운데
도 호감에 이끌리는 모습이다.

헌강왕 그대는 백성들과 나라를 위해 천재지변을 극복하는데 큰 공을
세웠도다. 그 공이 지대하여 응분의 포상을 약속하였음에도, 굳
이 그것을 사양한 그대의 덕행을 과인은 간과할 수 없어 여기
그 증표로… 천부경을 하사하겠노라.

처용 황공하옵니다. 대왕마마. (엎드린다)

시종이 비단에 싼 천부경과 은장도를 헌강왕에게 바친다. 헌강왕은
천부경을 꺼내 보인다. 찬란하게 옥과 금이 상감된 천부경이 밝은 빛
을 반사한다.

헌강왕 그대가 사는 고을은 예부터 물맑고 산세가 수려하여 서라벌을 비추는 거울이었노라. 오늘은 특별히 그대 고을을 생각하며 세상의 이치를 비추는 천부경을 그대에게 하사하니 그대는 세상을 비추는 도량이 되도록 하라. 또한 그대 고을은 예부터 쇠부리터로 명성을 떨쳐왔으니 내 오늘 그대의 마음을 담아 공주에게는 은장도를 하사하노라.

이 말이 떨어지자 장내에 환성과 웅성거림이 파도처럼 밀려온다.

〈은장도의 노래〉(독창, 합창)

공주 은장도는 쇠가 아닌 불
쇠가 불이 되고
불이 쇠로 변하기까지
아… 아…
두견새는 몇 날을 울었나
광풍은 몇 밤을 지새우셨나

은장도는 쇠가 아닌 아픔
불과 물 속을 넘나들며
찢기는 아픔을 견디기까지
아… 아…
해당화는 몇 차례 피고지고
파도에 부서지는 바위소리를
그것을 헤아릴 사람 누구인가
그대는 아시나 모르시나.

공주와 처용의 시선이 마주친다.

처용이 천부경을 계단 위에 놓고 물러 앉는다.

처용 아니 되옵니다! 대왕마마! 그건 아니되옵니다. 이 몸은 천민의
      자식으로 배운 것도 가진 것도 없는 민초이옵니다. 바람따라 구
      름따라 떠도는 한낱 미물에 불과하옵니다. 그런데……

헌강왕 내 그대에게 오늘부터 급간이란 벼슬을 내리게 하였노라. 그렇
      게 되면 천민은 아니지 않는가. 어엿한 벼슬아치이니 공주의 부
      마로서 부끄러울 것 없지 않는가?

처용 (놀란 듯) 예? 부마라고요?

헌강왕 그대를 공주의 부마로 간택한 데는 그럴 만한 사유가 있었기에
      모두가 결정하였노라. 또한 그대의 모친도 이 자리에 모셔왔네.
      하하하… 자… 이제 처용의 모친을 들라 하라…

처용모, 궁녀들과 함께 들어온다.

곱게 단장한 차림새가 옛날 모습하고는 전혀 딴판이다.

〈태화강 강가에 서서〉

처용 천년을 두고 흐르는 태화강은
      만년을 두고도 그 모습일세
      하늘의 별들도 영겁을 두고 변치 않으니
      아… 진정 변치 않은 것은 사랑
      아… 그것은 어머니의 사랑

      가난도 수모도 마다 않고
      일구월심 자식을 위한 지성은

태화강이 동해로 흘러 내리듯
언제나 이 마음 속에 흘러내리니
아… 진정 변하지 않은 것은 사랑
아… 그것은 어머니의 사랑

처용모 니가 가고 난 뒤에 그저 눈물만 흘리고 있는데 세상에 공주마마
님께서 가마를 보내주가 내사 아무 탈 없이 왔다 아이가. 내 자
식이 공주마마님 부마가 된다니… 이게 꿈인지 생시인지…

처용 어머님! 그건 아니됩니다.

처용모 대왕마마님께서 명을 내리신 것인데… 그라모 안되제. 죽을 목
숨, 숨 붙여주고, 두말하모 안된다.

처용 어머님…….

헌강왕 그대는 효심이 지극하니 어머니의 의중을 따를 것으로 생각하
네. (왕비를 돌아보며 미소 짓는다)

〈처용은 영원한 별〉(이중창 – 헌강왕과 왕비)

두 사람 처용은 영원한 별
처용은 영원한 별

헌강왕 가진 것 없어도
탐내지 않고
자연을 벗삼아
호연지기를 갖추니

왕비 안으로는 효심으로
밖으로는 의리인정
세상을 살아가는
화랑의 후예이니

처용

합창 그 신명 그 풍류
      그 누가 따르겠나
      처용은 화랑의 후예
      처용은 서라벌의 별
      처용은 영원한 별

      헌강왕과 왕비의 만족스러운 표정에 처용은 몸둘 바를 모른다.
      -암전

제5장

처용의 집. 뜨락에 4인교가 놓여있다. 마을 부녀자들이 모여 앉아 수다를 떤다. 아녀자들은 4인교를 신기한 시선으로 둘러보기도 하고 만져보기도 한다. 모두들 노래하며 춤을 춘다.

⟨탑돌이 가세⟩

합창　가세 가세 탑돌이 가세
　　　　망해사 절 구경가세
　　　　궂은 것은 육손이 주고
　　　　좋은 것은 우리 몫이니
　　　　가세 가세 탑돌이 가세
　　　　망해사 절 구경 가세
　　　　신라 성대 태평천하
　　　　금전구주(金殿九疇)에
　　　　달 밝아오면
　　　　극락이 따로 있나
　　　　용이 구름을 만났으니
　　　　개운포가 극락이지
　　　　가세 가세 탑돌이 가세

굴화네　아이고… 성님은 복도 많제. 처용이가 가마까지 보내와서… 망해사 절 구경시켜 주다니…

치소네　말조심해라! 처용이가 뭐꼬? 인자 공주마마 부마아이가!

마실네　이제 우리 같은 무지랭이들하고는 상종도 안할끼다…

처랑네　사람 팔짜 시간 문제네! 그나저나 이슬이만 불쌍하게 됐다 아

335　　　　　　　　　　　　　　　　　　　　　　처용

이가.

낙수네　맞다! 맞다!

음네네　맞기는 개가 몽둥이를 맞나! 비빌 언덕을 보고 비벼야제. 이슬이지 혼자 헛물 켠거 아이가. 처용이는 옛날부터 뭐가 달라도 달랐다 아이가!

치소네　그래, 그래! 처용이 태몽이 용꿈아이가! 마 용왕의 아들아이가. 우리 마을에서 공주마마 부마님 나왔으니 경사난거다! 홋호…

굴화네　경사나고 말고… (방을 향해) 시상에… 이렇게 사인교 타고 망해사 탑돌이도 가고… 참말로 꿈만 같심더… 꿈이라예. 홋호…

음네네　어디 망해사 탑돌이 뿐이가. 해초 뜯어가 입에 풀칠하던 우리 성님이 서라벌 구중궁궐에서 호강도 했다 아이가.

읍소네　내사 마 처용이가 잡혀갈 때는 우리 성님 죽는 줄 알았다 아이가!

이때 방 안에서 처용모가 곱게 나들이 옷으로 단장하고 나온다. 옛날 모습하고는 전혀 딴판이다. 모두들 신기한 듯 혀를 차고 손뼉을 치며 부러운 눈으로 바라본다.

실읍네　아따 이기 누군교? 우리 성님 맞는교? 누가보모 용연에 선녀가 내려온 줄 알겠심더.

일동　호호호…

이때 이슬이가 쓸쓸하게 나온다.
머리도 헝클어지고 옷 매무새도 흐트러져 있다. 눈빛도 흐리고 멍하니 먼 산을 바라보는데 약간 실성한 사람 같다.

처용모　이슬아.

이슬은 대답도 없이 한구석에 앉는다.

굴화네 어디 아프나?

이슬 (땅만 내려다보고 있다)

마실네 니도 망해사 절구경 가자? 탑돌이도 하고… (잘난척 하며) 망해사 법당 북쪽 널찍한 터에 (팔을 벌리며) 이래 큰 탑을 두 개나 세웠다카더라.

처용모 (이슬에게) 이슬아. 미안하데이. 니 마음은 내가 다 안다… 니가 처용이 때문에 병난 것도… 하지만 인연이라는 게 내 마음대로 되는 것도 아이고. 처용이는 지 팔자로 사는 거고 대왕마마께서 시키는 대로 따를 수밖에… 내사 니가 못내 마음 걸려가… 가슴이 답답하다 아이가. 우야노. 니가 용서해야제.

이슬 (벌떡 일어난다)

굴화네 이슬아… 참아라! 우리 무지랭이 백성들은 이래도 참고 저래도 참고 또 참아야제?

음네네 내리막이 있으모 오르막도 있다 아이가!

일동 호호…

이때 육손이 들어온다.
등에 괴나리봇짐을 달랑 걸머졌다.
마을사람들이 일제히 그를 돌아다보더니 키득키득 비웃는다. 약자 편을 향해 내뱉는 조소이자 경멸이다. 마실네가 문득 장난기가 생기자 마치 머슴처럼 허리를 굽히고 총총걸음으로 육손 앞으로 다가가서는 절을 꾸벅한다. 모두 킬킬댄다.

마실네 (비아냥거리며) 육손 어르신네! 어디 나들이 가는교?

일동	홋호…
육손	(시침떼고) 그래 나도 간다.
치소네	어디 먼길 가시옵니까?
육손	망해사 탑돌이. 잘못됐나?
굴화네	부정탄다! (다른 사람들에게) 육손이하고 함께 가면 부처님께서 노하실 게다! 니는 따로 온나! (처용모에게) 성님! 어서 가마에 오르소!

이때 교꾼 네 사람이 군사 갑, 을과 나온다.

교꾼들	자, 그럼 떠납시다.

처용모가 가마에 오르자 교꾼들이 가마를 든다. 그 모습을 보자 모두
들 부러운 듯 손뼉을 친다.

음네네	(육손에게) 저리 비켜서라. 공주 시어머니 행차이시다! 홋호…
마실네	쉬~ 쉬~ (육손을 밀치며) 부정탄다! 물러섰거라!

아낙네들은 〈탑돌이 가세〉 노래와 춤을 추면서도 시종 육손을 향해
멸시와 조소를 던지며 퇴장한다.
까치가 울고 간다. 갑자기 쓸쓸해진다.
무대엔 육손과 이슬만 남는다.

육손	빌어먹을! 사람을 무시해도… (돌팔매질을 하며) 에라 이 썩어빠
	질 것들아! 부처님이 너거들한테 복 내리실 줄 아나? 어림도 없
	다! 헹! 내가 복 주지 말라고 빌끼다. 복도깨비가 복은 못 줘도

화는 준다는 말 모르나? 이슬아. 우리도 탑돌이 가자!

이슬 탑돌이?

육손 (부화가 치밀며) 내처럼 못생긴 놈은 망해사 절 구경가면 안 되나?

이슬 안 될 것도 없지… (길게 한숨) 하지만 니나 내나… 다 깨진 그릇
아이가! 부처님께 빈다고 들어주겠나?

육손 그래도 난 부처님께 빌끼다!

이슬 (비웃듯) 뭘 빌게 있다고…

육손 못생긴 얼굴 대신 잘 생긴 얼굴로 해주십사 하고 빌끼다.

이슬 (측은해서 본다)

육손 니도 내 얼굴이 밉제? 모두가 이 놈의 못생긴 얼굴 탓 아이가!
그러니까 부처님께 못생긴 얼굴 잘생기게 해주십사 하고 빌란
다. (발길로 돌을 걷어차며) 두고 봐라!

이슬 니나 내나 아무 쓸모없는 몸 아이가! 내사 할 수만 있으모 서라
벌 가가 시녀라도 할란다. 그라모 처용이 볼 수 있다 아이가.

육손 이슬아! 내하고 탑돌이 같이 가자. 우리는 어디 사람도 아이가?
부처님한테 소원 빌러 가자!

이슬 싫다… 내사 서라벌 갈꺼다.

육손 와? 니도 못생긴 내하고는 같이 가는 게 싫나! 내하고 같이 가모
부정타나!

두 사람의 시선이 마주친다.
그러나 이슬의 표정은 쓸쓸하고 슬프다.

육손 망해사로 가자. 부처님한테 빌자!

이슬 …….

육손 니도 내도 사람 대우받게 해달라고 빌자! 내사 흉측한 쌍판대기

　　　　　좀 바꿔 달라고 빌어 볼게!

이슬　　가지마라! 가봤자 창피만 당한데이!

육손　　니가 정 같이 가기 싫으모 내사 혼자라도 갈끼다!

이슬　　빈다고 니 얼굴이 어떻게 되는 줄 아나? 니나 내나 못생기고 배
　　　　고픈 천덕꾸러기 아이가!

육손　　아이다. 니도 내도 잘 살 수 있다.

　　　　〈운명을 바꾸자〉(이중창)

육손　　나의 죄는 추악한 얼굴

이슬　　나의 죄는 천민의 자식

두 사람　천신에게 버림받은
　　　　　천대받고 멸시받는
　　　　　운명의 굴레

육손　　우리는 죄 없는 죄인

이슬　　우리는 하늘을 보네
　　　　그러나 어차피 버려진 목숨

두 사람　우리는 죄인이 아니다
　　　　　내 육신, 하늘에 바쳐서라도
　　　　　우리의 운명을 바꾸는 길뿐

육손　　추악한 얼굴이 죄인가

이슬　　천민의 자식이 죄인가

두 사람 운명을 바꾸자

내 운명, 찢겨진 내 인생이여

운명을 바꾸자

육손 난 한 번 한다면 한다 아이가! 두고 봐라! (뛰어 나간다)

이슬 육손아!

-암전

처용

제6장

무대가 회전되며 망해사 사찰이 정면으로 아슬하게 나타난다. 그 앞에 두 개의 석탑이 우람스럽게 서 있다. 달밤이다. 여기저기 청사초롱 봉축 등이 걸려 있고 선남선녀들 손에도 등이 들려 있어 자못 환상적이다. 탑돌이의 음악과 춤은 불가에서 전해지는 전통적인 형식으로 표현한다. 처용과 공주가 함께 있다.

〈물빛처럼 바람처럼〉(이중창)

공주　그리운 마음 사모하는 마음으로
　　　당신 기다려 왔어요. 그대 기다려 왔어요.
　　　당신 모습 물빛으로 고이 담아 꿈꾸듯 노래했어요.

처용　물결처럼 다가오는 그대 사랑
　　　꿈결처럼 내 마음에 자리하는데
　　　아! 나는 바람처럼 구름처럼 살아왔네

공주　저 푸른 하늘 바라보며
　　　하얀 구름처럼 피어오른 당신에게
　　　아! 내 마음 목련이 되어
　　　사랑을 노래해요.
　　　꽃잎처럼 피어오르는 사랑을 전해요.

처용　동해바다 춤추는 물새처럼
　　　홀로 피었다 지는 연꽃처럼
　　　나는 그렇게 세상 살아왔네

아! 그대 고운 마음 내 마음에 물결치네
아! 그대 사랑 가슴깊이 새겨두리라

헌강왕, 왕비 일행이 등장하여 탑을 둘러본다. 헌강왕 일행은 새로 창
건된 사찰을 감회 깊게 바라보다 말고 석탑 앞으로 나온다. 대리석으
로 팔각원당형(八角圓堂形)의 양식이 돋보인다.

헌강왕 (왕비에게) 부처님께 무슨 청원을 올리셨소?

왕비 그야 공주가 옥동자를 낳게 해주십사 하고 빌었지요. (처용과 공주
를 돌아보자 공주는 싫지 않은 듯 웃는다)

헌강왕 그럼 공주는?

공주 아바마마의 만수무강과 만백성의 화합을 기원하였사옵니다. 마
음속 깊숙이 품은 뜻을 어찌 말로 다 하겠습니까. 소녀의 마음을
춤으로 펼쳐 보이겠사옵니다.

〈공주의 춤〉(음악)

이윽고 음악이 흐르자 공주가 하얀 비단 수건을 손에 들고 춤을 춘다.
때로는 나비처럼 때로는 학처럼 우아하게 춤추는 공주의 모습은 천상
의 여인을 연상케 한다.
이때 나무 그늘에 엎드려 있던 군중 속에서 한 사람이 고개를 든다.
육손이다. 수건으로 얼굴을 반쯤 가렸다. 공주의 아름다움에 황홀해
진 채 제정신을 잃고 바라만 본다.

육손 (중얼거리며) 사람이 아이다… 여자도 아이다… 저기는 분명 하
늘나라에서 내려온 선녀아이가. 사람이면서 사람이 아닌… 아…

저래 아름다운 여자가 세상에 있었나! 근데 나는 이리 못생기고. 참말로 저 여자가 사람 맞나. 내가 꿈을 꾸는거가.

공주의 춤이 익어가자 처용도 어우러져 춤을 춘다. 춤이 계속되며 주변은 차츰 어둠 속으로 묻힌다. 환상 속에 갇힌 육손만이 남는다.

〈꿈꾸는 자여〉(육손의 독창)

육손   오…
꿈이라도 좋아
그 자리에만 있어줘
영원히 있어줘
이 몸 돌이 될 때까지
그대만을 찾아 헤매인
꿈꾸는 자여!
꿈속에서나마
아… 그대 꿈꾸는 자여!

절규하듯 애절하게 노래하며 석탑 아래 엎드려 간절하게 축원을 한다.

육손   부처님! 나도 다른 사람처럼 살게 해주소! 나도 한번만 사람처럼 살아보고 싶습니다. 제발 부처님 제 소원 좀 들어주소. 이 흉측한 얼굴 제발 좀 바꾸어 주소. 제발 부처님 제 소원 한번만 들어주소. 부처님! 나도 다른 사람처럼 살게 해주십시오! 사랑하는 사람을 품에 안고 싶습니다! 부처님! 제발 소원임더! 흉측한 내 얼굴 좀 바꾸어 주소… 흑…

육손이 엎드려 몸부림친다.

이때 허공에서 한줄기 빛이 쏟아지며 석탑을 비춘다. 자애로운 목소리
의 노래가 은은하게 들려온다. 이윽고 석탑 안에 보살 여래상이 나타
난다. 그것은 매우 환상적이며 신비스럽다. 따라서 실상이건 허상이
건 상관없다. 다만 육손에게 있어서는 절대적인 구원이자 믿음의 대상
이다. 무대에는 보살여래와 육손 뿐이다.

〈인생은 기다림〉(보살여래의 독창)

보살여래 서둘지마오. 기다려요.

육손 (대사) 나를 바라보는 눈빛이 싫소!

보살여래 실체는 내 자신 남이 아니오.

육손 (대사) 무식해서 못 알아듣겠소!

보살여래 남들이 나를 보고 있다는 그 생각을 버려요.

육손 (대사) 못생긴 이 얼굴을 어떻게 하고…

보살여래 못생긴 게 아니오. 남과 다를 뿐이오. 아름다운 꽃에도 가시가
있고 화려한 꽃일수록 독이 있는 법. 인생은 그것들에서 벗어나
기 위해 오직 기다리는 법.

육손 (대사) 언제까지 기다립니까?

보살여래 겁내지 마오. 서둘지도 마오. 언젠가는 다시 돌아오리라 인생은
기다리는 법.

육손 (대사) 정말입니까?

보살여래 남 앞에서 당당하게 나서시오. 당당하게 얼굴을 내밀어요. 지
레 겁먹지 마시오. 무엇보다 중요한 것은 자신을 가지는 일이오.

그 소리는 마치 산사에서 들려오는 은은한 종소리처럼 여운을 남긴
다.

〈육손의 변신〉(음악)

육손이 연못가로 가서 엎드린다. 가렸던 수건을 풀어낸다. 수면에 비친 자기 얼굴을 들여다 본다. 다음 순간 육손은 엎드린 채 굳어버린 채 말이 없다.

몸이 떨리기 시작한다. 어깨가 잔물결치더니 흐느끼기 시작한다. 다음 순간 육손은 지금까지 억제해 왔던 감정을 폭발시키듯 절규한다. 그러면서 달을 향해 얼굴을 쳐든다. 전과는 전혀 다른 새로운 얼굴로 변신했다.

엎드려 있던 육손이 서서히 고개를 쳐든다. 그리고 자신도 모르게 손을 얼굴로 가리고 간다.

보살여래 보시오. 옛 얼굴이 아니오. 어디에 가도 떳떳한 얼굴이오. 이제 그대도 사랑을 할 수 있는 얼굴이 되었소.

육손 내 얼굴이 아무렇지 않다고? 아… 거울… 거울… (그는 여기저기 휘둘러 보다가 석탑 아래 있는 작은 연못을 발견한다) 옳지! 저기 연못에 비춰보자. 달빛 아래 비친 내 얼굴을 보자…! 아… 내 얼굴! 내 얼굴!… 아… 부처님! 고맙심더! 참말로 고맙심더!

보살여래 그것 보시오. 그대 얼굴이오. 아무렇지 않은 얼굴이오.

육손 (두 손을 펴보며) 아… 손가락도… 여섯이 아닌… 다섯으로…

보살여래 본시가 다섯이었소… 스스로 다섯인데 남에게 지지 않으려고 육손이라 했을 뿐…

육손 아… (엎드린다) 부처님! 고맙심더! 고맙심더! (혼잣소리로) 옳지. 이 얼굴을 아까 아름다운 선녀한테 먼저 보여줘야지! (크게) 부처님! 참말 고맙심더! 아… 내 얼굴! 내 얼굴!… 아… 부처님! 고맙심더! 고맙심더!
-암전

제7장

처용의 집. 침실과 거실. 화려하게 손질이 잘 간 꾸밈이 귀족계급의 주택임을 금세 알 수 있다. 거실에 공주가 을씨년스럽게 앉아 있다. 뭔가 언짢아하는 표정이다. 안방 쪽에서 처용이 사냥복 차림으로 등장한다. 손에 활이 들려 있다. 공주는 돌아보지도 않은 채 앉아 있다.

처용   그럼 다녀오겠소.

공주   (겉으로만 태연한 채) 꼭 가셔야 합니까?

처용   대왕마마께서 한사코 동행하라는 분부인 걸 어쩔 수 없잖소.

공주   나보다도 꿩 사냥이 더 소중하다는 말씀입니까?

처용   나는 사냥을 하러 가는 것이 아니오. 대왕마마께서는 서라벌뿐만 아니라 나라 곳곳의 민심을 살펴보시려고 행차를 떠나시는데 어찌 동행을 거절할 수 있겠소. 그 행차를 따라가면서 나는 산과 들과 바다의 맑은 바람을 만나는 것이오……

공주   진작부터 알고 있었습니다. 바람 같은 당신에겐 이 궁궐에 저와 함께 있는 것보다 아바마마를 쫓아 산따라 물따라 다니시는 게 더 큰 행복이라는 거 알고 있어요.

처용   그건… 이곳은 어쩐지 몸에 맞지 않는 옷을 입은 것 같은 불편함이 내 몸을 짓누르고 있어요.

공주   산천에 떠도는 바람 같은 당신의 마음이 저한테 돌아오기를 기다렸습니다. 포석정에 꽃피고 눈 내리는 세월동안 밤마다 애타게 기다려 왔습니다. 하지만 이런 기다림이 저에게는 끝없는 슬픔이며 참을 수 없는 고통인 것을 당신은 조금이라도 생각해보셨나요!

처용   부인. 내 사주팔자가 바람 부는 대로 강물 흐르는 대로 살아가는

　　　　　것이오. 산처럼 물처럼 사는 나 때문에 부인 마음 고생이 많구려. 내가 부인에게 마음이 없는 게 아니라… 끝없는 권력욕과 탐욕으로 사로잡힌 서라벌의 이 지독한 냄새에 나는 질식할 것만 같소. 그것이 나를 떠돌게 하는 것이오.

공주　　그만! 그만! 그 이상은 듣고 싶지가 않아요. 그런 지아비의 마음을 잡지 못하는 여자의 운명이 내 운명이라는 건가요?

〈알 수 없는 당신의 마음〉(이중창)

공주　　열 길 물속은 알아도
　　　　한 길 사람의 마음은 몰라요

공주·처용　진정 알 수가 없는 당신의 마음
　　　　아… 알 수 없는 당신의 마음

공주　　꽃 피고 새 우는 봄날
　　　　당신만을 기다려야 하는 여자의 마음

처용　　긴 겨울을 기다리는 자만이
　　　　봄의 기쁨을 안다는 것
　　　　그대는 왜 모르시나요

공주　　봄에는 꽃 가을에는 단풍
　　　　철따라 새 옷을 찾는
　　　　여자의 마음을 왜 모르시나요

처용　　대사를 위해서 나를 버리는
　　　　질서를 위하여 나를 버리는
　　　　남자의 마음을 왜 모르시나요

공주·처용　진정 알 수 없는 당신의 마음
　　　　아… 알 수 없는 당신의 마음

공주, 울음이 터지려 하자 억지로 참으며 내실 쪽으로 급히 퇴장한다.
처용은 잠시 허공을 쳐다본다. 허탈하다.

〈적막강산〉

처용   적막강산
        무주공산
        바람도 비도 햇빛도
        없는 이 강산
        뉘라서 쉬어가고
        뉘라서 놀다 갈까
        임자 없는 나룻배야
        강심을 무심타 마라
        -암전

제8장

처용의 시골집.

마루 끝에서 처용모가 베틀 앞에 앉아서 베를 짜고 있다.

집은 전보다 윤택해 보이고 처용모의 얼굴에도 화색이 돌아 원만한 표정이다. 처용모는 천천히 노래를 부르면서 베를 짠다. 동리 아낙들이 실꾸리를 감으며 노래한다.

(이 노래는 민요조로, 단조롭게 된 노동요 풍으로 작곡한다)

〈베틀 노래〉

합창   하늘에는 별이 총총
내 가슴엔 수심이 첩첩
바람 부는 나뭇가지 바람 잘 날 없으니

날이 가물면 상추밭 걱정
장마 지면 콩밭 걱정
처녀 총각은 혼인 걱정
손자놈은 노리개 걱정
할애비는 담뱃대 걱정

어메 어메 우리 어메
나를 뱄을 때 뭘 잡수셨소
무 장아찌 꼬된 새우젓에
냉수도 안 마시고 콩밭 맸지

어메 어메 우리 어메

시집올 때 혼수감은 뭣이었소

박달나무 홍두깨에 얼빗 한 개라

이도 저도 못하고 질질 끌어 황토길.

굴화네가 등짐을 지고 나온다. 발걸음이 무겁고 궁상이다. 마루 가까이 오다가 허리를 펴고는 긴 한숨을 내뱉는다.

읍소네 어서 오게나… (등짐을 보고) 어디 갈라고?

굴화네 극락길인지 지옥길인지 나도 모르겠다! 아이고… 속상해!

(마루에 걸터앉는다)

치소네 홋흐… 또 싸웠나? 허구헌날 쌈박질을 하다니 힘도 좋네.

(베를 짜며 얘기한다)

굴화네 에그 정말이지 인자 못 살겠다!

처용모 무신 일 있었나?

굴화네 글쎄 그 문디 같은 놈이 기집한테 풍덩 빠져가 정신 못 차리고…

(말을 잇지 못한다)

처용모 기집한테? (일을 멈추고 비로소 바라본다)

굴화네 포구바닥 주막집 여편네라하데! 여러 사내놈 홀려가 알맹이는

(과장해서) 쏘옥 빼먹은 거머리 같은 년한테 걸렸으니 내가 허패

가 뒤비진다 아이가!

읍소네 (다시 일을 계속하며) 쯧쯧… 걸려도 된통 걸렸는 모양이제!

굴화네 그래 이번에는 아주 뿌리채 뽑아버리기로 작심하고 이리 나왔

소!

치소네 뽑아? 무슨 뿌리를 뽑는데? 오뉴월에 무시를 뽑나?

굴화네 남정네 뿌리라면 그것 말고 또 있나! (주먹으로 사타구니를 가리키

며) 두 번 다시 그것 내두르지 못하게 뽑아버릴끼다!

치소네 그 뿌리 뽑고나모 기나긴 동짓달 긴 밤을 우예 보낼라꼬? 주막 집 여편네 얼굴에 도화빛이 흐르던데. 마 뽑지 말고 힘이나 길러 주는기 맞을끼다!

처용모 홋호… 헛허…

굴화네 남의 일이라고 웃지 마소!

처용모 홋호…

굴화네 흥! 허기사 공주님 부마를 아들로 두셨으니 근심걱정 없겠제!

처용모 (정색을 하며) 난 늙어 비틀어져도 자식 덕 안 본다! 누가 자식 덕 볼라고 자식 키웠나?

치소네 자다가 남의 집 봉창 두들긴다 카더니 와 성님한테 화를 내노!

굴화네 자식 덕 볼라고 자식 낳았지요!

처용모 내사 사람 구실해서 지 잘 되모 더 이상 바라는 거 없다 아이가! 늙은 내 육신 편할라꼬 자식 낳았나? 마 니는 어서 가서 그 뿌리 를 뽑든지 심든지 니 일이나 해라!

굴화네 (화를 내며 일어나서) 흥! 인자 마구 사람을 내쫓네? 잘난 아들 있 다고 세도 부리는거가! 헹! (짐을 들고 돌아서며) 두고 봅시더! 음 지가 양지 되고…

처용모 (흐트러지지 않고) 그래 맞다. 양지가 음지 되고… 그게 사람 사는 거다! 겨울 가면 봄이 오고… 봄이 가면 여름 오고… 물 흐르듯 이 순리대로 가모 세상사 아무 탈 없다 아이가!

이때 울타리 너머로 상민으로 변장을 한 처용이 들어서려다 굴화네와 마주치자 외면을 한다.
굴화네와 아낙들이 돌아서 보려고 하자 얼굴을 가린다.

굴화네 어디서 많이 보던… 사람인데… (하며 퇴장)

처용모가 무심코 바라보다가 자리에서 일어나 뜰로 내려선다. 처용이 급히 들어선다.

처용　　어머니! 절 받으시죠.

처용모　아니… 이것이… 어떻게… (땅바닥에 엎드리려 한다)

처용　　제 절을 받으세요! (하며 땅바닥에 엎드려 넙죽 절을 한다. 처용모는 뚫어지게 바라만 본다) 놀라셨지요? 훗흐…

읍소네　부마옷은 다르다던데 와 저런 꼴로 왔노?

처용　　어머니 보고 싶어 왔습니다… (손을 잡으며) 며칠 동안 묵고 가려고…

처용모　그래도 되는교?

처용　　예?

처용모　(의연하게) 안됨더.

처용　　어머니!

처용모　무슨 사연인지는 모르겠지만 여기 머물으시면 안됨더! 이 길로 돌아가이소! (땅바닥에 무릎을 꿇는다. 아낙들도 어리둥절하다)

처용　　제 말 들으시고 나서…

처용모　(간절하게 애원하며) 부탁임더! 사정은 듣고 싶지도 않거니와 이 집하고는 아무 상관없는 분을 머물게 했다가는 제가 불편함더. 어서 돌아가셔야 됨더.

처용　　저는 지금 어머니밖에 없습니다! 궁도 싫고 관직도 싫고 공주 부마도 싫습니다! 저는 그저 물결따라 바람따라 세상사 욕심없이 살아가는 게 제 소망입니다.

〈꿈, 그것은 꿈〉(이중창)

처용　　꿈이었소. 모두가 꿈

고관대실도 금은보화도
아침이슬 같은 것

처용모 한때나마 나를 혹하게 한
모든 것은 꿈이었소

처용 내가 가는 길은 거기 없었소
내가 한때 탐한 것들
그것은 모두가 꿈이었소

두 사람 아… 꿈에서 깨어나고 싶소
아… 꿈에서 깨어나게 해주오
반짝거린다고 모두 금이 아닌 것.
그것은 오직 꿈.

이때 울타리 밖에 이슬이 힘없이 나온다. 전보다 더 야위고 초라하다.
눈만 퀭하니 커지고 안색이 창백하다. 그녀는 허공을 향하여 뭐라고
중얼거린다. 처용은 그 중얼거림을 알아듣지 못한다.

처용 이슬아.

이슬 (사람을 못 알아보고) 히히히 서라벌 갔다 아이가. 내 님 뺏어간
공주 싫어. 히히히…

처용 왜 이러죠?

처용모 (이슬의 머리를 쓰다듬어주며) 착하고 참하고 얌전한 게 불쌍하게
도… (비웃듯) 나는 오래전부터 내 며느리는 이슬이기를 바랬다
아이가! 그렇다고 이제 와서 잘못을 가리자는 게 아니고.

처용	아… 그게 아니라…
처용모	여자 마음 다 똑같제! 이슬이가 저리 됐으모 됐지. 가엾은 이슬이 또 만들라카나? 그라모 안되제. 우얄라고 그라노…
처용	(놀라며) 어머니!
처용모	나도 귓구멍 열려 있어가 소문 다 들었다 아이가. 알고도 모르는 척 했제! 내사 그럴 수밖에 없으니까. (다시 애원하듯) 서라벌로 돌아가야 된다.
처용	그렇지만 이슬이가… 아… 왜 이렇게 내 마음을 다들 몰라주는 걸까? 아… (괴로워한다)
처용모	(다시 태도가 돌변하며) 돌아가이소. 부마로서의 체통과 위신을 생각하셔야지요. 그리고 나라의 장래를 위해서도 이래되서는 아니 됩더. 늙은 에미 마 억장이 무어짐더. 어서, 어서 가소…
처용	어머니!
처용모	내하고는 아무 상관없는 몸이라 여기시고 어서 떠나시소. 늙은 에미 산송장 치르기 전에 어서 가소. 제발 부탁임더. 내 심장 터져가 죽는꼴 안볼라카모. 어서 가소. 어서 가소. (땅바닥에 엎드려 흐느낀다)
처용	예… 그럼. (마루 끝에 서 있는 이슬에게) 이슬아. 내가 너를 위해가 의원을 보낼게. 이 불쌍한…
이슬	(마루에 놓인 칼을 집어든다) 나는 이거 싫다. 히히히…
처용	이슬아. 안 된다! 이슬아!

이슬은 칼을 들고 베틀 쪽으로 가더니 짜던 베를 난도질한다. 베틀에서 실이 흘러 내린다.

| 처용 | 안 된다! 이슬아! |

처용

이슬은 재미있어서 껑충껑충 춤을 춘다. 처용이 울부짖으며 말리려고 덤빈다.

처용모   (울음을 삼키며) 제 하고 싶은 대로 하게 내버려 두소! 자 맘이 오죽하면 저렇게 하겠는교?

처용   ······.

처용모   어서 가이소. 이슬인 이 에미가 정 붙였으니 이 에미가 거둘 테니 걱정마소. 어서 부마가 있어야 할 궁으로 가소. 그리고 내 운명이라 생각하시고 보듬어 안으소. 사랑도 인연이 닿아야 열매가 맺어지고 내가 뿌린 씨는 내가 거두는 게 자연의 이치 아인교. 어서 가이소. 어서 가소.

〈사랑은 눈으로〉

이슬   눈을 보면 알아요

눈으로만 말해도 알아요

노을이 붉어지면

내 눈도 붉게 타오르고

호수 위에 단풍잎 하나에도

물그림자가 흔들려요

아… 사랑은 눈으로 해요

눈만 보면 알아요

이슬은 킬킬대며 춤을 춘다. 처용은 그 이상 보고 있을 수 없게 되자 밖으로 뛰쳐나간다. 처용모가 길게 한숨을 몰아쉰다.

-암전

제9장

공주의 침실과 거실. 그러나 거실은 불이 꺼져 있어 어둡다. 침실 창
너머로 달빛이 흘러들어 방안은 은근하고도 관능적인 분위기에 싸여
있다. 공주가 창가에 앉아 노래하고 있다.

〈사랑과 미움〉

공주   가겠노라 가는 이 없고

오겠노라 오는 이 없건만

진정 내 곁을 떠났는가

기다려도 불러봐도

대답 없는 님이기에

사모치는 그리운 마음은 구만리 밖

사랑과 미움은 한 나뭇잎 속

펴면 사랑이요 흔들리면 미움인 걸

사랑했기에 미워지는 이 마음을

아… 누가 이 마음을

어둠 속에서 등장하는 육손.

공주   (소스라치게 놀라 자리에서 일어나며) 누, 누구냐?

육손   (대답이 없다)

공주   (불안과 공포에 떨며) 거기 있는 게 누구냐?

얼굴에 복면을 하여 알아볼 수가 없다.

공주 왜 대답을 못하는고?

육손이 고개를 든다. 처용의 모습으로 둔갑한 잘 생긴 얼굴이다. 공주
는 더욱 반갑다. 음악이 흐른다.

공주 당, 당신! 아… 당신이 돌아오셨군요. 사람을 그렇게 기다리게
해놓구… 여보! 보고 싶었어요! 기다렸어요! 돌아오리라고 믿었
어요. 하늘 같은 당신인 걸! 여보! 어서… 들어가셔요!

공주가 다시 그의 손을 이끌자 육손도 그 이상 거역을 못하고 침실
쪽으로 퇴장한다. 길게 드리워진 침실의 커튼이 미풍에 춤을 추듯 출
렁댄다. 침실 앞에서 무용수 남, 녀 등장해서 "사랑의 춤"을 춘다.

〈공주와 육손의 사랑의 춤〉(음악)

춤을 춘다. 그것은 오랫동안 서로의 마음 속에 감추어둔 감정의 뜻이
한꺼번에 무너져 내린 듯 뜨겁고 달아오른 정열적인 춤이다. 밀착되었
다가 떨어지고, 떨어졌다가 다시 엉키어 몸과 마음을 불태워 버릴 것
같은 농도 짙은 춤이다. 춤이 끝나고 무용수 남, 녀 침실로 퇴장.
이윽고 무대 한쪽에서 처용이 등장한다. 그의 복장은 꿩 사냥 떠났
을 때와 같은 차림이다. 먼 여행길에서 돌아온 사람의 가벼운 피로
감과 안도감이 오히려 편안해 보인다. 처용은 아내를 찾아 두리번거
린다.

처용 부인. 내가 돌아왔소! 이게 내 운명이라면 운명에 순응하리다.
결국 이렇게 돌아올 것을… 미안하오. 지어미의 마음 하나 헤아
리지 못한 날 용서하구려. 부인 어디 있소? 부인!

처용이 방 여기저기를 살피다가 침실 쪽으로 들어가려다 말고 그 자리에 못 박힌 듯 선다.

무대 한구석 커튼 저편에 뜨거운 사랑의 밀어를 나누는 남녀의 실루엣이 꿈처럼 물결친다. 그것은 도리어 환상적이며 탐미적이다.

처용 이게 무슨 조화인고? 침상에 분명 두 사람이? 부인 말고 또 누가? 이게 어찌 된 일인고… 아…

(괴로움에서 벗어나려고 몸부림친다)

〈처용의 노래〉

처용 믿을 수가 없네

그럴 수가 없지

달빛 따라 바람 따라

온갖 품 견디어 온

나에겐 견딜 수 없는 치욕

참을 수 없는 모욕

아… 단 한 번의 실수가 허용된다면

나에게도 방법은 있건만

아… 믿을 수가 없네

그럴 수가 없네

처용 단칼에 두 목숨을 지옥의 불기둥 속으로 영원히 보낼 수 있다! (소리가 더 거칠게 들리며) 해신님! 용왕님 내가 할 수 있는 일이 무엇입니까? 자비로운 부처님. 다시 시작하려는 저에게 어찌하라는 겁니까? 말씀해 주십시오! 뭐라고 한마디만… 한마디만… 윽… 윽…

처용은 마룻바닥에 엎드려 통곡한다. 얼마 전부터 자리에서 일어난 공주가 등장하여 그를 보자 몸둘 바를 몰라, 한구석에서 공포와 불안에 떤다. 육손 나온다.

엎드려 통곡하던 처용이 몸을 일으키더니 허공을 향해 맹수의 포효처럼 절규한다. 그것은 내부 깊숙한 곳에서부터 끓어오르는 착잡한 감정을 토해내는 소리이다.

〈처용가〉

새블 발긔 다래
밤드리 노니다가
드러사 자리 보곤
가라리 네히어라
둘흔 내헤엇고
둘흔 뉘해언고
본대 내해다마란
아사날 엇디하릿고

서라벌 밝은 달밤에
밤 깊도록 놀고 지내다가
들어와 잠자리를 보니
다리가 넷이로구나
둘은 내 아내 것이지마는
둘은 누구의 것인고
본디 내 아내이지만
빼앗긴 것을 어찌하리

공주를 쳐다보는 처용의 뺨에 눈물이 흘러 내린다.
처용은 해탈의 표정이다.

처용　부인! 나는 그 옛날의 처용으로 돌아가겠소. 미움도 사랑도 넘어서서 저 동해바다의 물결처럼 나대로의 길을 가리다. 저 바다는 만갈래의 근본이 모여드는 곳이오.
분노는 또 다른 분노를 만들고 증오는 복수를 부르는 법. 하지만 미움도 분노도 사랑 앞에서는 하잘 것 없는 것이오.
내 그대들에게 관용의 사랑을 전해줄 것이오. 어차피 빈손으로 세상에 온 몸. 세상 사는 가지는 게 아니라 하나씩 둘씩 모두 버리고 가는 것이오. 가지고 갈 것 하나 없는 것이 우리 인생사이니 여기 천부경도 두고 가리다.

처용, 천부경을 두고 나간다.
공주와 육손은 감동과 자격지심에서 새로운 눈물을 흘린다.

〈사랑의 굴레〉(공주, 육손 합창)

육손　나의 죄는 추악한 얼굴

합창　우- 우-

공주　나의 죄는 나약한 마음

합창　우- 우-

육손·공주　돌이킬 수 없는 운명
　　　　　흔들렸던 씻지 못할 사랑의 굴레

이슬　눈을 보면 알아요
　　　눈만으로도 느껴요

육손·공주·이슬　운명의 굴레

　　　　　　　　　　　　　　　　　　처용

제10장 (에필로그)

궁궐 안. 정면 단상에 헌강왕과 왕비, 공주의 모습이 보인다.
문무백관들이 배석하고 있다.
백성들이 구경을 하려고 붐비고 있다.
풍악이 울리며 관기들의 화려한 춤이 시작된다.

〈인생의 굴레〉(이중창, 합창)

헌강왕·왕비　인생의 굴레는 돌고 도는 수레
　　밤이 가면 아침이 오듯
　　슬픔이 가면 기쁨이니
　　처용이 내 곁을 떠남은
　　단순한 이별은 아니라오
　　마음의 상처를 이겨내며
　　슬픔을 보람으로
　　어둠을 빛으로 바꾸려는
　　처용의 지혜와 용기
　　그것은 서라벌의 자부심
　　화랑도의 얼이니

합창　사랑과 미움은 한 나뭇잎 속
　　펴보면 사랑 흔들리면 슬픔

헌강왕　처용이 떠나는 오늘 이 자리는 우리에게는 슬픔과 아쉬움의 자리이나 처용뿐만 아니라 우리 모두에게 새로운 출발이자 시작이니 어찌 기쁘지 않겠소. 그런데 처용이 안 보이는데 어디 있는고?

모두들 두리번거린다.

이때 흰 평민복 차림에 괴나리봇짐을 진 처용이 등장한다.

⟨돌아가리라⟩

처용　　나는 돌아가리라

　　　　미움도 분노도 넘어

　　　　동해바다 사랑이 넘실거리는

　　　　저- 물결- 개운포로 나는 돌아가리라

　　　　내 마음 분노- 그 분노를 넘어

　　　　사랑을 노래하는 물결치는 동해바다

　　　　그곳 개운포로 나는 돌아가리라

　　　　가지고 갈 것 하나 없는 인생사

　　　　모두 버리고 가는 세상사

　　　　관용의 사랑을 전해주며 사랑으로 물결처럼

　　　　나는 돌아가리라

처용　　(헌강왕 앞으로 나가 큰 절을 올린다) 미천한 소인을 어여삐 여기시
　　　　고 보살펴주신 하해와 같은 성은에 보답하지 못하고 이렇게 떠
　　　　나게 되어 망극하옵니다.

헌강왕　아니네. 그대가 보여준 사랑은 천세 만세 이어질 영원한 지표가
　　　　될 것이네. 용서와 화해가 그 얼마나 값진 것인가를 몸소 보여준
　　　　그대의 마음은 후대에 영원한 귀감이 될 것이네.

처용　　황공하옵니다. 이 몸 저 개운포 바다에서 파도를 벗 삼고 산천초
　　　　목과 함께 살아도 대왕마마께서 베풀어진 성은은 길이길이 가슴
　　　　에 담아 보답할 것이옵니다.

헌강왕　(공주에게) 공주는 무슨 할 말이라도….

공주   (품에서 천부경을 꺼내 처용에게 주며) 받으세요.

헌강왕   그건 과인이 처용에게 준 것 아닌가?

공주   주인에게 돌려 드리겠습니다. 어서 받으세요.

처용   (천부경을 받으며) 이 거울은 세상을 사랑으로 비추는 거울이니
       내가 어딜 가나 세상을 비추는 거울이 되어 헐벗고 배고픈 백성
       들에게 희망과 용기를 전해주고 사랑과 관용을 세상에 전하는
       증표로 삼을 것이오.

       모두들 처용에게 감동의 눈길을 보낸다.

       〈그것은 오직 사랑〉

합창   처용의 슬기는 서라벌의 혼
       처용의 용기는 서라벌의 힘
       처용의 관용은 영원한 사랑
       용서와 화합으로
       흩어진 힘을 모아 탑을 쌓으니
       그것은 천년의 영광
       용서와 화합으로
       이승과 저승을 잇는 다리를
       아… 영원하 사랑
       아… 유구한 질서
       그것은 오직 사랑, 사랑…

       멀리서 적막강산이 아련하게 들려온다.

〈적막강산〉

처용　　적막강산

무주공산

바람도 비도 햇빛도

없는 이 강산

뉘라서 쉬어가고

뉘라서 놀다갈까

임자 없는 나룻배야

강심을 무심타 마라

-막

연오랑(延烏郎) 세오녀(細烏女)*

작의

이 작품은 포항지역에서 전래되는 설화 '연오랑, 세오녀(延烏郎, 細烏女)'를 바탕으로 한 작품이다. 이 설화는 삼국유사에도 그 기록이 전해진 우리나라의 유일한 일월(日月) 설화이기도 하다.

태양이 광명의 신으로서, 신앙의 대상이 된 것은 전 인류의 공통점이다. 특히 농경사회로서의 우리나라가 태양이나 달에 대한 관심사는 일상생활 속에서도 잘 나타나 있으며, 특히 음력(陰曆)을 중요시하는 농촌사회 풍속에서는 가장 두드러지게 나타난 점이기도 하다.

뿐만 아니라 이 설화에서 거론되는 지명 가운데 포항시 남구 일월동에 있는 일월지(日月池)를 연관시켜 볼 때 그것이 단순한 설화라기보다는 실존했던 가능성까지도 추리케 한다.

그러므로 필자는 이 설화가 포항의 지역적 특성이나 고유성을 중요시하되 그것이 단순한 지역에만 국한된 것이 아닌 보편적이고도 민족적인 정서와 함께 관객에게 공감대와 친근감을 안겨줌으로써 포항 지역민의 일익이 되리라 믿는다.

일월신화 '연오랑과 세오녀'가 시공을 초월하여 오늘의 관객에게 무엇을 물을 것인가라는 주제에 있어서 필자는 해와 달의 성별(性別)과, 부부간의 윤리관과 그리고 국가관에까지도 심도 있는 표출

---

* 차범석 대본·작사

을 해나감으로써 오늘날 우리가 처하고 있는 윤리관의 붕괴나 도덕관의 희박성에도 일침을 가하려는 넓은 의미의 계도성(啓導性)까지도 염두에 두고 있다.

무릇 예술작품이 계몽성을 주장하는 일은 이치에 맞지 않는다. 그것은 어디까지나 숭고한 인간성의 발견과 재음미일 뿐 결코 수신 교과서적인 교훈을 염두에 두고 하는 말은 아니다. 그러나 가장 예술적인 작품 속에는 직간접으로 도덕성이 강조되고, 그것은 계몽성까지도 제외시킬 수 없는 실례를 세계적인 명작인 〈파우스트〉나 〈부활〉이나 〈죄와 벌〉과 같은 문학작품에서도 쉽게 찾아볼 수가 있다. 다시 말해서 가장 예술적인 작품에는 윤리성도 내포된다.

그러나 희곡은 어디까지나 연극상연을 전제로 씌어진 문학이며 그것은 문학이나 TV 극하고는 또 다른 독자성을 지니고 있기 때문에 가장 연극적인 기법과 방편으로 관객과 교감되는 연극적 흥미를 유발시킴으로써 지역사회의 공연예술 저변확대에도 일역을 담당하리라는 의욕에서 이 작품을 구성, 집필하게 됨을 밝히는 바이다.

이 말은 사건의 사실성 여부나 역사성이나 지역민의 일방적인 욕구보다는 보다 보편적이며 현대적인 감각으로 작품을 만들어보겠다는 의도를 뜻하는 것이다. 그것은 학술연구나 논문이 아닌 예술이기 때문이다.

줄거리 및 구성

제1부
제1장

어느 맑은 가을날.
영일군 호미곶에 있는 연오랑, 세오녀 조각상이 있는 공원에 학생(고

등학생)들이 도착한다. 일본에서 온 수학여행 일행이다. 그 자리에 통역
하는 안내원과 함께 이 지역 향토사 연구가인 정일민 노인이 등장한다.
연오랑, 세오녀의 우람한 석상 앞에 선 정일민은 학생들의 호기심을
풀어주기 위해 친절한 해설을 맡게 된다. 이 연극은 그 정일민 선생의
해설로 막이 오른다. (암전)

제2장

해묵은 느티나무가 서 있는 마당.

오늘은 마을의 총각 연오랑과 처녀 세오녀가 혼례식을 올리는 날이다.
마을 사람들이 노래하고 춤을 춘다. 자못 축제 분위기가 무르익어 간다.
그런데 갑자기 날씨가 변덕을 부리며 광풍과 함께 우박이 쏟아진다.
춘삼월에 우박이라니 마을 사람들은 당황한다. 뿐만 아니라 번개, 벼
락이 치며 하늘에서 불똥이 떨어지더니 불기둥이 서며 큰 고목이 뿌리
째 뽑혀 쓰러지는 이변이 일어난다. 마을 사람들은 혼례청을 철거하며
심상치 않는 징조에 마음을 조인다.

때마침 산 쪽에서 한 노승이 내려온다. 말이 노승이지 그 정체는 알아
볼 수 없는 기인(奇人)이다. 그는 산에서 내려다보니 붉은 불덩어리가
이 마을로 떨어지는 것을 보았다며 그 마을에 가면 요기라도 하고 하룻
밤 묵어갈 수 있겠다 싶어 왔노라며 술을 청한다. 연오랑의 어머니가
잔칫날인데 그 정도의 향응이야 어렵지 않다며 순순히 술을 대접한다.
노승은 때마침 방에서 나오는 신랑 연오랑을 쳐다보는 순간 표정이
긴장된다. 그는 연오랑에게 손금을 보자고 청한다. 연오랑의 손금을
보고 난 노승은 의미심장한 말을 한다. 그의 손금은 예삿일이 아니라
고 한다. 이런 시골 구석에 눌러 붙을 사람이 아니니 보다 넓은 세상으
로 나가라는 것이다.

연오랑도 그 부모들도 그 말뜻을 제대로 새겨듣지 못한다. 노승은 자

리에서 일어나 홀연히 어디론가 바람처럼 떠나가 버린다. 마을 청년들의 굿판은 계속되는데 연오랑의 마음은 결코 평온하지 않다. (암전)

제3장

전 장부터 약 반 년 후 가을.

뜰 가 감나무에 감이 열렸다. 세오녀가 마을 아낙들과 함께 마루 끝에서 베틀을 놓고 비단을 짜고 있다. 아낙들이 노래를 부른다. 그러나 세오녀는 우수에 차 있다. 신혼생활의 달콤한 맛을 아직 모르는 듯 어딘지 공허한 표정이다. 남편은 날마다 들로 바닷가로 나가 일에만 열중한 데다가 시부모와의 사이도 어딘지 서먹서먹한 처지라 정다운 부부애가 있을 리 없다.

게다가 시부모로서는 결혼생활 반년이 지나도록 태기가 없으니 그것 또한 고민거리다. 아낙들이 돌아가자 바닷가에 나갔던 연오랑이 해초를 따서 지고 돌아온다. 연오랑은 아내인 세오녀에게 자신의 마음을 털어놓는다. 반년 전 우연히 노승이 남긴 말이 아직도 마음에 걸린다는 것이다. 날마다 바다를 보고 있노라면 타관으로 나가고 싶은 충동만 커지니 어떻게 하면 좋을지 모르겠다는 절실한 마음을 호소한다. 세오녀도 그 심정을 이해할 것 같으면서도 그렇다고 어떤 뾰족한 방법이 있는 것도 아니다.

두 사람의 어쩔 수 없는 고민은 그 누가 보기에도 딱한 일이다. 그것은 마음을 작정 못하고 막연한 꿈만 꾸는 젊은이의 고민이다. 현실에서 뛰쳐나가고픈 의욕과 신천지를 개척하고픈 모험심에서 고민은 더 커진다. 그러자 잠깐 잠든 사이에 꿈을 꾼다. 그 노승이 꿈속에서 설득을 한다. "바다로 가라! 바다로 가라." (암전)

제4장

바닷가.

망망대해의 웅대하고도 외경심마저 느끼게 하는 바다 앞에서 연오랑은 뭔가 가슴속 깊숙한 곳에서 끓어오르는 욕구를 느낀다. 아득한 수평선 저쪽 어딘가에 누군가 자기를 기다리고 있을 것만 같은 환상에 몸을 떤다. 그것은 하나의 환영이자 몽상일진데 그의 눈에는 실체로 보인다. 그는 자신도 모르게 바다 쪽으로 끌려간다. 그것은 인력으로 이루어지는 것이 아닌 어떤 위대한 힘, 혹은 마력에 의해 이끌려가는 모습이다. 이윽고 파도는 연오랑의 모습을 삼켜버린다. 아슬히 파도에 파묻혀 사라지는 연오랑은 마침내 사라진다. 밀려왔던 파도가 물러난 자리는 텅 비어 있다. 환상적인 천상(天上)의 음악이 들려온다. 길쌈을 끝낸 세오녀가 남편을 찾아온다. 그러나 남편은 보이지 않는다. 목이 터져라 외쳐본다. 그러나 무심한 파도소리만 대답할 뿐이다. 미칠 듯이 바다를 향하여 목이 쉬도록 남편을 부르던 세오녀가 땅바닥에 쓰러진다.

잠시 후 정신이 들어 사방을 휘둘러본다. 다음 순간 저만치 바다에 떠 있는 바위 위에 한 켤레의 검은 신발을 발견한다. 연오랑의 신발이다. 세오녀는 미칠 듯이 신발을 집어 들고 통곡을 한다. 남편은 이제 이 세상 사람이 아니라는 절망감에 그만 실신을 하고 만다. 바다는 잠이 든 듯 조용해진다. (암전)

제5장

연오랑의 집 마루.

마을 아낙들이 마루 앞에 모여 있다. 방에서는 무당이 손을 비비고 있다. 병을 낫게 해달라고 굿을 하고 있다. 방안에서 굿을 하는 풍물소리만 들려온다.

굿이 절정에 달했을 때 비명을 지르며 세오녀가 방에서 뛰쳐나온다. 병색이 완연한데다가 옷은 흐트러지고 머리는 산발한 게 흡사 미친 사람 같다. 이마에 맨 흰 띠 아래서 반짝이는 두 눈에는 불길이 타오르고 있다. 허공을 뚫어지게 바라보는 눈에는 어떤 귀기(鬼氣)에 타오른다. 세오녀의 손에는 신발이 들려있다. 연오랑의 신발이다. 그녀는 그 신발하고의 어떤 교감이라도 있는 듯 말을 주고받는다. 주위 사람이 세오녀를 부축한다. 그러나 그녀는 단호하게 말한다. 허공에 연오랑의 환상이 손짓을 한다.

"나더러 따라오라고 한다! 나더러 함께 가자고 한다! 나도 가겠다! 그분 곁으로 가야지!"

하며 뛰쳐나간다. 모두들 말린다. 연오랑의 부모며 몇몇 아낙네들이 뒤를 쫓는다. 무대에 남은 아낙네들의 통곡과 한숨에 찬 노래 소리가 환상의 연오랑의 의연한 모습으로 손짓을 하며 사라진다. 노래는 언제까지나 꼬리를 물고 번져 나간다. (막)

제2부
제1장

전 장부터 약 1년 후.

중간막이 내려진 무대 저편은 바다 같기고 하고 하늘 같기도 한 황량한 공간이다. 그것은 잿빛으로 흐려서 흡사 죽음의 공간 같다. 그 앞에서 삶에 지치고 절망에 허덕거리는 민초들의 침통하고도 절망적이면서도 구원을 갈구하는 처절한 모습이 춤으로 표현된다. (암전)

제2장

신라의 왕궁.

문무백관이 배석한 가운데 어전회의가 진행 중이다. 신라국에서 빛이 사라진 지 오래 전 일이다. 곡식은 시들고 생업은 안 되고 민심은 흉흉한데 속수무책이다. 국왕은 그 타개책을 강구하는데 온갖 수단을 썼지만 별다른 효과가 없었다.

그러자 어떤 걸출한 일관(日官)이 상신을 올린다.

"신라국에서 일월(日月)이 사라짐은 포항에서 연오랑, 세오녀가 바다를 건너 왜국으로 건너간 이후부터 일어난 천변지이(天變地異)가 온즉 그 두 사람을 다시 국내로 불러들이는 길만이 남아있다."라고. 국왕은 숙고 끝에 두 사람을 즉시 소환하라 명을 내리고 사신을 보낸다. 그것이 가령 실현성이 없을지라도 최선책을 다함으로써 민심을 안정시키려는 속셈도 배제할 수 없는 비상사태였다.

제3장

그로부터 석 달 후.

일본으로 건너간 사신이 되돌아 왔다. 하늘의 뜻으로 일본에 건너간 연오랑과 세오녀는 그 인격과 재능과 선정이 인정을 받아 변방의 왕자리에 오르게 되었다는 사실과 두 사람은 고국으로 되돌아올 수 없는 사연도 보고하게 된다. 국왕 이하 모든 신하들이 또 다른 장벽을 만나게 된다. 그 대신 세오녀가 손수 짠 비단을 줄 테니 그 비단을 영일현(포항)에 있는 일월지(日月池) 제단에 내걸게 되는 날 신라국엔 다시 해와 달이 되살아나리라는 소식을 듣게 되었으니 얼마나 다행한 일인가. 그 실현성에 있어서의 확률은 불확실할지라도 석 달 열흘 동안의 천일기도와 함께 세오녀가 손수 짜서 보낸 비단이 그 얼마나 소중한 정성인가. 그리고 연오랑과 세오녀의 고국을 사랑하는 일편단심에 모든 사람은 감탄과 찬사를 아끼지 않는다. (암전)

제4장

드디어 그 날이 왔다.

멀리 일본에서 연오랑, 세오녀가 손수 짠 비단을 일월지 제단에 내거는 의식이 거행되는 날이다. 신라국은 온통 축제 분위기로 들떠 있었다. 오랜 암흑 생활 속에서도 굽히지 않고 끈질기게 견디어 나온 민초들의 끈질긴 인내심도 인내심이려니와 그것을 타개하려는 국왕의 용단도 결코 과소평가될 수 없다. 국난에 대응하려는 관민일체의 협동심이 결실을 가져왔으니 어찌 기쁘지 않겠는가. 일월지 주변 높은 제단에 화려한 비단이 걸리게 되었다. 십장생 같기도 하고 무릉도원 같기도 하고 어찌 보면 해와 달이 사이좋게 팔짱을 끼고 천공을 나르는 우아하고도 웅장하고 화려하고도 신비스런 문양 앞에서 주민들은 감동과 감격의 노래와 춤을 마음껏 즐긴다.

그때 먼 산봉우리에 한 노인이 나타난다. 지난날 연오랑의 손금을 봐준 그 노인 같기도 하다. 그러나 그 옷차림은 이승 사람의 것이 아닌 더 고귀하고 신성하고 찬란한 모습이다. 그가 짚고 선 지팡이에는 황금빛 날개를 가진 까마귀 한 쌍이 앉아 있고 그 금빛 광선이 어둠 속에 한줄기 빛을 쏟아 붓듯 비춰준다.

모두들 눈이 부셔서 땅에 엎드린다. 다음 순간 노인이 두 마리의 까마귀를 하늘로 날려 보내는 순간 천지가 요동을 치듯 천둥이 치고 칠흑 같은 어둠으로 변한다. 모든 사람들이 일제히 하늘을 우러르기도 한다. 그것은 저절로 터져 나오는 진실한 인간의 절실한 소망의 소리이자 몸짓이다.

그 순간 하늘 한쪽의 먹구름 사이에서 한줄기 광선이 내리 비친다. 민초들은 마침내 탄복과 외경에서 차츰 통곡의 소리로 변해간다. 기쁨이 커지면 울음으로 변하는 인간의 속성일지도 모른다. 그 광선은 차츰 폭이 넓어지더니 마침내 찬란한 태양의 빛이 되어 무대에 가득 찬다. 민초들의 감사와 흥분과 동경의 춤과 노래가 터진다.

(막)

· 등장인물

연오랑(延烏郞) 청년

세오녀(細烏女) 연오랑의 아내

아버지 연오랑의 아버지

어머니 연오랑의 어머니

왕(王)

왕비(王妃)

일관(日官)

정일민(鄭一民) 향토사학자

안내원 여행사 직원

노승(老僧)

신주(神主)

기타(其他) 학생들. 마을 아낙네들. 장정들. 조신들. 신하들. 무녀. 시녀들 외 다수. (이는 일인이역 또는 삼역 가능)

· 때

신라 아달라왕 때

· 곳

신라 영일현 및 근교 서라벌, 일본 이즈모

프롤로그

막이 오르기 전 서곡(序曲)이 시작된다. 목가적이며 서정성이 짙은 도입부에서 차츰 동화적이면서 환상적인 분위기로 바뀌어 일종의 신비감마저 느끼게 하는 음악이다. 그러나 후반부에 가서 경쾌하고 약동적인 활력과 미래를 향한 무한한 꿈과 희망을 느끼게 하는 젊음의 표출로 이어지며 다음에 전개되는 제1장의 오프닝 음악을 겸했으면 좋겠다. 경우에 따라서는 허밍이 들어가도 무방하리라.

제1부

서곡

제1장

중간 막.

무대 밖에서 관광버스가 정차하는 소리. 이어서 관광안내원이 휴대용 마이크를 통하여 학생들을 안내하는 소리.

안내원 (소리만) 학생 여러분, 큰 짐은 차 안에 두고 내리세요. 차례로 내리십시오.

학생들의 떠들썩한 소리가 들리더니 이윽고 깃발을 든 여자 안내원을 따라 남녀 고등학생들이 줄줄이 들어선다. 일본 학생들 특유의 교복 차림(남학생은 검은 옷에 금단추, 여학생은 세일러복(水兵服)). 저마다 카메라를 들었거나 음료수 또는 생수 병을 들었다. 수학여행임을 쉽게 알 수가 있다. 인솔교사도 따라 나온다.

남학생 A 여기가 어디냐?

남학생 B 글쎄…… 나도 잘 모르겠는데……. 가이드양이 설명하겠지.

(학생들이 웅성거린다)

안내원 여러분, 저쪽을 보실까요?

하며 무대 안쪽을 가리킨다. 이와 동시에 중간막이 열리면서 두 개의
커다란 남녀석상이 나타난다. 연오랑과 세오녀 상이다. 높이가 8미터
가량 되는 입상(立像)이 보는 사람을 압도한다. 학생들이 감탄과 환호
성을 올린다. 몇 학생이 뛰어가서 석상을 만지기도 한다.

여학생 A 야, 사진 찍자!

하며 쪼르르 석상 앞으로 가서 포즈를 취한다. 카메라 플래시가 터진
다. 연쇄반응을 일으킨 듯 여러 학생들이 앞을 다투듯 사진을 찍느라
고 혼잡을 이룬다. 플래시가 여기저기서 터진다. 무대 안쪽에서 안내
원이 정일민 씨를 데리고 나온다. 그의 나이는 60이 가까워 보이나 아
직도 깐깐하고 깡마른데다가 자세가 곧다.

안내원 (호루라기를 분다) 여러분, 조용히! 조용히! 사진 촬영 시간은 나
중에도 충분하니까 우선 이 석상에 대한 설명부터 들으세요. 아
시겠어요? 모두 이쪽으로 모이세요. (학생들이 정일민을 중심으로
모여든다) 이 어른은요, 이 고장 향토사학가이신 정일민 선생님
이셔요.

학생들 (서툰 한국말로) 안뇽하십니까?

정일민 안녕하세요, 여러분? 일본에서 여기까지 수학여행을 오신 여러
학생들을 진심으로 환영합니다. 그리고 이 유서 깊은 곳에서 잠

연오랑 세오녀

시나마 한국과 일본의 역사적 교류와 그 흔적에 관해서 애기할 기회를 가지게 됨을 크게 영광으로 여기는 바입니다. (학생들이 여기저기서 박수를 친다. 석상을 돌아보며) 아마 여러 학생들은 이게 무슨 조각인지 잘 모르겠죠?

여학생 A 몰라요! 누구예요?

남학생 A 영화배우예요?

일동 핫하⋯⋯.

여학생 C 그럼 미스코리아예요?

일동 핫하⋯⋯.

정일민 (웃으면서) 이 조각의 주인공은 영화배우도 미스코리아도 아닌 (석상을 우러러보며) 신라 시대의 사람으로⋯⋯ (사이를 두고 강조하며) 연오랑과⋯⋯

학생들 연. 오. 랑⋯⋯?

정일민 그리고 세오녀⋯⋯.

학생들 세오녀?

학생들이 서로 연오랑, 세오녀를 되풀이하며 킬킬댄다. 낯선 이름이라 신기하고도 호기심이 가는 눈치이다.

정일민 연오랑과 세오녀! (사이) 이 두 사람은 부부였죠!

여학생 C 어머나, 부부? 멋있네요. 호호⋯⋯.

정일민 정 깊고 아름다운 부부인데다 두 사람에 얽힌 사연 또한 아름답고도 환상적이고 신비스럽고도 불가사의한 점으로는 미스테리적인 파란만장의 삶이었죠.

남학생 C 영화화 되었어요?

정일민 아직은 안 되었지만 앞으로는 영화화 될 가능성도 있지요.

여학생 A 재미있겠다. 그치?

일동 핫하······.

정일민 우리나라 고대사에서 가장 아름답고 신비로운 신화지요! 역사적
의미뿐만 아니라 우리 포항시민과 모든 한국 사람의 자랑이자
자부심이라오. 그럼 이제부터 그 연오랑과 세오녀의 애기를 끝
까지 조용히 들어주시기 바랍니다.

학생들 예!

학생들이 필기도구를 꺼내기도 한다. 정일민은 잠시 호흡을 조절한
다음 굵직하고도 여유 있는 목소리로 노래를 부른다. 처음에는 레시타
티브로 나오다가 노래로 변한다.

정일민 (노래 - 레시타티브)
때는 신라국 8대 아달라왕 4년
연오랑과 세오녀 부부는
신의 계시를 받아 바다를 건너갔으니
그들이 떠밀려 간 곳은 시마네껜 가라시마!

일동 (놀란 듯) 시마네껜 가라시마?

정일민 (노래 - 레시타티브)
산수 좋고 인심 좋은 섬에서
그들은 밤낮으로 길쌈질을
주민들에게 정성껏 가르쳐주니

일동 (호기심에서) 길쌈질을?

정일민 (노래 - 레시타티브)
민심은 천심이요
천심이 민심이라

주민들은 두 사람을 국왕 국모로
받들어 모셨다네!

일동   (환호성) 와!…… 와!……

정일민의 노래(독창)

정일민 그러나 신라국에 이변이 일어났네.
해와 달이 자취를 감추고
세상은 어둠 속에 파묻혔나니

합창

아…… 답답해서 못 살겠네
어두워서 미치겠네
우리에게 빛을 주옵소서
우리에게 해와 달을 돌려주소서
아…… 빛이여! 빛이여! 빛을 주소서……

암전

제2장

연오랑의 집과 마당. 해묵은 임시로 친 차일 아래 초례청이 차려 있다.
오늘은 연오랑과 세오녀의 혼인날이다. 마을 처녀들이 즐거운 노래와
춤판을 벌이고 있다. 마을 사람들도 어깨춤을 추고 궁둥이 춤을 춘다.
온통 축제 분위기이다. 계절은 봄이라 개나리, 진달래가 흐드러지게

피어있다.

합창

마을사람들 경사 났네 경사 났네
우리 마을에 경사 났네
연오랑 세오녀가
인연일세 연분일세
백년가약 맺게 되니
동해바다 고래가 춤추고
형산강 은어도 팔딱 뛰네
얼시구 좋다 절시구 좋다
잔치 잔치 좋고도 좋네

경사 났네 경사 났네
우리 마을에 경사 났네
연오랑 세오녀가
시집 장가 간다 하니
비단 짜서 볕에 걸고
오곡 타서 솥에 걸고
천년 만년 잘 살아보세
천년 만년 잘 살아보세

춤과 노래가 무르익어 가는데 신랑 신부가 초례청 차일 아래로 들어와
좌정을 한다.

촌장　오늘 길일을 택해 혼례일을 올리나니 천지신명은 굽어 살피시고 삼신님은 접어 살피시고 아들 딸 낳게 하고 가문 번창 이루게 하소서!

모두가 신령에게 큰절을 한다. 그 순간 멀리서 천둥 번개가 치더니 강풍이 불어 닥치며 상 위에 켜놓은 촛불을 깡그리 꺼버린다. 마을 사람들이 불안해서 수군거린다.

촌장　난데없이 웬 광풍이고, 잉?
아버지　비가 올라카나? 퍼뜩 예식부터 올리거라.
손님 갑　맞다, 식이야 형식인기라. 퍼뜩 신랑 신부 서로 절하고 술잔 나누고……. 서둘러라, 비 쏟아지기 전에…….

옆에서 아낙이 술잔에 술을 따라 신랑과 신부 입에다 갖다 댄다.

어머니　그라이 옛 어른들 말씀 안 있나.
아낙 무　무슨 말씀인기요?
어머니　혼인 칠이 말고 팔자 칠이 하라꼬!
일동　핫하…….
어머니　돈 들여 혼숫감이며 음식 배터지게 묵고 해봤자 말짱 헛짓인기라.
아낙 정　그래, 맞다. 그저 달덩이 같은 사내아 낳고 여우같은 가시나 낳거라.
일동　헛허…….

세오녀가 터지는 웃음을 참는다.

아낙 갑 봐래이, 신부가 웃는다!

아낙 을 신부가 웃으면 되나? 보리농사 망친다카이!

일동 핫하……

이때 벼락 때리는 소리가 나더니 무대 후면에 불기둥이 솟는다.

손님 갑 저것 봐래이…….

모두들 불기둥을 본다. 다음 순간 큰 고목이 쿵하고 소리 내며 쓰러지는 소리가 천지를 울리듯 터진다. 사람들이 새로운 불안과 공포에 싸인다.

아버지 안 되겠구마! 그만 치아라, 비라도 쏟아지면 우짜노.

어머니 그렇지만도 혼례식은 올려야지요. 안 그런교?

아버지 신랑 신부 재배 끝났으니까네 신방으로 들라캐라! 날씨가 이래가지고 되겠나, 잉?

어머니 예, 예…… 그래 하겠심더. 야들아, 어서 신부를 방으로…….

이 말이 떨어지기 전에 우두둑 소리가 난다. 굵은 우박이 쏟아진다. 마을 사람들이 사방으로 흩어진다.

일동 우박이다! 우박!

아낙들이 신랑 신부를 급히 방으로 데리고 간다. 남은 일꾼들이 초례청에 차린 음식을 철수시키느라 정신이 없다. 바람이 불어오자, 우박이 고인 차일이 그 무게를 못 이겨 허물어 내린다.

촌장 (하늘을 쳐다보며) 무슨 날이 이라노?

손님 갑 춘삼월에 우박이라카이……. 천지개벽인가베! 에그…… 쯧쯧…….

처마 밑이며 헛간에 모여 있던 사람들이 하늘만 쳐다본다. 이때 장삼에 지팡이를 든 노스님이 급히 들어선다. 마을 쪽으로 가서 젖은 옷을 턴다. 어깨까지 내린 백발이 어딘지 괴이한 인상을 풍기는 게 예사 사람 같지가 않다.

노승 잠깐 쉬어 갑시다요!

모두들 그 기이한 침입자에게 주목한다. 노승이 그들을 휘둘러보다 말고 배시시 웃는다.

노승 흠…… 흠…….

촌장 와 웃는기요?

노승 제대로 찾아온 게 신통해서 말이지, 훗흐…….

손님 갑 제대로 찾아왔다꼬요?

노승 (젖은 머리며 수염을 쓰다듬으며) 저기 고갯마루에서 내려다보니까 큰 불덩어리가 날아오더니만 저기 대밭 너머로 떨어지더군! 그래, 그곳에 가면 요기 좀 할 곳이 있겠다 싶어 왔더니만 제대로 찾아왔지 뭐요? 흐훗…… 무슨 잔치요?

아낙 갑 연오랑과 세오녀가 시집 장가 간다!

노승 그것 잘 되었군! 헛허……. 곡주나 한 사발 주시구라!

아낙 갑 곡주?

노승 잔치 상에서 그것도 못 주겠소? 헛허…….

아낙 갑 주인한테 말하제, 내사 모른다!

이때 방에서 연오랑 모친이 나온다.

어머니 무슨 일인교?

아낙 갑 곡주 좀 달라카지 않는교?

어머니 (노승을 보며) 쪼매 기다리시소. 오늘은 경사 아인교! (부엌으로 퇴장)

노승 인심 한 번 후해서 좋소! 헛허······.

아낙 갑 (돌아보며) 우리 동네 인심 좋다는 소문, 인제 아나베? 흥······.

어느새 우박은 멎고 다시 햇볕이 든다. 마을 총각(사물놀이패)들 들어선다.

총각 갑 한바탕 놀아보세! (하며 북을 친다)

총각 을 호랭이 장가가나보제! 헛허······.

총각 병 신랑 신부 어디 있노?

총각 정 쇠털같이 흔한 날에 벌써부터 밤일 시작이가? 헛허······.

일동 까르르 웃는다. 그들이 풍물을 치기 시작한다. 마을 사람들이 모여든다. 연오랑 모친이 술상을 차려들고 와서 노승 앞에 놓는다.

어머니 드시이소! 혼인 날짜 급하게 잡느라 술이 제대로 익었는지 모르겠습니다. (술을 따라준다)

노승 고맙소! 이렇게 손수······ 헛허······.

어머니 (노승을 눈여겨보며) 어디서 오셨능교? 이 동네 분은 아닌가 본데 ······.

노승 (술을 마시다 말고) 산에서 내려오는 길이오.

연오랑 세오녀

어머니	듣자니까네 우리 집에 불똥이 떨어지는 걸 봤다카던데⋯⋯ 참말로 보셨능교?
노승	보다마다!
어머니	이상한 징조입니꺼?
노승	이상한지 범상인지 그거야 두고 봐야죠, 헛허⋯⋯. 헌데 아드님이 신랑이오?
어머니	야⋯⋯ 성질이 좀 괴팍해가 그런지 나이 스물이 되도록 장가 들 생각도 안해가 억지로 짝을 지어 줬디만은 (한숨) 하늘이 노하셨는지⋯ (하늘을 쳐다보며) 이래 천둥 벼락에 우박까지 오니⋯ 에 그⋯⋯.
노승	세상사가 다 그런 것 아니겠소. 내일 일을 누가 압니까? 그 누구도 모릅니다. 아⋯⋯.
어머니	그래도 이래 스님께서 찾아 주시니까네 힘이 됩니더.
노승	이것도 모두가 인연인가 봅니다.
어머니	인연이라고요?
노승	(술을 따라 마시고는) 사실은 오는 길에⋯ 희한한 걸 보았죠. (사이) 붉은 불덩이가 이쪽으로 떨어지는 걸 보는 순간 공연히 심상치 않은 일이 터질 것만 같은 예감이 들었거든요.
어머니	심상치 않다고예?
노승	(두리번거리며) 아드님은⋯ 어디 갔소?
어머니	예? 예⋯ 지금 방에서⋯⋯.

이때 방문을 열고는 연오랑이 나온다. 이목구비가 수려하여 첫눈에도 호감이 가는 인상이다. 노승은 유심히 연오랑을 쳐다본다. 어머니가 두 사람을 번갈아본다.

연오랑 와 그래 보시는교?

노승 (심각하게) 음… 음…….

연오랑 내 얼굴에 뭐 묻었는교?

노승 (자기 손을 내밀며) 손 좀…….

연오랑이 의아하게 여기면서 마지못해 손을 내민다. 노승이 그의 손금을 유심히 들여다본다.

어머니 손금도 보시는교?

노승 음… 음… 예삿일이 아닌데… 음…….

연오랑 예삿일이 아니면?……

노승 (대뜸) 이 고장에서 살 팔자가 아니야!

연오랑 뭐라꼬요?

어머니 그라모… 타관으로 가란 말인교?

노승 그것도 서라벌을 떠나 아주 먼 곳… 뚝 떨어진 타관으로 떠날 운수군!

어머니 뚝 떨어진 타관?

노승 그렇지 않으면 제 명에 못 살 운수요!

연오랑 무슨 귀신 씨나락 까먹는 소린교? 생사람 잡지 마시이소!

노승 씨나락이건 미친 놈 헛소리건 내 알 바 아니고 총각의 운수가 그렇다니까! 헛허… 그럼, 잘 마시고 잘 먹고 잘 쉬고 가오! 흠…….
(노승이 자리에서 일어난다)

어머니 스님! 저… 안 바쁘시면 좀 더…….

노승 이래봬도 오란 데는 없지만 들려야 할 곳은 많은 몸이라오. 헛허…. 그럼! (하며 뒤도 돌아보지 않고 휑하니 나간다. 연오랑과 어머니는 닭 쫓던 개처럼 멍하니 앉아 있다)

연오랑 (혼잣소리로) 서라벌보다 먼 타관?… 먼 타관이라고 했재?

얼마 전부터 사물놀이가 다시 흥을 돋군다.

암전

제3장

무대는 전 장과 같다. 다만 계절이 가을철로 바뀌고 의복도 가을 옷으로 바뀌었다. 지붕 위에 박이 달빛 아래 하얗게 익었다. 마을 아낙 갑, 을, 병이 뜰 아래 멍석을 펴고 길쌈질을 하며 노래를 부른다. 마루 끝에 세오녀가 물레질을 하고 있다. 어딘지 수심이 서려있다.

〈아낙네들의 노래〉(합창)

아낙네들 봄이 가면 여름 오고
　　　　　여름 가면 가을이라
　　　　　산에 들에 오곡은 익어가리
　　　　　이 내 가슴에 사랑도 익으련만
　　　　　가신 님은 소식 없고
　　　　　온다는 님 오지 않으니
　　　　　기다리기 지쳤네
　　　　　지치다가 멍들었네
　　　　　헤에라 노아라 빈껍데기 팔자
　　　　　에하라 노아라 산 팔자 물 팔자

아낙네들이 약속이나 한 듯 까르르 웃는다. 그러나 세오녀는 멍청하니 허공만 쳐다본다.

아낙 갑 (을에게) 와 저래 정신 나간 아 맹키로 멍하이 있노? 시집가더니 영 사람이 버렸제, 잉?

아낙 을 버린 게 아이라 병든기라……

아낙 병 무신 병이고?

아낙 을 (반 노랫가락조로) 많이 먹어도 병, 적게 먹어도 병, 그 중에서도 못 먹는 병이 제일 큰 병인기라. 힛히……

아낙 갑 늬 지금 무신 염불하나?

아낙 을 염불이 아니라 속 터질 병이제.

어머니가 방에서 나온다. 뭔가 못마땅해 하는 표정이다.

어머니 (세오녀를 힐끗 돌아보며) 약 묵었나?

세오녀 (일을 다시 시작하며 마지못해) 예……

어머니 약도 지성 드려 먹어야 약이라캤제. 이 시부모 생각도 해사제. (한숨) 속 터질 병은 내가 앓고 있다. (아낙네들에게) 느그들도 그래 모르는 척 하지 말고 (고개 짓으로 세오녀를 가리키며) 무신 방법 좀 가리켜 주거라!

아낙 병 (무슨 뜻인지 모르고) 방법이라이…… 무신……

어머니 아들, 딸 아무거나 쑤-욱 낳는 방법 안 있나!

일동 홋호……

어머니 웃을 일 아닌기라.

아낙 갑 그렇다고 말로 일러줘서 되는 일인기요. 힛히……

어머니 느그들은 아들, 딸 낳고 사니까네 그런 걱정 모를끼다……. 우리

연오랑 세오녀

처지를 알 도리가 없지. (불편한 듯) 혼인한지⋯ (손 꼽아가며) 반
년이 지나도록 얼라 선다카는 소식 하나 없으니까네 속 터지제,
복통 터져! 에그⋯ 시엄마야. (세오녀에게) 내 핑 한바쿠 바람 좀
쐬고 올구마. 올 때 바닷가 밭에서 정구지 좀⋯ 비가 올테이까네
낼 아침에는 정구지 전 좀 부쳐 묵자. (하며 나간다)

세오녀 (뜰로 내려서며) 예. 어무이, 다녀오시이소!

아낙네들 조심해서 다녀오시소. (하며 일감들을 챙긴다)

아낙 갑 (다른 아낙네에게 눈짓하며) 이만 가자!

아낙 병 세오녀 혼자 있으면 심심할건데⋯⋯.

아낙 을 쓸데 없는 소리 하지 마라. 세오녀에게는 서방님이 곁에 있어야
지 우리 같은 건 과매기 머리통도 못된다! 헛허⋯⋯.

아낙 갑 그래, 맞다. (세오녀에게 은근히) 서방님 잘 모시거래이. 그저 오
나가나 우리 서방님이지. 홋호⋯⋯.

아낙 을 더도 말고 쌍둥이 두 쌍만 낳거래이! 홋호⋯⋯.

아낙 병 미쳤나? 얼라 낳기 전에 송장 칠기다!

일동 홋호⋯⋯.

이때 연오랑이 지게에다 바다에서 갓 따온 바닷말을 한 짐 지고 들어
선다. 아낙네들 보자 반긴다.

아낙 정 아이고, 부지런하기도 하제. 해 **빠지도록** 일했는갑제.

연오랑 와, 가실라꼬요? 더 놀다 가시지⋯⋯.

부엌 앞에다 지게를 세운다. 세오녀가 바닷말을 끌어 내린다. 반들반
들 윤이 난 바닷말이 탐스럽다.

세오녀   욕 보셨니더.

연오랑   인자 바닷말도 끝물인기라. 바다엔 가을이 빨리 오나 보제. (옷
         을 턴다)

아낙네들 우린 간데이.

세오녀   조심들 하시이소!

연오랑   살펴 가십시이더!

아낙네들이 나간다. 그 사이에 세오녀는 바닷말을 즐비하게 널고 있
다. 연오랑은 마루 끝에 앉아서 허공만 쳐다본다. 어색한 침묵이 계속
된다. 두 사람이 동시에 말을 꺼내려다 마주친다.

연오랑
         (동시에) 여보! (쑥스러워서 잠시 말문이 막힌다)
세오녀

연오랑   무슨 얘기고? 말해 보거라.

세오녀   당신이 먼저… 말문 열었지 않았능교.

연오랑   (손목을 조용히 잡는다. 나즈막이) 미안하데이.

세오녀   뭐라꼬예? 지금 뭐라 했는교?

연오랑   내… 밉제? 잉?… 죽이고 싶제? 잉?…

세오녀는 얼굴을 돌린다. 그러나 손목은 잡힌 채로 있다.

연오랑   내가 원망스러울 기다. 내 하나 믿고 시집이라고 왔는데… 따뜻
         한 말 한 번 없이… (긴 한숨) 내 다 안다, 그 마음… 알고말고…….

세오녀   (울먹거리며) 우째… 그런… 말을…….

연오랑   허지만도… 늬가 미워서가 아니다!

세오녀   그라모…….

연오랑 정말이라카이! 사랑한다! 이래 사랑한다! (하며 두 손을 모아쥔다)

세오녀 참말인기요? 내가 밉지 않다는 말 믿어도 되는교?

연오랑 (덥석 끌어안는다) 아니다! 좋다! 죽고 싶도록……. (힘을 주어 조이듯 안는다)

세오녀 그런데… 지난 반년 동안… 당신은 와 그래 동해바람처럼 차갑기만… 흑… 흑…….

연오랑 미안하다 안했나!

세오녀 부모님께선… 얼라 못 낳는다꼬 눈치만 주시고… 당신은… 하루 종일… 바닷가에서만 서성거리다가, 돌아와서는… 따뜻한 말 한 마디 없이… (다시 슬픔이 되살아나) 죽고 싶었니더! 목매달아… 아니면… 바다 속에 빠져버릴까…….

연오랑 용서하거라. 미안하다캤잖아……. 이래 빈다! (뺨을 비빈다)

세오녀 그 까닭이 뭐였능교? 말씀해 주시이소, 예! (매달리며 애원한다. 연오랑이 손을 놓고 돌아선다. 세오녀가 뚫어져라 쳐다본다)

연오랑 (어떤 환영을 쫓는 듯) 밤이고 낮이고 나타나는 환상이 있었다.

세오녀 환상? 그게 뭔데예?

연오랑 내도 모른다. 형체가 있기도 하고 없는 것도 같고… 멀리 있는가 하면 가까이서 귀엣말로 속살거리고… 아…….

세오녀 당신… 지금 제 정신으로…….

연오랑 아이다. 꿈일 게다. 내각 꿈을 꾼 게다!

세오녀 꿈?

연오랑 응……. 바다가 내게 말을 건다.

세오녀 바다라꼬요? 뭐라카든교?

〈연오랑의 노래〉(독창)

연오랑 그것도 헛것일세
바람도 아니요, 구름도 아닌
보일 것 같으면서 아니 보이는
그것은 헛것 그것은 헛소리

나를 부르는 소리 그 소리
나를 손짓하는 소리 그 소리
들릴 듯 하면서 안 들리는
그것은 헛것 그것은 헛소리

이 세상에 신이 있다면
이 세상에 신이 있다면
나에게 손짓하는 그 모습
알 것 같으면서 알 수 없는

그 모습이 나를 부르네
나를 따라오라고 손짓하네
아… 그것은 헛것, 그것은 헛소리

그러나 뿌리칠수록 가까이 오는
그 찬란한 빛이여 구름이여…
아… 그것은 헛것, 그것은 헛소리

이때 무대가 어둠 속으로 잠기며 한 구석에 하나의 환상이 어슴푸레

떠오른다. 완전한 사람의 형태가 아니다. 운무 속에 감춰진 환상적인
노인이 천천히 손짓을 한다. 얼굴도 분간할 수 없다.

연오랑 저…기, 저…기. (손가락으로 가리킨다)

세오녀 어디…? 누가…?

연오랑 그 어른이시다. 어제도, 그제도 본… 그 노인…….

세오녀 어디…? 누가… 있다고… 이러시는교? 난 안 보이는데……. 여
보, 정신 차리시이소! 여보…….

연오랑이 헛것에 씌운 듯 천천히 일어나 노인의 지시에 따라 움직인
다. 마치 마술사에 걸려든 사람 같다. 연오랑이 바닷가로 나가 바위를
타고 바다 저쪽 수평선으로 사라진다. 세오녀가 미친 듯이 외친다.

세오녀 여보! 가면 안 돼! 여보! (쫓아가려다 그만 땅바닥에 넘어진다. 미친
듯이) 가지 마! 거기… 누구 없능교? 사람 살려요! 누구 없능교?
(땅바닥을 더듬듯 기어가다가 일어나 뛰어간다)

암전

제4장

중간 막 앞.

전 장부터 몇 시간 후.

광풍이 불고 파도치는 소리가 드높다. 관솔불을 든 남정네가 앞장을
서고 연오랑의 아버지, 어머니 그리고 마을 사람들이 바다를 향하여
서성거리며 목이 터져라 외친다. 사라진 연오랑을 찾는 사람들의 애타

는 몸짓을 춤으로 표현하는 게 효과적이다.

어머니가 그만 실신한다. 마을 사람들이 일으켜 부축하며 퇴장한다.

중간막이 오르면서 성난 밤 바닷가. 멀리 관솔불이 여러 개 움직이는

게 아름답다.

바람소리 파도소리가 처절하다.

이윽고 세오녀가 지친 듯 천천히 허둥거리며 나온다. 치마는 흘러내리

고 머리는 헝클어져 바람에 흩날리는 모습이 흡사 귀신같다. 절규하던

그녀의 목소리는 쉰 소리가 나며 기력도 없다.

세오녀   (목 쉰 소리) 여보…, 어디… 있소…? 여보…!

바다 쪽으로 비틀거리며 간다. 파도가 발목까지 잠기자 두어 발 물러

서며 헤맨다.

세오녀   여보…, 나 혼자… 두고 가면… 거짓말…! 함께 살자고 한 말…
거짓말! (죽을힘을 다하여 애절하게 외친다) 여--보--

몸을 가누지 못하고 모래밭에 쓰러진다. 파도가 치맛자락까지 잠기게

하다가 물러간다. 다음 순간 세오녀가 저만치 앞에 떠밀려 온 물건을

발견하자 급히 다가가서 집어 든다. 신발이다. 연오랑의 신발이다. 연

오랑을 안은 듯, 신발을 두 손으로 안아 가슴에 품는다. 흡사 미친 사

람 같다.

세오녀   여보! 어디 갔다… 이제… 오는기요? 예? (뺨을 비비며) 무정한
사람… 매정한 사람…….

            연오랑 세오녀

〈세오녀의 노래〉(독창)

세오녀   허무한 인생이여

　　　　간다 하고 가는 사람 없고

　　　　온다 하고 오는 사람 없네

　　　　믿을 건 오직 뜬구름 아침이슬 뿐

　　　　그것은 오직 허무함을 뜻하는

　　　　영원한 진리요 가르침일세

　　　　아… 허무한 세상

　　　　아… 허무한 사랑

　　　　아… 허무한 맹서

　　　　허무하지 않은 것이라고는 없는

　　　　허무한 세상에서 어찌 살거나

　　　　아… 아…

마침내 세오녀는 모래밭에 쓰러진다. 멀리서 연오랑을 외치는 마을
사람들의 처절한 소리가 바람에 실려 멀리 멀리 사라져간다. 이때 남
정네 서너 명이 나오다가 쓰러진 세오녀를 발견한다. 들여다본다.

남정네 갑   세오녀 아이가?

남정네 을   맞다! 세오녀가 우째… 여기…….

남정네 병   퍼뜩 메고 돌아가자! 아직 숨소리는 있다, 가자!

세 사람이 신을 안고 있는 세오녀를 떠메고 급히 퇴장한다. 파도소리,
바람소리 더 높아 간다.

암전

제5장

전 장부터 약 일주일 후. 연오랑의 집.

방문 앞에서 굿을 하고 있다. 방문 앞 마루며 뜰가에 동리 아낙네들이
둘러앉아서 구경도 하고 더러는 손을 비비기도 한다. 무당이 노래한다.

〈무당의 노래〉(독창)

무당 (노래)

비나이다 비나이다

용신님께 비나이다

칠성님께 비나이다

성주님께 비나이다

불쌍하고 착한 우리 딸

세오녀가 무슨 죄요

세오녀가 무슨 업이요

죄라면은 연오랑 만나

백년가약 맺은 후로

소생 하나 두지 못한 채

시부모 봉양하기 하늘이요

낭군을 모시기 땅이어늘

어쩌다 낭군을 여의고

이레 이레 두 이레를

열병으로 신음만 하니

못 보겠소 못 참겠소

불쌍해서 못 참겠소

우리 착한 세오녀

연오랑 세오녀

죽순처럼 살아나고
석수처럼 솟아나서
가정 화평 동네부강
햇님처럼 밝혀주시오

무당의 간절한 창이 절정에 달하고 마을 사람들이 치성을 드리고 있을 때 방안에서 찢어질 듯한 비명소리가 들려온다.

세오녀 (소리만) 으악! 으악!
아낙 갑 무신 소리고?
아버지 (소리만) 아가, 정신 차리거래이!
어머니 (소리만) 세오녀야, 와이카노? 잉?

자리에서 벌떡 일어나 방문을 박차고 나오는 세오녀. 머리띠로 이마를 동여 맨 파릿한 안색이 사색이다. 옷도 헝클어지고 두 눈만 퀭하니 뚫려있다. 두 손에 검은 신발이 들려있다. 무당과 아낙네들은 질겁하며 피한다.

어머니 야야… 어딜 가려고… 이래…….
아버지 세오녀야, 누워 있거라. 이래 나다니면 되겠나, 잉? 모두가 이래 네 병 나으라꼬 치성을 드리고 있는 것도 모르나, 잉?
세오녀 (허공을 직시하며) 날… 부른다!
어머니 누가?
세오녀 날… 오란다! 나도 간다!
어머니 아가 정말 실성했나, 잉? (어깨를 흔들며) 니 죽을라꼬 환장했나? (울부짖으며) 니까지… 이래 되면… 우린… 우린 우째 살라꼬… 흑…….

아버지 (기가 찬 듯 허탈해지며) 아들놈… 물귀신에게 빼앗기더니만… 인제 며늘애기까지 이래…! 아이구야, 무신 놈의 팔자가 이래 흉악하고 더럽노? (통곡하며) 신령님이요! 뭐라 말씀해주이소! 예? 이것도 사람 사는 노릇에 끼는교, 예? (하며 땅을 친다)

이때 세오녀는 뭔가 새로운 환상을 보기라도 한 듯 금세 봄날 같은 부드러운 표정으로 변한다. 그녀는 가슴에 품고 있던 신발을 들여다보며 노래한다.

〈세오녀의 노래〉(독창)

세오녀 제비는 봄이 오면 돌아오고
기러기도 가을이면 돌아가는데
아… 세상에 단 하나뿐인 당신
아… 세상에서 가장 사랑스런 당신
당신이 못 오신다면야
이 몸이 찾아 가리다
세상에서 가장 사랑스런 당신이
나를 부르는데
당신이 계시는 곳이라면
바다라고 못 건너겠소
산이라고 못 넘겠소
가리다, 가리다
아… 세상에서 가장 소중한 당신

세오녀는 눈물 대신 꽃송이 같은 웃음을 얼굴에 피우며 춤을 추듯 뜰

안을 한 바퀴 돌고는 서서히 바닷가로 나가 물결로 휩싸인 바위에 타고 수평선으로 사라진다. 어머니가 세오녀를 부르며 뒤를 쫓는다. 아낙네들은 그녀의 천진난만하면서도 접근할 수 없는 그 어떤 힘에 못이긴 듯 그녀의 노래에 대답하듯 노래한다.

합창

아낙네들 아… 세상에 단 한 사람뿐인 당신
아… 세상에서 가장 사랑스런 당신
당신이 못 오신다면야
이 몸이 찾아가리라
세상에서 가장 사랑스런 당신

아낙네들의 얼굴엔 비통함과 감동이 엇갈리면서 서서히 나간다. 파도 소리가 평화롭게 운을 타듯 밀려왔다 멀어진다.

-막

제2부

제1장

전 막부터 일 년 후.

막이 열기기 전 중간 막. 무대는 짙은 잿빛으로 가득 차 있고 침울하다. 습기 찬 무더운 바람에 사람들은 끈적거리는 땀과 더위에 시달린다. 언제부터인가 밤과 낮의 구별이 없어지고 뿌연 하늘과 구름 사이의 공백만이 간신히 세상을 비춰줄 뿐이다. 불안보다는 살아갈 의욕을 잃어버린 민초들의 고민과 갈증이 춤으로 표현된다. 내일을 모르고 살아가는 민초들의 절망과 그러면서도 한편으로는 한 가닥의 희망과 구원을 기다리며 바라보는 간절한 의지가 어딘가에 남아있어 더욱 애절하다.

그것은 곧 빛을 향한 소망일 게다. 해와 달에 대한 갈망일 게다. 이 세상이 아무리 절망으로 가득 차 있어도 밤이 가면 아침이 오고 겨울이 가면 봄은 다시 오기에 우리는 살아갈 보람을 느끼는 게 아니겠는가. "우리에게 빛을!" 달라고 소망하는 절실한 춤이다.

암전

제2장

신라국의 왕궁 안.

건물 실내 장식은 권위와 번영을 상징하듯 화려하지만 후면 하늘(공간)과 실내는 짙은 잿빛의 어둠으로 감싸여 있다. 그래서 대낮인데도 여기저기 임시로 어둠을 밝히려는 횃불 등이 타오르고 있다.

연오랑 세오녀

단상에 국왕과 왕비 그리고 문무백관이 배석하고 있다. 그 양편으로
신하들과 궁녀들이 도열하고 있다.
음침하고도 답답한 분위기를 더욱 고조시키기라도 하듯 신하들의 합창
이 무겁게 깔린다. 국왕과 왕비의 표정도 어둡다 못해 신경질적이다.

신하들의 노래(남녀혼성, 합창)

태고에 빛이 있고 불이 있었네
삼라만상은 빛 따라 모여살고
불을 피워 세상을 밝히었네
낮에는 해가 있고
밤에는 달이 있어
우리는 행복했었네
우리의 보람이요 소망이었네

그러나 그 어느 날 갑자기
해와 달이 사라졌네
우리의 생명줄이 꺼진 날부터
우리는 살아있는 게 아니다.
나무와 바위처럼 그저 서 있을 뿐
희망도 생명도 멎었다네
빛이 없는 세상 어찌 살거나
빛이 없는 세상 누가 원했나
아… 아… 정녕 빛은 우리 곁을 떠났는가.

국왕이 옥좌에서 벌떡 일어난다.

국왕 (신경질적으로) 답답할지고! 대낮에 횃불을 밝혀들고 정무를 다스려야 하다니, 이것이 어디 사람 사는 꼴인가 말이다!

일동 (죄인들처럼) 황공무지로소이다, 전하!

국왕 신라 땅에서 빛이 사라진 지가 언제던고?

신하 갑 일년 하고도 두 달째인가 봅니다, 전하.

국왕 일년 하고도 두 달? 허허, 이거야말로 배를 타고 산을 넘고 돌담을 타고 바다를 건너라는 격이군! (큰소리로) 대각사로 떠난 일관(日官)은 어찌 되었는고?

신하 을 예, 아직 당도하지 못한 줄 아뢰오.

국왕 대각사 주지한테 이 국난의 대비책을 물으러 간지가 열흘이 지났는데 아직도 무소식이라면……. 혹시 맡은 바 책임이 막중함이 두려워 도중에 행적을 감춰버린 게 아닌가?

신하 병 (아첨하듯) 전하! 일관은 원래 성질이 고지식하고 세심하며 책임감이 강한 점으로는 나무랄 데라곤 없는… 헤헤…….

국왕 (언성을 높이며) 그렇다면 한시라도 빨리 현신해야 옳은 일이거늘 여지껏 안 오는 건 무슨 까닭인가 말이다. 중도에서 이탈했음이 분명하거늘 어찌 경들은 수수방관만 하는고?

왕비 전하, 고정하옵소서! 그렇다고 서둘러서 되는 일은 아니옵니다. 하루 이틀 늦어진다고 그렇게 역정만 내시면… (부드럽게) 옥체 보전하옵소서, 전하.

국왕 에잇, 못 믿을 건 인심이라더니…! (하며 신경질적으로 옥좌에 다시 주저앉는다. 이때 한 신하가 보고를 한다)

신하 (소리) 일관께서 등청하십니다!

이 말에 모두들 활기와 안도감이 교차되듯 숨을 몰아쉰다.

연오랑 세오녀

왕비 (국왕에게) 그것 보십시오. 만사는 기다림이라 했습니다. 기다리면 만사가 소통되고 이루어지는 것을…, 흠… 호호…….

이때 일관이 급히 등장하여 층계 아래로 가서 굴궁재배를 한다.

국왕 (금세 표정이 밝아지며) 수고가 많았고, 일관! 그래, 무슨 기쁜 소식이라도…….

일관 기쁜지 슬픈지 한마디로 말씀드리기가 좀…….

국왕 그게 무슨 해괴인고?

일관 (마치 약장수 말투로) 대각사 인현 주지스님은 자고로 학문에 밝고 인덕이 고귀하시고 삼라만상, 산천초목, 천지 간의 기운과 이치에 밝기로 이름난 고승이시라, 만나 뵙기도 힘들었고 그 법화를 듣기에도 힘들었으며…….

국왕 (혀를 차며) 웬 장광설인고! 요점만 간단명료하게 말하면 되는 일을 가지고 그렇게 숨넘어가게 종알거리니 알 수가 없소!

일관 황공하옵나이다. 그럼 아뢰옵나이다. (다시 눈치도 없이) 소신이 인현스님에게 말씀드리기를 지금 신라 땅에서 해와 달이 사라지고…….

국왕 그건 기정 사실이오! 그 원인이 무엇인가를 말할 일이지 무슨 또 장광설로…….

일관 황공하옵나이다, 전하. (사이) 신라국에서 해와 달이 자취를 감춘 까닭은… 저……. (하며 뜸을 들인다)

국왕 그 까닭이 뭐라고 하던고?

일관 연오랑과 세오녀의 탓입니다.

국왕 연오랑과 세오녀?

일관 연오랑과 세오녀는 바다에 투신 자결한 것이 아니라… 저…….

(또 뜸을 들인다)

신하 갑 아니라면?

일관 떠났습니다.

일동 떠나?

국왕 그건 또 무슨 해괴망측한…….

일관 왜나라로 건너갔다 합니다, 전하. 그 두 사람은 왜나라로 건너가
서 지금은 왕과 왕비가 되어 새로운 나라를 통치하고 있을 뿐
아니라…….

국왕 (분노하며) 그만! 그만!

모두들 국왕의 역정에 눌린 듯 허리를 굽힌다. 무거운 침묵이 흐른다.

국왕 그럼 연오랑과 세오녀를 곧 불러들이면 우리 신라국이 해와 달
을 되찾게 된다는 뜻이겠구나?

일관 (고개를 급히 들며) 그렇사옵니다, 전하. 남은 길은 오직 하나, 그
두 사람을 되돌아오게 하는 길밖에 없습니다, 전하! 그럼 깊이
통촉하옵소서, 전하! (넙죽 엎드리는 작태가 자못 회화적이다. 국왕은
침통한 표정으로 고개를 숙이며 고민에 빠진다. 신하들이 수근덕거린다)

신하 갑 전하, 그렇다면 오늘이라도 사신을 보냄으로써 두 사람을 환국
케 하는 방법밖에는…….

신하 을 허나, 지금은 왜국의 국왕이요 국모가 되었다는데 무슨 수로 환
국을 강요할 수 있단 말이오?

신하 병 안될 말이오! 그렇게 갔다가 성사를 못시키는 날에는 또 다른
화근을 불러일으키오.

신하 갑 또 다른 화근이라니요? 왜나라가 쳐들어오기라도 한단 말이오?

신하 병 국교에 금이 가면 그 누가 책임을 지겠소? 아니되오!

신하 갑 그럼 대안을 내시오, 대안을!

신하 을 대안이고 소안이고 그건 아니 되오.

찬반양론으로 갈라선 두 패거리가 서로의 주장을 내세우는 코믹한 노
래와 동작이 이어진다.

(남성사중창, 합창)

찬성파 (남성 4중창)

하늘 천 따 지 날 일 달 월

천상만상에는 순수가 있는 법

반대파 (남성 4중창)

춘삼월에 눈 와도 살고

동지섣달에 꽃도 피는 법

찬성파 (남성 4중창)

공든 탑이 무너지랴

믿는 마음에 천우가 있지

반대파 (남성 4중창)

믿는 도끼에 발등 찍히고

접시 물에 빠져 죽는 사람 팔자

모두 함께 (남성 합창)

내가 잘 나 충신이냐

네가 잘 나 간신이냐

안 된다면 안 돼, 안 된다면 안 돼.

국왕 (벌떡 일어나며 추상같은 호령을 한다) 무슨 잠꼬대들인고! 자숙들

하오! (모두들 엎드린다. 무거운 침묵) 경들의 충성은 과인도 다 알고 있는 바, 이제 남은 길은 과인의 결심만이 남았소!

일관 (잽싸게) 지당하신 말씀, 하해 같은 말씀이오. 전하의 결단은 사필귀정이오니 어서 명을 내리시옵소서, 전하! (하며 넙죽이 엎드리듯 읍을 한다. 다른 신하들도 일제히 허리를 굽힌다)

국왕 (자신만만하게) 연오랑과 세오녀가 아무려면 자신을 낳아 키워준 신라국을 향하여 등을 돌릴 리 없다. 안 그렇소?

일동 지당하신 말씀이옵니다, 전하!

국왕 누가 뭐라 해도 두 사람은 신라국의 백성인데 부모형제 피붙이가 아직도 새파랗게 살아 있는 조국을 배반할 사람은 아니리라 믿소!

일동 황공하옵니다.

국왕 (불쑥 일어나 명령하듯) 내일이라도 즉시 사신을 왜나라로 보내서 두 사람을 환국토록 하라!

일동 예…!

국왕 그리고 풍성한 축연도 베풀게 하라!

일동 황공무지로소이다, 전하~

이윽고 흥겨운 축하 분위기의 음악이 흘러나온다. 궁녀들의 춤이 시작된다.

암전

제3장

왜국(倭國) 이즈모.

연오랑 세오녀

올창한 삼나무 숲. 무대 전면에 높고 우람한 암벽이 한 쌍의 부부처럼 서 있다. 그 사이에 안으로 통하는 좁은 통로가 있다. 그 앞쪽으로 층계가 있고 툇마루가 깔려있다. 그 사이에 가느다란 대밭이 내려져 있다. 그것은 왕과 신하의 신분과 위엄을 갈라놓는 징표이기도 하다. 따라서 대밭 저쪽에 선 군왕의 모습은 은은하게 보일 뿐이다.

툇마루는 일본의 노오가꾸에서 사용되는 무대를 연상케 한다. 그것은 단조로우면서도 단아하고 기품과 신비스런 느낌을 주는 원시성이 감돈다.

무대가 밝아지면 4명의 궁녀[巫女]들이 일본 고전악기인 소고와 피리의 단조로운 음악인 가구라(神樂)에 맞추어 춤을 추고 있다. 그것은 일종의 제례악(祭禮樂)이다. 음악과 춤이 끝나자 신주(神主)가 나와 바위 쪽을 향하여 재배한 다음 고한다.

신주   전하께옵서 납시오! (하고 절을 한다)

이윽고 음악이 흘러나오며 두 개의 암벽 사이로 한 줄기 광선이 무대 쪽으로 떨어지며 두 남녀가 시녀를 대동하고 등장한다. 얼굴은 잘 안보이나 연오랑과 세오녀이다. 일본 복식이나 단조롭고 풍성한 옷자락이 마루 위를 쓸고 갈 듯 덮는다. 두 사람이 중앙에 좌정한다. 계단 끝에 신하들이 일렬로 도열하고 있다가 고개를 든다.

연오랑   (위엄 있는 어조로 천천히) 짐을 찾아온 사람은 어디 있는고? 어서 들라 하여라.

신하   예······.

두 사람의 신라국 신하가 들어와 무릎을 꿇는다.

연오랑 (사이) 듣자니 신라국에서 건너왔다고 들었는데, 사실이 틀림없
는가?

사신 갑, 을 (동시에) 예, 신라국 8대군 아달라 왕의 친서를 여기…….

하며 품에서 친서를 꺼내서 신하에게 건넨다. 그 친서는 다시 신주에
게 건네지고 그것은 다시 대발 저쪽에 자리한 연오랑에게 전달된다.
무거운 침묵.
친서를 펴서 훑어보는 모습이 어렴풋이 보인다. 옆에 앉아있는 세오녀
와 몇 마디 주고받는 모습도 보인다.

연오랑 (부드럽고도 온정에 넘친 어조로) 먼 길 오느라 고생이 많았소. 수
고했소.

사신 갑, 을 황공하옵나이다.

〈아, 그날 그날들〉(연오랑, 세오녀 이중창)

말없는 바다여
끝없는 하늘이여
망망대해에 떠밀려
나는 지금 어디로
가고 있는가
별을 보고 물었고
하늘을 보고 한숨 졌네
그것은 바로 인생
그것은 바로 인생

연오랑 세오녀

낮이 가면 밤
밤이 밝으면 아침
그러나 한 가지 분명한 희망은
해와 달이 거기 있기에
생명의 소중함을
알게 되었던 아, 그날.
그 헤아릴 수 없는 나날들이여

모두들 노래에 취한 듯 고개를 숙인다. 연오랑과 세오녀도 새로운 감화에 젖는다.

사신 갑 전하, 전하의 의중을 분명히 말씀해 주신다면…….

사신 을 그 이상의 영광은 없겠습니다.

사신 갑, 을 (함께) 그 점을 깊이 통촉하옵소서, 전하! (절한다)

연오랑 (담담하게) 알고 있소. 말하리다. (사이) 나는 신라국에 돌아갈 수 없소.

사신 갑, 을 (반사적으로 고개를 쳐든다) 예?

연오랑 나는 이미 이 나라를 다스리고 이 나라 백성들과 뜻과 정을 같이 하고 있소.

사신 갑 그, 그렇지만… 지금 신라국은…….

연오랑 알고 있소. 우리 두 사람이 떠나온 후, 신라국이 뜻하지 않은 천재로 시달리고 있다는 사실… (진심으로 뉘우치는 뜻으로) 미안 하게 여기고 있소. 내 가슴도 찢어질 듯 아프오.

사신 을 전하께서 그토록 신라국을 걱정하신다면 의당 조국을 찾아가시 는 게…….

연오랑 나는 돌아갈 수 없는 몸이오!

사신 갑, 을 예?

연오랑 우리들도 이곳에 온 뒤로 내 조국 신라를 밤낮으로 생각하면서
잠을 이룰 수가 없었소. 그러나 하늘의 뜻으로 이 나라의 왕과
왕비가 되었으니 어쩌겠소?

사신 갑 (몹시 당황하며) 그렇지만 소신들은 이대로 돌아갈 순 없습니다!
죽음을 각오하고 신라국의 국운을 두 어깨에 메고 바다를 건너
온 소신들의 심정을 통촉하옵소서! (엎드린다)

사신 을 통촉하옵소서, 전하! (엎드려 흐느낀다)

세오녀 그렇게 상심할 일은 아니오! 다른 방법을 생각해 보았소.

사신 갑 다른 방법이라면…?

세오녀 신라국이 옛날처럼 평안하고 풍요롭고 정다운 나라로 남을 수
있는 길 말이오.

사신 을 그게 무엇입니까? 어디 있습니까?

연오랑 사라진 해와 달을 되찾는 길은 있소. 우리 두 사람도 생각에
생각을 겹치고 조선 앞에 축원을 올리기를 몇 날 몇 밤인지 모
르오!

세오녀 조신께서 그 방안을 점지해 주셨소.

사신 갑, 을 그게 사실입니까?

연오랑 (웃으면서 신주에게) 그 물건을 내오도록…….

시녀가 커다란 쟁반에 묵직한 비단 필목을 다섯 필 쌓아 올린 것을
들고 나온다. 신주가 그것을 받아 사신 갑에게 건네자 두 사람은 엉겁
결에 받는다. 두 손이 떨린다. 간신히 바닥에 내려놓는다. 형형색색의
비단필목이 그림처럼 아름답다.

〈그것은 오직〉(연오랑, 세오녀 2중창)

조국에 보답하고

부모님께 바치고

동포에게 돌려보내는 정성

아… 그것은 오직 하나의 보은

마음에서 마음으로 이어지는

순수하고 순결한

마음의 징표

해와 달이 영원하듯

조국을 향한 그것은 오직

마음과 정성으로 짠

우리 마음의 징표라오

연오랑 이 비단은 신라의 직조 솜씨를 이 땅에 전해주면서 짜 온 비단이
오. 이 비단을 일월지 숲에 걸어두고 칠성님께 기도하면 어둠은
가시고 다시 빛을 찾게 되리라!

사신 갑, 을 (감격하여) 전하! 전하!

암전

제4장

신라. 일월지(日月池)가 내려다보이는 언덕.

평지보다는 약간 높아서 전망이 좋은 정각. 무대 후면은 탁 트이고
일월지와 그 주변의 숲이 한눈에 내려다보인다. 그러나 아직 햇볕이
안 드는 어두컴컴한 속에서 일월지의 수면은 짙은 납빛으로 보일 뿐이

다. 정각 양편에 관솔 횃불이 타들어가고 있다. 멀리서 풍물놀이소리
가 흥겹게 들려온다. 오늘의 행사를 축하하는 놀이다.

조신들이 삼삼오오 모여 서서 잡담을 하고 있다. 그러나 뭔가를 기다
리는 초조한 분위기다. 날씨는 무덥고 바람은 없다. 조신들은 더러는
부채질을 하고 더러는 이마의 땀을 닦는다.

조신 갑 웬 날씨가 이래 덥노?

조신 을 바람 한 점 없으이 이게 한증막 아이가!

조신 병 그건 그렇고 정말 해가 뜨나, 안 뜨나?

조신 갑 그걸 누가 알겠노. 길고 짧고는 대봐야지.

조신 병 (고개를 갸웃거리며) 믿을 수가 없는 기라요. 그 비단을 건다 캐서
햇볕이 든다카이, 참말로…….

조신 갑 (화를 버럭 내며) 그게 말이가 막걸리가?

조신 을 뭐라꼬?

조신 갑 그라모, 대감은 햇볕이 나건 안 나건 상관없다 말인기요? 잉?
그게 어디 국록을 받아 묵은 신분으로 하는 말인기요? 대감은
오장육부가 제대로 달린 사람의 말인가 말이제! 흥!

조신 을 (대들며) 아니, 그라모 나는 오장육부가 아닌 사장오부란 말인기
요, 응? (대든다.)

조신 병 (잽싸게 말리며) 와 이카노? 대감들은 눈치고 없는가베. 그런 일
로 핏대 올릴 때인가 말이제?

조신 을 (눈을 흘기며) 생사람을 가만 세워놓고 바보 취급하는데 가만있
으란 말인기요?

조신 갑 누가 할 소린데. 지금 나라가 흥망의 기로에 서있는 줄 빤히 보
면서도 모르는 체 하는 그 사람이 충신인기요, 잉? 그게 오장육
부가 달린 사람인가 말이오, 잉? (하며 다시 두 사람이 붙는다. 모두

들 뜯어 말린다.)

조신 병 날씨가 이 변덕이니 제 정신이 아닌 기라, 쯧쯧…….

이때 사령이 상감 행차를 알린다.

사령 (소리만) 상감마마 납시오!
조신 병 (두 사람을 떼놓으며) 대감들 진정하시소. 자, 자!

이 말에 모두들 투덜대며 제자리로 돌아가 도열을 한다. 이윽고 국왕
과 왕비가 시녀를 대동하여 등장. 시녀 손에 커다란 파초선이 들렸다.
왕이 좌정하자 시녀가 파초선으로 부채질을 한다.

왕비 고마운 마음이사 어찌 다 말로 할 수가 있사옵니까! 듣자니 세오
녀가 반 년 동안 밤낮을 가리지 않고 손수 짜낸 비단이라니 참으
로……. (목이 멘 듯 말을 잇지 못한다.)
국왕 연오랑과 세오녀, 그 두 사람의 청정은 영겁을 두고 기려야 할
것이오. (주변의 신하들에게) 안 그렇소?
일동 성은이 망극하오이다.
국왕 몸은 비록 타국 땅에 있을망정 조국을 걱정하는 그 충성심은 영
원불변한 본보기이자 우리 신라국의 자랑이지, 안 그렇소?
왕비 지당하신 말씀입니다. 저기 일월지에 그 비단이 내걸리기만 기
다려집니다, 전하.
국왕 (주변 신하들에게) 아직도 멀었느냐? 더위도 더위려니와 어둠에
눈이 침침해서……. (하며 손끝으로 눈언저리를 문지른다.)
조신 갑 (긴장하며) 전하! 저기… 저기……. (일월지 쪽을 가리킨다.)
국왕 응? 뭐가 보이오?

조신 갑 비단이 보입니다, 비단이… 저기……

모두들 일어나 일월지 쪽을 내려다본다. 숲 사이로 비단필목이 서서히 고개를 쳐들듯 허공으로 솟아오른다. 모두들 비단이 하늘 높이 걸릴 때마다 환호성을 지른다. 첫 번째로 진홍빛 천이 내걸린다.

조신 병 붉은색이 피보다도 짙구마! 아……
일동 저리도 곱나? 아……

모두들 손뼉을 친다. 이어서 황색, 청색, 흑색 그리고 백색의 오방색의 비단이 숲 너머로 나란히 허공 높이 모습을 나타낸다. 환상적이면서도 신비스런 색채감과 훈풍에 물결치는 비단의 파동이 흡사 살아 움직이는 여신의 몸짓 같기도 하다.
멀리서 군중들의 환호성 소리와 박수소리에 이어 강렬한 사물놀이의 가닥이 천지를 뒤흔들 듯 터져 나온다. 국왕과 왕비도 감동을 억제 못한다. 조신들도 어느덧 어깨춤을 추기 시작한다. 장내가 삽시간에 춤판으로 변한다.

국왕 아… 경사로다…… 경사로다…!
왕비 고마운 일… 고마운 일이오……

하며 합장을 하고 허리를 굽힌다. 다음 순간 갑자기 강풍이 불어 닥치자 양쪽에서 타고 있던 관솔불이 심하게 요동을 치다 말고 꺼진다. 그와 동시에 무대가 암흑으로 변하면서 지축을 흔들 듯 천둥번개가 친다.
모두들 비명을 지르며 피해나가기도 하고 땅바닥에 엎드리기도 한다.

　　　　　　　　　　　　　　연오랑 세오녀

어둠 속에서 번개가 칠 때마다 비명소리가 울려 퍼진다.

이때 무대 안쪽 높다란 바위 위에 한 노인이 지팡이를 짚고 나타난다. 지난날의 그 노승이다. 그 지팡이 위에 두 마리의 금 까마귀가 앉아있다. 바람소리가 점점 더 거세진다.

소리   금빛 까마귀다!
소리   두 마리다!

다음 순간 금 까마귀 몸에서 한줄기 강한 광선이 허공으로 솟아난다. 그리고 날갯짓을 하더니 무대가 차츰, 모두들 동작이 정지된 상태에서 그 황홀한 광경에 천지 간에는 침묵만이 가득 찼다. 그런 가운데서 무대가 차츰 밝아온다. 마치 동트는 새벽 같다. 무대가 다시 밝아오자 사람들이 꿈에서 깨어난 듯 고개를 쳐든다. 여기저기서 사람이 일어나 움직이기 시작한다. 누군가가 말한다.

군중 A   빛이다!
군중 B   햇님이다!
군중 C   빛이다!
군중 D   빛이 돌아왔는기라!

이에 따라 여기저기서 사람들이 나타난다. 다음 순간 무대는 완전히 햇빛으로 가득 채운 듯 눈이 부시다. 그것은 죽음에서 부활한 생명선이다. 그것은 새로운 생명의 소생이자 새 출발이라고 하자 군중들이 허공을 향하여 일제히 환호한다.

일동   와… 와… 빛이다! 햇빛이다! 햇빛이다!

풍물패가 들어온다. 덩실 덩실 춤을 춘다. 다음 사람이 하나, 둘 합류
하듯 춤을 춘다. 무대에는 여러 사람이 원무(園舞)를 추면서 감동과
흥분을 아낌없이 토해내는 대단원의 춤과 합창으로 번진다.

〈신라의 빛이여, 소리여〉(합창)

아… 보아라. 저 빛을
동방에 나타난 새 빛을 보라
그것은 소리, 그리고 핏줄
신라의 하늘과 땅에
새로운 빛을 가져오게 한
아… 그 이름도 영원한
연오랑 세오녀의 넋!
꺼져가는 불을 밝히고
사라진 소리를 다시 찾고
빼앗긴 혼을 되돌려 준
연오랑 세오녀의 사랑

천년이 가고 만년이 가도
그 불과 소리와 혼은
신라의 땅과 하늘에 가득 차네
아… 그 이름 영원하리
연오랑 세오녀여! 사랑이여!

-막

연오랑 세오녀